岩波現代文庫／社会 202

山事件の
実

鎌田 慧

岩波書店

この本の引用文については、読みやすくするために、おおよそつぎのように直してある。

一、公判記録、供述調書などについて。

- 尋問、質問などの一問一答は、「……」形式に直し、場合によっては改行したり、あるいは逆に改行の部分を追い込んだりした。
- 句読点や・(なかぐろ)、ルビを適宜《てきぎ》ふり、明らかな誤字は改め、脱字やわかりにくい箇所については、引用者が(　)で補うなどした。また促音や拗音の「つ」や「よ」は、それぞれ「っ」「ょ」に直した。

二、新聞、その他の書籍などについて。

- 読点やルビを適宜ふり、キロ、メートルなどは、キロ、メートルとし、飾り罫や、さまざまな書体・形式を使った見出しは文字のみを引用し、明らかな誤字は訂正した。
- わかりにくい箇所や正確を期したほうがよいと思われる部分には、引用者が(　)で補ったところがある。

三、前記の一や二で、ともに一部人名を仮名にしたものがあり、初出に引用者が(仮名)と注記した。

目　次

写真・資料提供　朝日新聞社　部落解放同盟

プロローグ

まだ真新しい女性用自転車の荷台に、通学《つうがく》鞄《かばん》をゴム紐《ひも》でくくりつけた、一年生の中田《なかだ》善枝《よしえ》が校門を出たのは、新学期がはじまってまもない、一九六三(昭和三十八)年五月一日、午後三時二十分すぎだった。

県立川越《かわごえ》高校入間《いるま》川《がわ》分校は、西武新宿線「狭《さ》山市《やまし》駅」(当時は入間川駅)の西口ちかくにあった。いかにも急ごしらえ風、木造《もくぞう》平屋《ひらや》建《だ》ての校舎で、彼女は二年制の家政科に通っていた。六時間目の授業は、二時三十五分に終っていた。クラブ活動はなかったが、彼女はまるで時間まちをしているかのように、教室でクラスメートといっしょに、女学生むけの雑誌を読んだりしながら、時間をつぶしていた。

その日はメーデーだったが、新宿からおよそ一時間、入間川駅のすぐそばにある、荒神《こうじん》様《さま》のお祭りの日でもあった。そればかりか、善枝の誕生日だった。彼女の当用日記、「5月1日、水曜日」のページ、最後の行に、「私の誕生日(十六歳)うれしい」と、ライトブルーインクの万年筆で、はやばやと書き入れられている。

しかし、その行に達するまでのページは、空白のままで終った。その日の出来事を書きこむ時間まで、彼女が生きていなかったからだ。

秩父山地《ちちぶさんち》に源《みなもと》を発し、川越市の東方で荒川《あらかわ》にそそぐ入間川《いるまがわ》の流れにそって、関東ローム層の台地にひろがる狭山市は、三万六千人ほどの半商半農の鄙《ひな》びた町だった。

いまでこそ、東京へ通勤するサラリーマンたちのベッドタウンとして、人口十六万を数えるまでになったが、事件のあった一九六三年当時は、ようやく農家のひとたちが、おそるおそる木造の賃貸《ちんたい》アパートの建設に手をだしはじめたころで、市内のメインストリートでさえ、まだ砂利道のせまい街道でしかなく、信号機など一基もなかった。

荒神様は、近在近郷の蚕《かいこ》を飼《か》っている農家のひとたちから、養蚕守護《ようさんしゅご》の神様として信仰を集めていた。神社とはいっても、コンクリート、白塗りの鳥居《とりい》は、高さ三メートルほどのちいさなものでしかない。肝腎《かんじん》の境内《けいだい》も、おやと思わせるほどにせまいのは、かつての大地主である大野家が、敷地内に一族の氏神様を祀《まつ》って社殿にしたものだからで、神社庁《じんじゃちょう》に登録はされていない。

せまいとはいいながら、それでも、境内には楢《なら》、欅《けやき》、松、桜などの老木が立ちならんで、ひっそりした木陰《こかげ》をつくっている。

祭りの日になると、セルロイドのお面《めん》や風車《かざぐるま》、だるまなどを飾った屋台が出店し、団子、綿あめ、植木、ざるなどを商《あきな》う露店《ろてん》商がどこからともなくやってきて、十数軒、店をひろげる。かつては、養蚕用の道具の市もたっていた。

例年ならば、地元のひとたちのお囃子《はやし》が出るのだが、前日におこなわれた市議選に当主が立候補したこともあって、準備に手がまわらず、その日はレコードでお茶をにごしていた。

「きょうは私の誕生日だから、はやく帰る」

とクラスメートにいい残して、いつもよりはやめに学校を出た善枝が、拡声器から流れる流行歌に惹《ひ》かれて寄り道し、小雨が降りだした境内の露店を覗《のぞ》いた形跡《けいせき》はない。参詣人《さんけいにん》は、四、五十すぎの農家の主婦たちがほとんどで、わかい連中のたちよるような雰囲気《ふんいき》ではなかった。

高校に進学したばかりの中田善枝は、たいがい、六時ごろには帰宅していた。色白の丸顔で、身長一メートル五八センチ、体重五四キロの体格は、当時ではけっしてちいさなほうではない。中学校時代は、ソフトボールの選手として、あっちこっちの試合に遠征《えんせい》していたスポーツウーマンだった。快活《かいかつ》、気丈《きじょう》な性格で、高校にはいってからは卓球部に所属し、華道《かどう》クラブにも参加していた。

西武新宿線の踏切りを越えた町なかにある高校までは、農家の自宅からは五キロほどの道のりで、途中に鬱蒼《うっそう》たる雑木林を通り抜ける「薬研坂《やげんざか》」があるので、急がなければ自転車でも三十分ほどはかかる。その日、善枝は「誕生日だから、はやく帰る」といって、三時半まえには下校《げこう》していたのだから、四時には家に帰りついていなければならなかった。

中田善枝は、六時すぎても帰って来なかった。夕刻になって、雨足《あまあし》が一段と強まってきたので、雨具をもっていかなかった娘を案じた父親の栄作《えいさく》は、長男の裕一《ゆういち》(仮名)に様子を見させにやることにした。裕一は門から三十メートルほど屋敷の奥にひっこんだ母屋《おもや》から、道路にちかい物置きにむかった。そこは作業場になっていて、彼はさっきまで、その年から作付けをはじめたばかりのホウレンソウや小松菜などの葉物類《はものるい》を選《え》り分《わ》けていたのだ。

二十五歳になっていた裕一は、東京・神田の村田簿記学校や会計学校へ通って資格を取ったあと、池袋《いけぶくろ》の会計事務所の見習い社員になったのだが、長男だったこともあってか、父親の意見に従って実家の仕事を継《つ》ぐようになった。

庇《ひさし》の長い物置きの軒《のき》下に、クリーム色、最新モデル、日野自動車の小型トラック「ブリスカ」が格納《かくのう》されていた。あわただしくエンジンをふかした裕一が、屋敷の入り口から、妹が通う高校にむけて右へ大きくハンドルを切ったのは、六時四十分すぎだった。

通学路を走り抜けて学校に到着した裕一は、風呂場の掃除《そうじ》をしていた女性の用務員に声をかけた。

「家政科の一年生で残っているものはいませんか」

「一年生なら、三時ごろに全員、帰っています。そんでも、念のため見てきましょうか」

彼女はいやがる風もなく、教室をまわってもどってきた。

「洋裁室には鍵《かぎ》がかかっていて、だれもいません」

すでに夜間部の授業がはじまっていた。昼間部の生徒は、ひとりも残っていない。

自宅に引き返す途中、隣りの「入曽《いりそ》」の駅の構内を覗《のぞ》いてみたのは、雨が降ったりしたときは、「入間川駅」からひとつ手前の「入曽」まで電車に乗り、そこからバスで帰るのが、おなじ高校に通っていたころの裕一のやり方だったからだ。

雨はさらに激しくなっていて、勢いよくフロントガラスを洗い流し、暗くつづく道のうえでは、ライトに照らしだされて、白い雨足が浮きあがっていた。物置きの庇《ひさし》の下に、裕一が小型トラックをバックでいれる音を聞きつけて、栄作が母屋《おもや》のガラス戸をあけて心配そうな表情で出てきた。裕一は運転台のドアのハンドルを急いでまわして、窓ガラスを降ろしながら、

「学校にはいなかったよ。入曾の駅も見たけど、いなかった」

と怒ったようにいった。

エンジンを止めて、裕一は母屋に小走りにはいった。敷居《しきい》をまたいで三和土《たたき》を踏み、後《うし》ろ手《で》にガラス戸を閉《し》めると、油のはじける音がして、天ぷらの匂いが流れてきた。土間の右側に据《す》えられた竈《かまど》の火で、すぐ下の妹の登美恵《とみえ》が、うどんに添える天ぷらを揚げていた。

母親のミツは九年前の一九五四(昭和二十九)年暮れ、脳腫瘍《のうしゅよう》を患《わずら》って他界。それで二十三歳になる登美恵が、主婦代わりを務《つと》めていた。

土間の左側、上《あ》がり框《かまち》から三畳ほどが板の間になっていて座敷につづく。その板の間に薄べりが敷かれ、飯台《はんだい》が置かれている。待ちきれないようにして食卓を囲んでいたのは、善枝より三つ年上で、おなじ高校に通っている次男の喜代治《きよじ》、小学六年の三男・昭三(仮名)、それに父親の栄作の三人だった。裕一より三歳上の長女の加代子(仮名)は、東京へ出ていた。三女の善枝がいつも座る場所がポッカリと空白だった。

裕一は土間に置かれた木製の長椅子《ながいす》に座って、うどんをすすっていた。まえにも一度、善枝が帰らなかったことがあった。おなじ市内の養老院へ慰問《いもん》にいったのだが、台風に遭遇《そうぐう》して、友だちの家に泊ったのだ。

「また内田の家にでも行ったのかな」

と裕一が気休めのようにいった。が、だれも乗ってこなかった。

家族でいちはやく食事を終えた裕一が、入り口のあたりになにげなく眼をやった。

と、ついいましがた、彼が後ろ手で閉めたばかりの、ガラスの引き戸の合わせ目に、封筒《ふうとう》のようなものが差しこまれているのが見えた。

「あんなものがある。昭三、とってみろ」

裕一が小学校六年生の弟に命じた。昭三は素直に箸《はし》を置き、上《あ》がり框《かまち》から土間へ降りて、ガラス戸から封筒を引き抜いてきた。

白い二重封筒《にじゅうぶうとう》だった。青いインクで、「中田江さく」と宛名が書かれてある。父親の「中田栄作」のことのようだ。指で乱暴にちぎられ、すでに開封《かいふう》されてあった。裕一が昭三から受けとり、封筒に指を突っ込んでみると、便箋《びんせん》がわりに、大学ノートを折り畳んだものが一枚出てきた。

と、同封されていたなにかがすべり落ちた。喜代治が、声を上げた。

「あっ、身分証明書だ」

制服を着た丸顔の善枝が、すこし大人びた表情をして写真に収まっている。たしかに、川越高校入間川分校の身分証明書だった。

このかみにツツんでこい
子供の命がほ知かたら五月2日の夜12時に、
金二十万円女の人がもツてさのヤの門のところにいろ。
友だちが車出いくからその人にわたせ。
時が一分出もをくれたら子供の命がないとおもい。——
刑札には名知たら小供は死。
もし車出いツた友だちが時かんどおりぶじにか江て気名かツたら
子供わ西武園の池の中に死出いるからそこ江いツてみろ。
もし車出いツた友だちが時かんどおりぶじにかえツて気たら
子供わ1時かんごに車出ぶじにとどける。
くりか江す　刑札にはなすな。
気んじょの人にもはなすな
子供死出死まう。
もし金をとりにいツて、ちがう人がいたら
そのままかえてきて、こどもわころしてヤる。

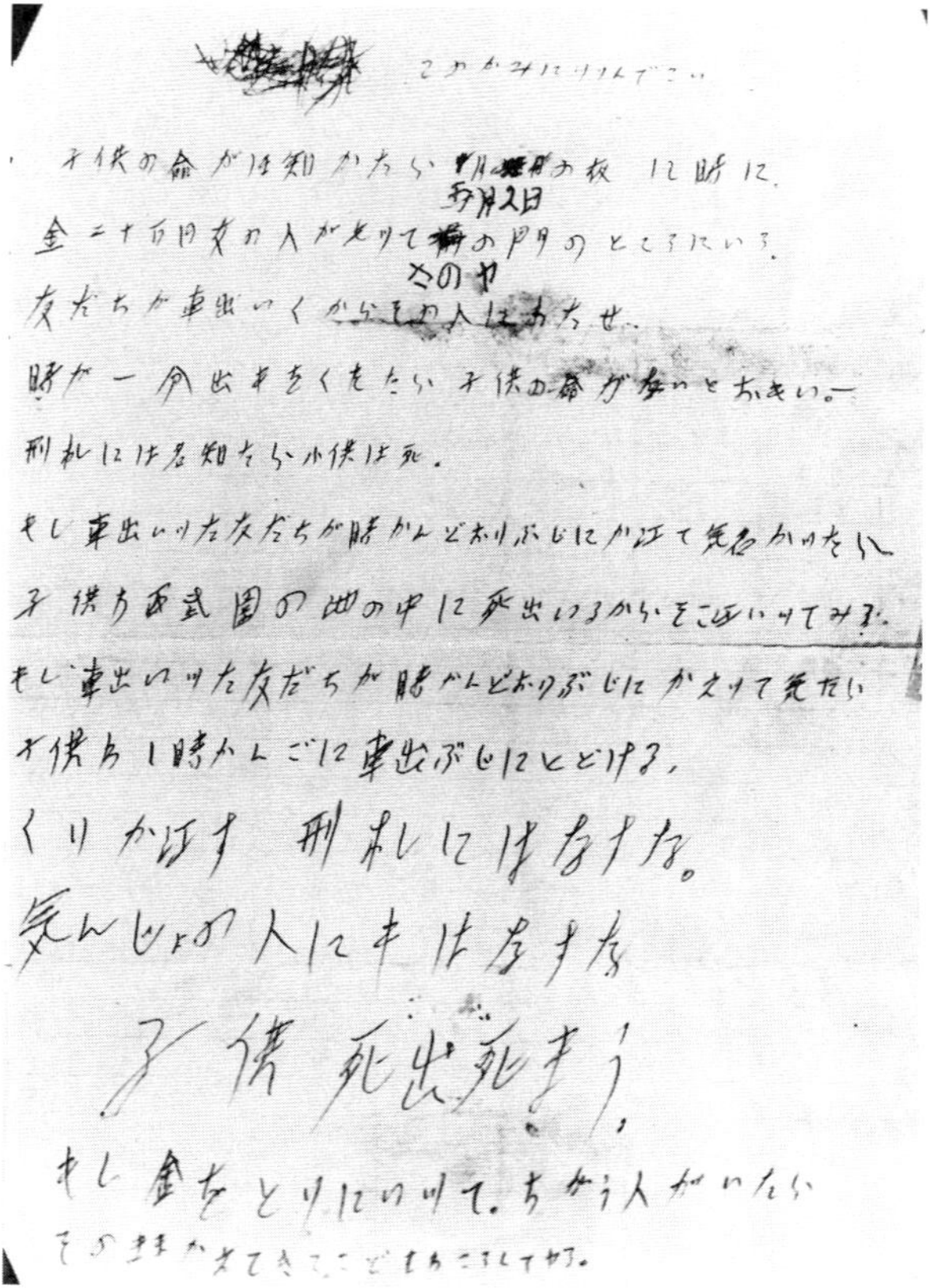
このかみにつゝんでこい
子供の命がほ知かたら 5月2日の夜12時に、
金二十万円女の人がもツて さのやの門のところにいろ。
友だちが車出いくからその人にわたせ。
時が一分出もおくれたら子供の命がないとおもい。―
刑札には名知たら小供は死。
もし車出いつた友だちが時かんどおりぶじにかえツて気名かツたら
子供わ西武園の池の中に死出いるからそこえいツてみろ。
もし車出いツた友だちが時かんどおりぶじにかえツて気たら
子供わ1時かんごに車出ぶじにとゞける。
くりかえす 刑札にはなすな。
気んじょの人にもはなすな
子供死出死まう。
もし金をとりにいツて。ちがう人がいたら
そのまゝかえてきて。こどもわころしてやる。

この事件の唯一の客観的証拠である「脅迫状」，稚拙な文字にみえるが，よく見ると，筆遣いに強弱があって，書き慣れた感じがわかってくる．

大学ノートの一ページに、ボールペンでの横書き。変体《へんたい》がなと宛字《あてじ》が多用されていて読みにくい。それでも読み終えると、即座に裕一は栄作にいった。

「善枝が大変なことになった。すぐ駐在所に届けよう」

七時四十五分ごろだった。裕一が学校からもどって来たのは、七時三十分ごろ、この脅迫《きょうはく》状《じょう》が発見されたのは七時四十分ごろとみられる。わずか五分、多くみても十分たらずで、父《お》子《や》《こ》は警察に訴える道を選んだ。いかにもすばやい決断である。

第一章　女子高校生、誘拐される

身代金受け渡しの失敗

中田裕一は、弟妹《ていまい》だけを家に残すのは気がかりだったので、通りのむかい側に住む親戚《しんせき》に有線電話で留守《るす》を頼んだ。そのあと、いましがた手紙が差しこまれたばかりのガラス戸を横に引いて、父親といっしょに外に出た。中庭をつっ切り、小型トラックを置いてある物置きにむかった。

と、さっきバックでいれた、日野ブリスカ六三年型の助手席側に、善枝の買《か》い物籠《ものかご》つきセキネ号女性用自転車が、スタンドをかけられて立っているのに気がついた。ついさきほど、彼が帰ってきたときにはなかった。

泥除《どろよ》けなど、車体は雨に濡《ぬ》れそぼっていたが、サドルの上に敷かれた座布団は濡れていない。いままで誰か、自転車に跨《また》っていたものがいる。おそらく脅迫状をもってきた男が、ご丁寧《ていねい》にも自転車を返したのだ。

とすれば、犯人はまだそのあたりにいるはずだ。が、父子《おやこ》はそれにかまうことなく、小型トラックにあわただしく乗りこむと、エンジンの音をたてて、自宅の北側、クルマで五分ほどの堀兼《ほりかね》駐在所へ直行した。そのあと、新型のトラックは、おっとり刀の駐在巡査を乗せて、こんどは西武新宿線の線路のむこう側、市街地にある狭山署《さやましょ》にむかった。

その夜、十二時前、狭山署の当直主任だった関口邦造巡査部長は、脅迫状に指定されていた「佐野屋」前に、善枝の姉の登美恵を立たせた。彼のほか五人ほどの警察官が周辺に張り込んだ。

佐野屋は、看板こそ掲《かか》げていないが、県道に沿った二階建てで、酒、たばこ、雑貨などを商《あきな》っている店である。いまはこざっぱりしたコンビニエンスストア形式になっているが、戦前からつづいているふるい店なので、地元ではよく知られている。犯人がその店を指定したのは、県道から奥にはいっているうえに、店の前が五叉路《ごさろ》になっているため、道のせまい中田家よりも、はるかに動きやすい、と計算したからのようだ。

脅迫状が身代金《みのしろきん》の受け渡しの場所を「さのヤ」としてあるのは、「前の門」の「前」を書きつぶしてである。場所ばかりか、日時の指定もまた、書きつぶした行《ぎょう》の下に、「五月2日」と書きこまれていて、計画の変更をうかがわせる。さらに、封筒の宛名も、意味不明の「少時様」の「時」と「様」に斜線が入れられ、その下に「中田江さく」と書かれている。

これらから警察は、「犯人は知能程度が低い」と判断した。だから、「五月2日の夜12時」とは、五月一日の深夜12時のことを指しているのかもしれない、と刑事たちが考えたのだ。

とはいっても、七時四十分に脅迫状をガラス戸に差しこみ、その四時間後に、当時としては大金の「二十万円」を手にいれようというのは、いくらなんでも短兵急《たんぺいきゅう》にすぎる。そうかといって、警察が念のために警戒するのを、あながち無駄とはいえない。

新聞紙を切りそろえただけの二十万円分の見せ金を風呂敷に包んで、深夜の首実検《くびじっけん》に立ち会わさせられた登美恵は、当然のことながらすっかり怖《お》じ気《け》づいていた。案の定、この日、犯人はあらわれなかった。

つぎの日が身代金受け渡しの本番である。しかし、一回だけは無理やり警察につきあわせられた登美恵は、自分の代役として、婦人警官を使うように主張して、いっかな警察に協力しようとしなかった。

翌朝、堀兼駐在所のすぐそばに材木商の店を構えている横田春雄(仮名)は、狭山署からの電話で起こされた。竹内武雄署長からの電話だった。重大なことがあるので協力願いたい、すぐきてほしい、という。

「どんな御用でしょう」

とたずねても、

「どうも話しにくいから、じかに署長室にきてほしい」

というだけである。横田は堀兼中学校のＰＴＡ副会長や会長を長年にわたって務めているばかりか、防犯協会の役員にもなっていて、署長とは昵懇《じっこん》の仲《なか》だった。

それで、朝食も摂《と》らずに材木運搬用、店名いりのトラックで狭山署に乗りつけた。署長室にはいっていくと、署長ばかりか次長、捜査課長が首をそろえて待っていた。

署長が発生したばかりの事件について説明し、「民間協力」をぜひお願いしたい、と頭を下げた。捜査の前線基地をつくりたいので、力を貸してほしい、といったあとで、署長はつけ加えていった。

今晩張り込みする佐野屋にはスピッツがいて、これがよく吠《ほ》える犬のようだ。どこかに隔《かく》離《り》してほしい。人目につかないように張り込みの警官を民間のクルマで現場に輸送してほしい。そしてもうひとつ、登美恵をもう一度、張り込み現場へ行くように説得してほしい、というものだった。

警察署長の頼みを受けて、ＰＴＡ会長は栄作と登美恵を説得した。ところが、登美恵は、

「もう、ぼっとすると(ひょっとすると)、殺されてしまっているかもしれない」

といって泣くだけで、なかなか引きうけようとはしなかった。

それでも登美恵は横田に説得されて、またもや新聞紙を切っただけの、白いハンカチにくるんだ、「二十万円」入りの風呂敷包みを小《こ》脇《わき》に抱えて、佐野屋の前にたった。横田は登美恵との約束どおり、一間《いっけん》半ほど離れた生垣《いけがき》の内側に身を隠していた。彼は戦時中、憲兵だったから、こういう場面には慣れていた。もちろん、刑事たちもそれぞれの部署について、息を潜《ひそ》めていた。

十二時十分すぎ、県道に面した佐野屋の横にたっていた登美恵に、右手、三十メートルほど離れた桑畑の縁《へり》から、ひくく呼びかける声があった。

「おい、おい」

登美恵は身を硬《かた》くして黙《だま》っていた。

「おい、おい」

前よりいくらか高い声でくりかえして、

「来てんのか」

とたしかめる口調《くちょう》だった。

「来てますよ」

「警察に話したんだべ」

疑わしそうだった。登美恵が黙《だま》っていると、見すかしたかのように、

「そこにふたりいるじゃねえか」

登美恵は、否定した。

「ひとりで来ているから、ここまでいらっしゃいよ」

すぐそばの茶垣《ちゃがき》のなかにしゃがんでいた刑事が、手をふって合図した。登美恵は四メートルほど、声のほうに近づいてからいった。

「ここまで来ているんだから、あんたのほうで出てきなさいよ」

「ほんとうに、かね、もってきてるのか」

男は疑わしそうにいった。

「ええ、もってますよ」

彼女は風呂敷包みを解きながら、さらに四メートルほどすすんで、挑発《ちょうはつ》するようにいった。

「ここまで来てるんだから、出てきなさいよ。あんた、男なんでしょう、男らしく出てき

たらいいでしょう」

警察がそばにいるからこその強気である。男はおし黙っていた。登美恵がもとの位置にもどったのを確認したようで、

「取れないから、おらぁ、帰るぞ、帰るぞ」

「あたしは時間厳守できてるんですから、ここまで来なさいよ」

登美恵は、もういちど男のほうに接近して、たち止まった。と、白っぽい影が、桑畑の奥の闇《やみ》のなかに翻《ひるがえ》るのがかすかに認められた。

張り込んでいた刑事たちは、呼び子を吹き鳴らしながら、闇雲《やみくも》に飛びだした。が、畑のほうにはひとりも配置されていなかった。「車でいくから」との脅迫状の文面をそのまま信じて、四十三人もの「大捕り物陣」は、県道沿いだけを固めていたのだ。

誘拐《ゆうかい》された女子高校生の二十三歳の姉が、必死になって誘拐犯と応対していたほぼ十分のあいだ、配置が不手際《ふてぎわ》だったので、刑事たちは身動きできなかった。県警からの応援部隊に土地勘《とちかん》はまったくなかったし、投光器は準備されておらず、用意されていたのは光の弱い懐中電灯だけだった。

その日から一年二ヵ月あとに、悲惨《ひさん》な農薬自殺を遂げる登美恵の行動をあげつらうわけにはいかない。このときの彼女は、誘拐に動揺する肉親というよりは、むしろ「婦人警官」にたいして与えられたのとおなじ役目を、忠実に演じさせられていたのにすぎなかった。

まずまっさきに、もっとも気がかりな妹の安否《あんぴ》を問うのが自然なのだが、彼女は役割に忠実すぎたのか、誘拐《ゆうかい》された妹の釈放を懇願《こんがん》するというようなことはせず、警察の力を恃《たの》んで犯人を逮捕したい意識のほうがつよかった。警察の大失態は、そのまま妹の死を意味していた。男との対話のあいだ、彼女があえて妹の安否《あんぴ》にふれなかったのは、あまりにも緊張していて、問いかける機会を失っていたためだったのか。それとも、すでに死を想定していたからなのだろうか。

五月一日深夜の張り込みの不発、翌二日深夜の二度目の張り込みと犯人逃走のあと、三日になって、埼玉県警と狭山署によって組織されていた「捜査本部」は、記者会見をおこない、事件の経過と捜査態勢について発表した。当然のことながら、それまでは報道管制が敷かれていたから、それは取材の解禁でもあった。

報道各社は、市内に取材基地を設置した。記者たちは、捜査本部が置かれていた市役所の堀兼出張所に社旗を翻《ひるがえ》したクルマで乗りつけ、公然と取材をはじめた。まだ犯人が逃走したばかりのころで、どこに潜伏《せんぷく》しているかわからず、肝腎《かんじん》の善枝の消息《しょうそく》が定かでない段階での取材合戦だった。

その日(三日)の夕刻になって、捜査本部は突然、報道をも解禁した。まず、午後七時のNHKニュースが全国放送をしたのである。まだ遺体が確認されていないにもかかわらず、全国放送を認めたのは、すでに善枝は死亡している、と警察が確信していたからだ。

「女高生、誘かいされる　埼玉県狭山市
また犯人逃す　脅迫状指定の場所で　警官隊、包囲しながら」

翌四日、「サンケイ(現、産経)新聞」一面トップの記事である。そこには佐野屋の現場写真と略図が掲載されている。各紙の朝刊もいっせいに第一報を掲載した。以下は「朝日新聞」の記事である。

「女高生誘かいされる　埼玉
　張込みの警察またも黒星
茶畑《（ママ）》から姉と問答
　犯人『金』とらず逃げる
【所沢＝埼玉県】東京の吉展《よしのぶ》ちゃん誘かい事件の捜査が難航している矢先《やさき》、こんどは女子高校生を誘かい、身代金二十万円を要求するという事件が埼玉県下で起った。三日午前零時、犯人は指定した場所に現《あらわ》れ、十数メートル離れて被害者の姉と約十分間問答したが、金はとらずに私服警官の張込み網をくぐって逃げた。吉展ちゃん事件についで捜査当局はまたもや誘かい犯を取逃がしてしまった」

吉展ちゃん事件とは、一ヵ月前に発生していた、東京都台東区入谷《いりや》の四歳の少年が誘拐《ゆうかい》された事件で、これも警察が犯人を逃す失態を演じていた。さらに同紙は、

「……近所の聞込みなどから被害者の一家をめぐる複雑な事情もある模様なので一応、えん恨《こん》説も並行して捜査を進めている。一方、捜査本部は三日朝から地元消防団の応援を

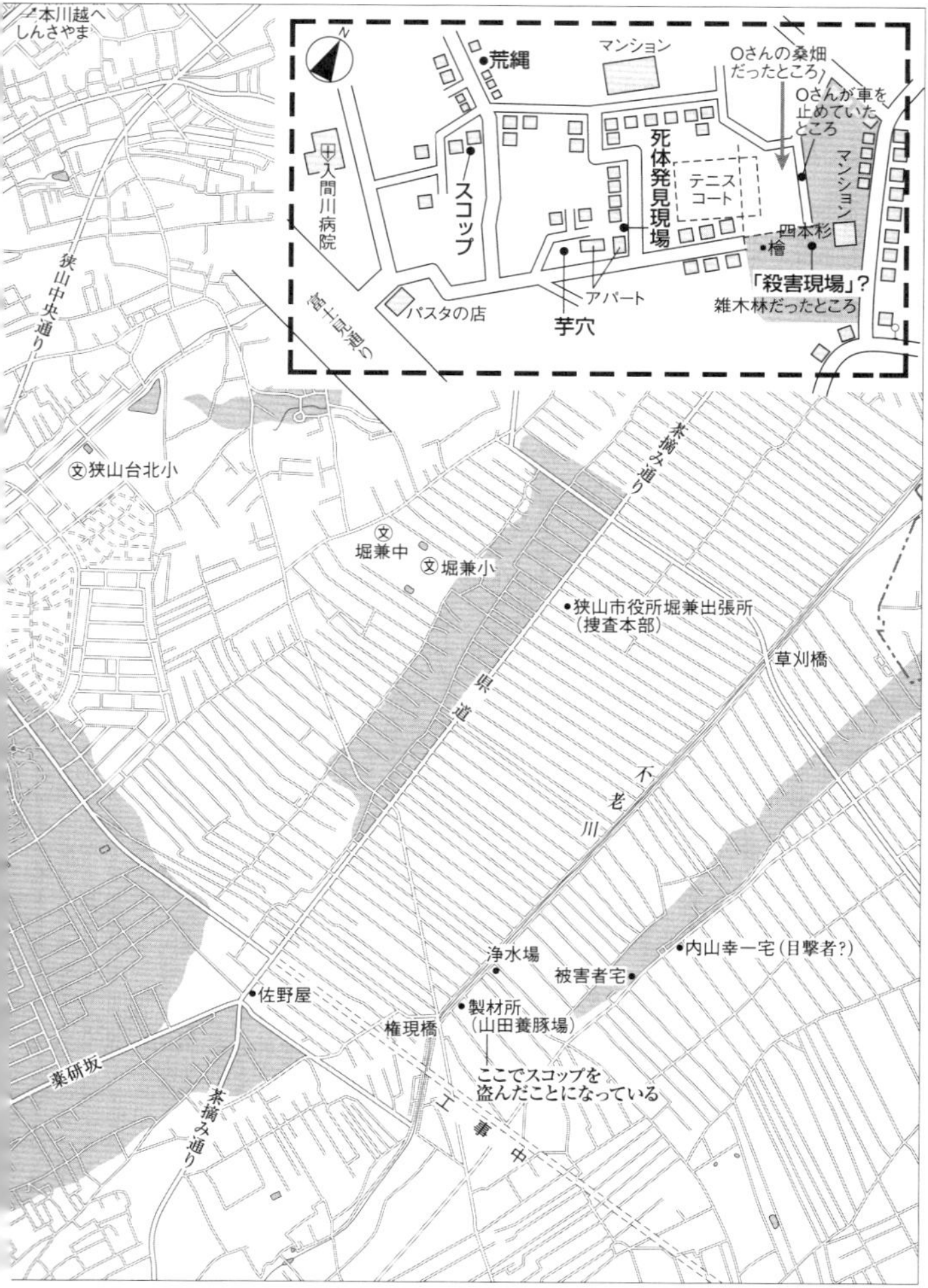

本川越へ
しんさやま
狭山中央通り
狭山台北小
堀兼中
堀兼小
狭山市役所堀兼出張所
(捜査本部)
草刈橋
茶摘み通り
県道
不老川
浄水場
被害者宅
内山幸一宅(目撃者?)
佐野屋
製材所
(山田養豚場)
権現橋
ここでスコップを
盗んだことになっている
薬研坂
茶摘み通り
工事中
荒縄
マンション
Oさんの桑畑
だったところ
Oさんが車を
止めていた
ところ
入間川病院
スコップ
死体発見現場
テニスコート
マンション
四本杉
檜
「殺害現場」?
雑木林だったところ
アパート
芋穴
パスタの店
富士見通り

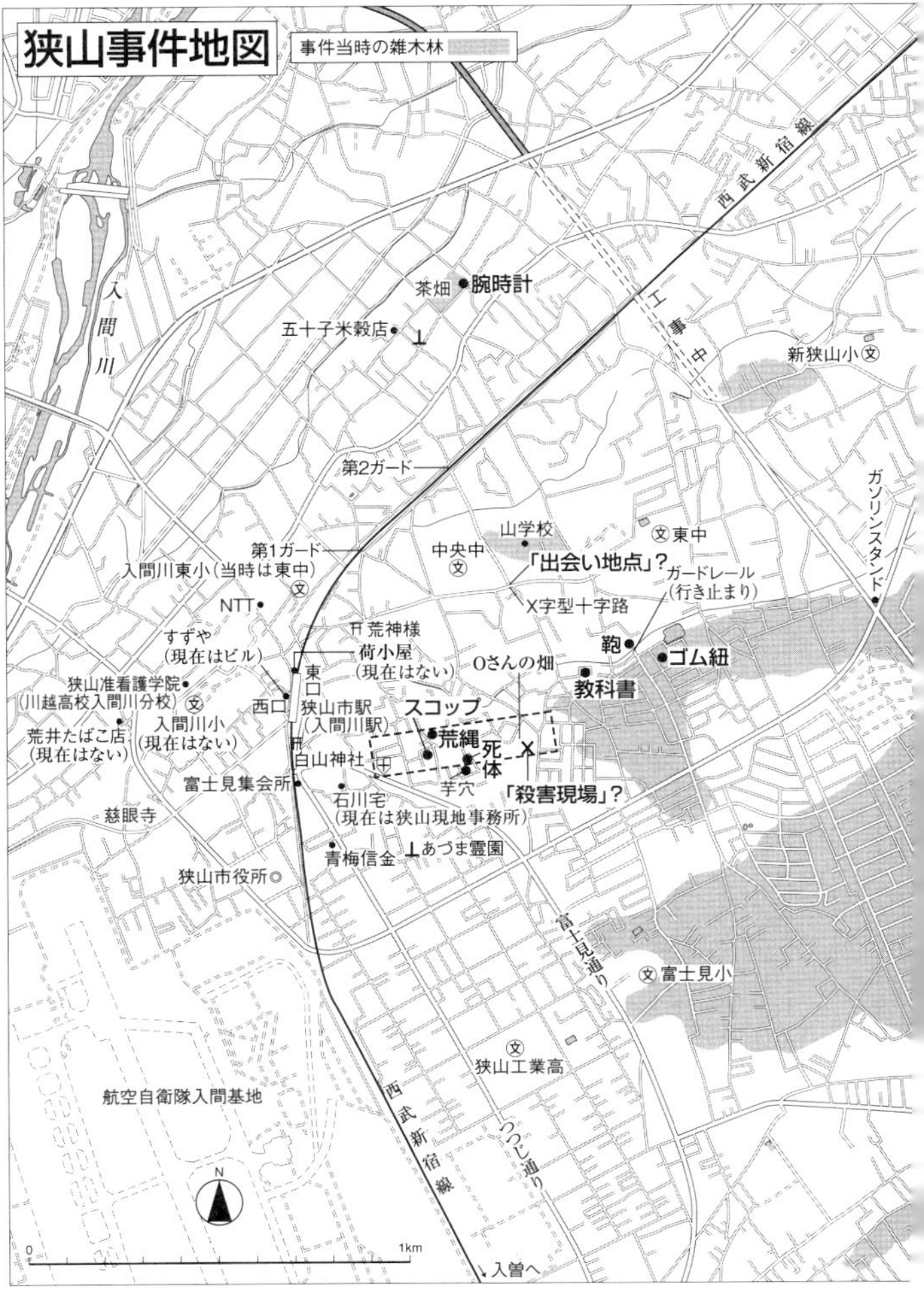

狭山事件地図
事件当時の雑木林
入間川
西武新宿線
工事中
茶畑
腕時計
五十子米穀店
新狭山小
第2ガード
ガソリンスタンド
山学校
東中
第1ガード
中央中
「出会い地点」?
入間川東小(当時は東中)
ガードレール
(行き止まり)
X字型十字路
NTT
荒神様
すずや
(現在はビル)
荷小屋
(現在はない)
鞄
ゴム紐
Oさんの畑
教科書
狭山准看護学院
(川越高校入間川分校)
東口
西口
狭山市駅
(入間川駅)
スコップ
入間川小
(現在はない)
荒井たばこ店
(現在はない)
荒縄
死体
白山神社
芋穴
富士見集会所
「殺害現場」?
石川宅
(現在は狭山現地事務所)
慈眼寺
青梅信金
あづま霊園
狭山市役所
富士見通り
富士見小
狭山工業高
航空自衛隊入間基地
つつじ通り
N
0
1km
入曽へ

えて大がかりな山狩《やまがり》をしたが、同夜までに女子高校生の手がかりはなく、このため公開捜査に踏切った」

事件発生は一日の夕方である。それから、二日しかたっていないのに、公開捜査に踏み切った。これは警察が自分たちの失態によって、女高生はすでに生存していない、と諦《あきら》めていたことを示している。

「読売新聞」(埼玉版)は、

「捜査の手違い、誘かい犯逃がす
　広すぎた張り込み陣
追跡、間に合わず
　押し問答中、気づかれる」

との見出しで報じている。

犯人像について、「毎日新聞」はおなじ日の朝刊に、捜査本部の見解として、

「犯人の声にはナマリがなく標準語で、年齢は三十―四十歳くらいの男と推定、被害者と顔見知りで、茶畑《(ママ)》の闇《やみ》をぬって素早く逃げたことなどから土地の事情にくわしいもののしわざとみている」

と書き、一方、「サンケイ新聞」はつぎのように書いている。

「姉の登美恵さんは、直接犯人と問答しただけに、いまだにおそろしそう。『しわがれ声で〝警察にしらせたな〟とすごまれたときには生きたここちがしなかった』と語り……」

農道に埋められていた絞殺死体《こうさつしたい》

四日の夕刊は、それぞれ一面トップで、「誘かいの女高生殺さる」と報じた。

「四日も朝から捜査員約二百人を非常召集、現場を中心に追い込み捜査をする一方、県警機動隊、消防団員など二百人で付近の山狩りを行なったところ、同午前十時半、薬研坂付近の雑木林の中で善枝さんの絞殺死体を発見した」(「東京新聞」)

ただ、発見場所、「薬研《やげん》坂付近の雑木林の中」は誤報《ごほう》で、そこから北西に一キロ以上も離れた畑のなか、幅二メートルほどの農道に埋《う》められていた。

土が不自然に盛られていたので、土地の所有者は気にかけていたのだが、まさか遺体が埋められているとは考えなかった。この日、地元の消防団が一列横隊で前進、農道の不審な亀裂《きれつ》に棒《ぼう》をさしこんで発見した。遺体は両腕を白い手拭《てぬぐ》いで後ろ手に縛《しば》られ、タオルで目隠しされ、首と足首に木綿《もめん》の細引《ほそび》き紐《ひも》がかけられていた。足首の細引き紐には、四本合わせの荒《あら》縄《なわ》がつながげられ、うつ伏せの背の上にたぐりよせられて載《の》せてあった。

この記事の最後に、「民間人で張り込みに加わった横田春雄さん」のコメントとして、「犯人は中年の男らしい」とある。横田は登美恵の介添人《かいぞえにん》として、彼女が犯人と問答するすぐそばでやりとりを聞いていた。その彼が、「中年男だ」と証言していたことは重要である。登美恵の「しわがれた声」というのと、符合《ふごう》する。暗闇《くらやみ》で犯人の声を聞いた刑事は多い。捜査本部でさえ、「三十—四十歳くらい」と推定していたのである。

「埼玉新聞」(五月五日、朝刊)は、

「殺してから脅迫状　狭山の女高生殺し

営利誘かいは煙幕《えんまく》

殺害は一日午後三時半ごろ」

との見出しをたてて、つぎのように書いている。

「善枝さんの絞殺死体が発見されたのは自宅から北西に四キロ、毎日通学する市道からわずか二百メートルはいった麦畑の間にある農道。長さ約百六十センチ、幅五十センチ、深さ六十センチの穴の中。死体はほとんど乱れておらず、クツははいたまま、ただスカートがめくれていた程度、しばってあったナワは新しく、死体を運ぶためのものと思える」

「犯人は善枝さんと顔見知り、土地の者という線にしぼり、同日県内各署から刑事百人を動員、狭山署と合わせ百三十人で、県警初まって以来という大がかりな聞き込み地取りを行なった」

「一方、同本部は善枝さんがスポーツ(ウー)マンで気が強く、知らない男には見向きもしない性格と、第一現場から第二現場までの一キロは小山、茂みなどが密集していて一人の男では死体を運ぶのがちょっと無理な点——などから、複数による犯行との見方もでている」

犯行現場(第一)から埋めた現場(第二)までは山林だから、ひとりでは死体を運搬《うんぱん》できない。

それに外傷《がいしょう》はなく、体内に体液が残っているなどから、捜査本部は犯人像を、顔見知りの中年男、複数、殺害時間は下校後まもなく、と想定していたことがわかる。しかし、このとき犯行現場は特定されていなかったはずだ。

そのうえ、雨のなかを善枝の女性用自転車に乗って、門から屋敷の奥へ三十メートルも侵《しん》入《にゅう》して、母屋《おもや》のガラス戸に脅迫状を挟《はさ》みこんだ。下から二段目の左右四枚は透明《とうめい》のガラス戸。そのガラス戸をへだてた土間で、中田家の五人が食事していた。にもかかわらず悠然《ゆうぜん》と自転車を物置きの軒下《のきした》にいれて帰るなど、よくよく勝手を知っているものでないとできない行動である。

さらにいえば、自転車を雨の中に放置しなかった気遣いは、家族的とさえいえる。ましてや、道端《みちばた》で出会った気丈な女子高校生を、雑木林のなかに連れこむなど、兇器《きょうき》がなければ、「顔見知り」の男以外に、できるものではない。

吉展ちゃん事件につづいて、犯人を取り逃した失態は、警察にたいする批判を急速にたかめていった。国会での議員の追及はきびしく、遺体が発見された五月四日、柏村警察庁長官は辞任した。篠田国家公安委員長(自治大臣)は、

「緊急国家公安委員会を招集して、誘拐事件について対策を協議する」

と決意を述べたあとで、事件解決の見通しをつぎのように語った。

「今度の事件はきわめて遺憾《いかん》だが、犯人は知能程度が低く、土地の事情にくわしい者であ

り、逮捕はできる」

しかし、推理作家の仁木悦子《にきえつこ》は、知能程度が低い、との見解に疑問を呈《てい》して、新聞記者につぎのように語っていた。

「知り合いに気楽に話しかけられ、安心してついていったと考えるのが当たっているかもしれない。……稚せつな脅迫文は、あくまでこじつけで知能の遅れた人ではない。むしろ犯罪については異常に頭のさえた持ち主に違いない」(「埼玉新聞」一九六三年五月五日)

ここでは、脅迫状に宛字《あてじ》が多用されているのにもかかわらず、文意がきわめて明晰《めいせき》な点などは、指摘されていない。しかし、このコメントは、単純な石頭ぞろいの警察幹部への、いちはやい批判になっていた。

吉展ちゃん事件と狭山事件

ほぼ一ヵ月まえの三月三十一日、東京・上野駅からさほど離れていない入谷《いりや》町南公園で遊んでいた村越吉展《むらこしよしのぶ》が誘拐され、身代金五十万円を奪われる事件が発生していた。

「吉展《よしのぶ》ちゃん事件」として、全国的によく知られるようになったのは、犯人を取り逃すという警察の決定的なミスばかりではなかった。村越工務店に執拗《しつよう》にかかってきた誘拐犯からの電話の声が、そのころ出まわりはじめたテープレコーダーに録音されて、ラジオで流されたことにもよっている。

押しつけがましい、粘着質《ねんちゃくしつ》タイプの東北訛《とうほくなまり》が、ラジオを聞いたものの耳の奥底にこびりつき、それにとりすがるような母親の声が哀《あわ》れを誘《さそ》って、巷《ちまた》の話題になっていた。電話で誘拐犯から身代金を受け渡す場所を指定され、自宅から駆けだしていった母親のあとを追って、刑事たちも急行したものの、まんまと五十万円を奪われてしまった。それ以来、吉展ちゃんの消息はぷっつりと途絶《とだ》えた。

地元の入谷《いりや》町内会は、はやばやとこの年の夏祭りの中止を決定した。長男の安全を祈願《きがん》して、三十四歳と二十七歳の若夫婦は、ちかくの氏神様や上野の弁天様《べんてんさま》、入谷の鬼子母神《きしぼじん》、はては浅草観音などへ宮参りをつづけていた。

五月七日の「日本経済新聞」は、吉展ちゃん事件について、社会面トップで、「あの夜、犯人？　を乗せた」というタクシー運転手の「有力情報」を掲載《けいさい》した。捜査本部とその運転手の話をまとめた記事である。

犯人らしい男は、年齢四十から五十歳、身長一・六メートル、五十キロぐらいでやせ型、色黒、黒っぽいハンチングまたはベレー、紺色がかったよれよれのレインコートかスプリングコートを着ていて、履き物は音のしないものだった。身代金を受け取って逃亡した「品川自動車」前から、山谷《さんや》の都電の停留所前まで乗った、という。

この証言にもとづいて、ほぼ二ヵ月後に、「労務者ふう」の男の特徴を書いた「手配書」が作成されて、関係方面に配布された。ところが、その後逮捕された三十歳の小原保《おばらたもつ》は、それとは似ても似つかない男だった。

おなじ紙面の横にならんで、「地下たび跡など発見　善枝さん事件　元使用人、黒白つかず」の記事が掲載されている。「元使用人」とは、その前日の六日朝、農薬を飲んだうえで、自宅の井戸に飛び込んで自殺した、三十歳の男のことである。

彼は中田家の作男《さくおとこ》をしたことがあって、善枝とは顔なじみだった。結婚式を翌日に控《ひか》え、新居まで完成していたのだが、善枝の遺体が発見された二日後の自殺だった。被害者の体内に残されていた体液は、おなじB型と警察は発表していた。

それとおなじ血液型だったため、彼も疑われていた。しかし、記事によれば、彼以外にも十数人の容疑者とみられる男がいて、捜査がすすめられている、という。

この記事ばかりではなく、新聞は、「難航する二つの捜査　吉展ちゃん誘かい　善枝さん殺し」(「東京新聞」五月二十一日)というように、おなじ紙面にふたつの事件の捜査状況をならべて報道していた。そして「両捜査本部とも、ようやくあせりが見え出した」(同前)と書かれている。

吉展ちゃん事件は、迷宮《めいきゅう》入りの様相を見せはじめていた。こんどは小田原《おだわら》で、二歳五ヵ月の幼児が行方不明になった。警察、消防団、地元のひとたち約二百人、警察犬二頭による山狩りがおこなわれ、十三時間たってから、三キロ離れた山中に置き去りにされていたのが発見された。

また、横浜市の保土《ほど》ヶ谷《や》区では、小学校一年の少年が、見知らぬ男にキャラメルをわたされ、ランドセルに手をかけられたというように、誘拐なのか、それとも思いすごしなのかわからない「事件」までふくめて、新聞には「誘拐」記事がふえていた。その分だけ、捜査当局に焦《あせ》りがあらわれていたのは、事実だった。

国家公安委員会は、異例の臨時委員会をひらいて、埼玉県警にたいして、狭山事件の犯人の早急な逮捕を指示することを決定した。中垣法相は、法を改正して、誘拐事件の厳罰化をおこなう、と言明した。そのすこし前には、原警視総監が、異例にも、「吉展ちゃんを返してほしい」とマスコミを通じて訴えたりしていた。

しかし、幼児誘拐事件ならいざ知らず、女子高校生が白昼路上で誘拐されて身代金を要求されるなど、異例というべきものなのに、この事件を、流行の「誘拐事件」を偽装《ぎそう》した、顔見知りによる殺人事件と考える視点はなかった。身代金の二十万円は、いまの貨幣価値でおよそ二百万円、命がけで実行する計画的な犯行としてはあまりにも額がすくない。

刑事たちは真っ正直に、犯人は脅迫状にあるとおり、クルマでやってくるものとばっかり考え、道路沿いにだけ張り込んでいた。犯人はその裏をかいて、桑畑から忍びでて、一面に茶畑がひろがる闇のなかへもどっていった。そのあと、おなじ堀兼地区に住む、顔見知りの男たちを重要参考人として取り調べたのは、もっとも妥当な捜査方針だったはずだ。

すでに青葉が輝く初夏にはいりはじめていた五月下旬、刑事たちは首の汗を拭《ぬぐ》いながら、入間《いるま》川《がわ》と不老川《としとらずがわ》とに挟《はさ》まれた、なだらかな関東ローム層の台地を、蟻《あり》のようにせわしく歩きまわっていた。このあたりには、日陰のない平坦《へいたん》な麦畑と茶畑と桑畑とがひろがっているのだが、集落を囲むように雑木林が点在しているので、刑事たちはその木陰でどうにか一息いれることができた。

一九六〇(昭和三十五)年六月末、全国的に燃えひろがっていた日米安保条約改定にたいする大反対闘争を乗り切った岸信介首相の退陣には、右翼による刺傷《ししょう》というおまけがついた。

七月に成立した池田勇人内閣は、「高度成長・所得倍増」を政策に掲《かか》げた。たしかに、一九六四年十月の東京オリンピック準備のため、高速道路の建設などの「特需《とくじゅ》」ははじまっていたが、開会式まではあと一年半の時間が必要だった。

日本経済は、まだ本格的な上昇にむかっていたわけではなかったが、「巨人、大鵬、卵焼き」と喧伝《けんでん》されて安定性がもとめられ、「上を向いて歩こう」の明るいメロディが巷《ちまた》に流れはじめていた。

国策としてのモータリゼーションが開始されていた。メーカーには活況をもたらしはじめていたが、肝腎《かんじん》の道路は整備されていなかったから、道から跳びだした子どもがオートバイやクルマにひかれる交通事故がふえはじめていた。

その一方では、静岡、東京、千葉、福島などにニセ千円札が出まわっていたり、中年男が列車に四歳の幼女を置き去りにして大騒ぎになったり、自殺志願の少年がピストル強奪《ごうだつ》を謀《はか》って交番の巡査を襲《おそ》ったり、とか世相にはまだ戦後の混乱と貧しさがこびりついていて、実際にはさほど明るいというようなものではなかった。

旧堀兼《ほりかね》村は純農村地帯で、中田家は茶畑に囲まれた一反《たん》三畝《せ》(三九〇坪)の敷地に、間口十間ほどの広壮な藁葺《わらぶ》き屋根の母屋《おもや》を構えた豪農《ごうのう》である。屋号が「杉山」だったのは、裏手が杉山になっていたからだが、近年になってからは、「百万円様」といわれたりしていた。

畑地二町三反、山林一町三反、狭山茶《さやまちゃ》とゴボウやニンジンなどの換金作物《かんきんさくもつ》を中心にした畑作経営は安定していて、耕耘機《こううんき》ばかりか、近所ではいちはやく、農作業用の小型トラックを購入した。

トラックや耕耘機を収納している別棟《べつむね》の物置きは、間口六間ほどの二階建てトタン葺《ぶ》き、横に長い二階屋は蚕室《さんしつ》に使われていた名残《なご》りである。母屋のほかに、ふつうの民家よりもはるかに広大な物置き、それに納屋《なや》が三棟と、ゆったりとした屋敷構えである。

堀兼村は、『枕草子』の一六一段に、「井は、ほりかねの井。玉の井。走り井は、『逢坂』なるが、をかしきなり」と書かれ、『千載集』の藤原俊成の歌には、「武蔵野の掘兼の井もあるものをうれしく水のちかづきにけり」と詠《うた》われている。

堀兼の井は、深い井戸として知られていたようだが、実のところ、中田家の屋敷《やしき》のうしろを流れる「不老川《としとらずがわ》」や「逃水《にげみず》」、「末無川《すえなしがわ》」などの地名にもあらわれているように、このあたりは表土が薄く、その下に砂利層が厚く横たわっているために、水がかんたんに吸収されてしまう。堀兼は、掘るのが困難な「掘りかねる」に語源がある、ともいわれている。

昔は、「節分《せつぶん》」を越えると、ひとつ年を取る風習があった。「不老川《としとらずがわ》」は、節分の夜を迎える前に、川の水が涸《か》れてなくなるので、年とらずがわ、と名づけられた、といわれている

(『狭山市史』)。

東京西部郊外の三多摩地区から所沢《ところざわ》、川越《かわごえ》にかけて、武蔵野《むさしの》といわれていた。いまでも欅《けやき》や楢《なら》の巨木が亭々《ていてい》と聳《そび》え、冬は落葉した梢《こずえ》が空を突き刺して寒気を感じさせ、春はいっせいに芽吹《めぶ》いて、やがて緑のしたたりを見せる風景は、「林は実に今の武蔵野の特色といってよい」(『武蔵野』)と書いた国木田独歩《くにきだどっぽ》の時代の名残りである。

養蚕《ようさん》と茶がこのあたりの農家の重要な収入源だった。国分寺《こくぶんじ》と川越《かわごえ》をむすぶ「川越鉄道」(現、西武新宿線、国分寺線)が一八九五(明治二十八)年に開通し、所沢、入間川(狭山)に駅がつくられたのも、これらの産品を横浜経由で欧米に輸出するためだった。狭山茶は、宇治《うじ》、八女《やめ》、嬉野《うれしの》、静岡、鹿児島などと競《きそ》う銘茶《めいちゃ》で、入間市、所沢市、狭山市など、埼玉県西部で生産されている。

江戸時代、このあたり一帯は川越《かわごえ》藩の領内で、将軍家、尾張家、川越藩の「鷹場《たかば》」があった。それより前、室町時代に、雨に降られた太田道灌《おおたどうかん》が、ちかくの農家をおとずれ、あらわれた娘に蓑《みの》の借用《しゃくよう》を所望すると、「七重八重花は咲けども山吹の実の一つだに無きぞ悲しき」と書きつけた紙片を差しだされたとの故事《こじ》は、このあたりで鷹《たか》狩りをしたときのものだった。

獲物は鶴や水鶏《くいな》、鴇《とき》、白鷺《しらさぎ》、真鴨《まがも》などだったようだが、これらの遊戯《ゆうぎ》のため、農民たちの生活はきびしく規制されていた。犬は捉《とら》えて捨《す》てよ、餌《え》つけの妨害になる伐木《ばつぼく》は見あわせよ、小鳥は飼《か》うな、子どもに鳥の雛《ひな》を捕《とら》えさせるな、餌差《えさ》しが鳥を獲《と》ったなら拘置《こうち》せよ、百姓以外のものが居住したなら届《とど》け出ろ、というようなものだった。

また、たとえば、鶴の遺骸《いがい》が道に落ちていると、だれかが捕えようとしたものか、それともたんなる病気だったのかなどと、きびしい詮索《せんさく》がなされた。それでいて、鷹匠《たかじょう》一行がやってくると、その賄《まかな》いなどの費用は、すべて周辺の村に分担させた。

お茶の栽培《さいばい》がさかんになったのは、鷹狩りにやってこられるほどに、川越ばかりか、江戸の城下もまたちかかったためだ。江戸の町で消費されたのはいうまでもないが、狭山茶は蒸《む》しがよくて、強火で乾燥されるため、長期の航海でも変色したりせず、香りが逃げにくく、味が一定している、との評価がたかかった。

このため、安政六(一八五九)年に横浜港が開港されてからは、狭山茶はアメリカにむけて大量に輸出されるようになり、生産がさかんになった。輸出は絹織物をあつかっていた八王《はちおう》子《じ》の商人がおこなった。八王子から横浜にむかうシルクロードに狭山茶も載《の》っていった。

入間《いるま》川《がわ》町や堀兼《ほりかね》村、柏原《かしわばら》村、入間《いりま》村、奥富《おくとみ》村、水富《みずとみ》村など、一町五ヵ村が合併《がっぺい》したのは、一九五四(昭和二十九)年七月だった。新しい市の名称が、由緒《ゆいしょ》ある「入間《いるま》川《がわ》」ではなく、合併する各町村の地名にもいっさい関係なく、さらには地形的にも「狭山丘陵《さやまきゅうりょう》」とはまったく無関係なのに、あえて「狭山《さやま》市」にされたのは、製茶業者たちが、「狭山茶」の宣伝効果を意識して、「狭山、狭山と大騒ぎ」したからだ、とつたえられている。

その運動は、愛知県の豊田《とよた》市のように、地域を支配するに至った企業の名前を由緒《ゆいしょ》ある「挙母《ころも》」市のうえに市名にかぶせてしまったほどには露骨《ろこつ》でないにせよ、製品のブランドが市名になった一例であることにはまちがいない。

しかし、その後、「狭山市」が急速に人口を拡大させていったのは、お茶の生産によってではない。ホンダ狭山工場やその部品、精密機器工場などを受け入れた工業団地の建設と東京のベッドタウン化によるものだった。たとえば、一九六七年から一九七〇年までのたった四年間で、住宅用地に転用された農地は、二百ヘクタールにものぼっている。

狭山事件の背景には、このような農村地帯の急激な都市化があった。


刑事ふたり一組になって歩くのが、捜査の常道である。犯人を取り逃したあと、八十組、百六十人の刑事が四六平方キロメートルの市内をしらみつぶしに歩いていた。西武新宿線沿いの「菅原《すがわら》四丁目」が、米空軍のピンポイント爆撃のような、集中的な攻撃を受けるようになったのは、五百メートルほどしか離れていない農道で、被害者の遺体が発見された五月四日以降からである。

一週間あとの五月十一日になって、遺体発見場所から百二十メートルほどの麦畑で、こんどはスコップが発見された。

スコップが発見されたあたりは、草の根を踏み分けての徹底捜索がおこなわれた場所だった。けっして眼にとまらないわけではなく、見落されるはずもないスコップが、突然、地中から湧《わ》いたかのように、まだ背丈の低い麦畑の畝《うね》のあいだ、麦の根元に横たわっていた。農作業中の農婦がそれを見つけて、ときがときだけに、さっそく警察に届けた。

その五日前、被害者の家にちかい、不老川《としとらずがわ》にかかる権現橋《ごんげんばし》の袂《たもと》、山田養豚場《ようとんじょう》(仮名)からスコップの「紛失届《ふんしつとどけ》」がだされていた。たしかにそのころは、まだ物があり余るという時代ではなく、スコップ一丁でも貴重品だったが、それでもあとでわかるように、従業員に材木などを盗ませては豚小屋を拡張していた経営者が、スコップがなくなったからといって、わざわざ警察に訴えにいくわけはない。

じつは事件の発生直後、警察は中田家のちかくに土地を借りて、養豚場を経営していた山田光男(仮名、二十七歳)を尋問《じんもん》し、ついでにスコップの紛失届を書かせていた。養豚場のある権現橋は、堀兼地区に架かる橋なのだが、中田家にちかいばかりではなく、身代金の受け渡しの舞台となった、「佐野屋」と中田家とのちょうど中間に位置している。

地元では「豚屋《ぶたや》」と蔑称《べっしょう》されていた経営者の山田は、「菅原四丁目」、駅のそばにある被差別部落の出身者で、その養豚場ではたらいていたのはたいがいこの部落の若ものたちだった。

こうして、はじめのうちは、中田家のある堀兼地区の若ものたちが狙《ねら》われていたのだが、遺体が埋められていたちかくからスコップが発見されると、捜査対象は堀兼から一挙《いっきょ》に、「よそもの」といわれて差別されていた、養豚場にはたらく若ものたちに絞《しぼ》られていった。

スコップ　イコール　養豚場
スコップ　イコール　死体埋設《したいまいせつ》
養豚場　イコール　死体埋設

発見されたスコップが捜査本部にもちこまれると、県警は山田光男に確認することもなく、養豚場のものだと断定した。山田本人に確認させたのは、発見から十日もたってからで、すでにこのときには、つぎのような方式に拡大された。

養豚場　イコール　被差別部落
スコップ　イコール　死体埋設
被差別部落　イコール　死体埋設

養豚場には、ポインターが番犬として飼われていた。だから、夜陰《やいん》に乗《じょう》じてスコップを盗めるのは、犬と顔見知りの従業員か、よく出入りしているものでしかない、というのが警察の判断だった。

それまでに捜査線上に浮かんだ容疑者は七十人、片っ端からその身辺を洗う方式で、投入された捜査員は延べ二千五百人に達していた。県警は記者会見で、「解決は間近い」などといっていたが、重要参考人として浮かんでいた「容疑者たち」は、つぎつぎにシロに変わっていった。

こうして、狭山市内にあるふたつの被差別部落、おおよそ七十戸の「菅原四丁目」ともう一ヵ所の若ものたちのうち、警察の取調べを受けたものが百二十人、筆跡《ひっせき》を調べられたものが二十人、タバコの吸い殻がもち去られ、血液型《けつえきがた》を調べられたものが十数人におよんだ。このうち逮捕されたのが、四人。そのひとりが石川一雄《いしかわかずお》だった。

早朝の逮捕

いきなり、憎《にく》しみのこもった力で掛《か》け蒲《ぶ》団《とん》を引《ひ》っぺがされて、石川一雄《いしかわかずお》は眼を覚《さ》ました。天井《てんじょう》の下に、じっと見定めている男たちの顔があった。が、影になっていて表情までは見えない。パンツひとつで寝ていたこともあって、狼狽《ろうばい》して蒲団のうえに身を起こすと、そのうちのひとりが、

「石川一雄だな」

と殴《なぐ》りつけるようにいって、鼻先に紙切れを突きだした。手錠《てじょう》をかけられてひき起こされた。継ぎたしした安普請《やすぶしん》の家のなかを、どうとばかり玄関先にひきたてられていくとき、六造兄《ろくぞうあに》がなにか叫んでいた。

「なにやってんだ、シャツぐらい着せりゃいいだろう。こんなちっぽけな家で、逃げるわけないんだ、お前たちがこんなにいるんじゃないか」

弟とは正反対の性格で、むこう気の強い長男の抗議を受けて、刑事たちはばつがわるそうに、逮捕者《たいほしゃ》にランニングシャツを着せ、六造の作業用ジーパンをはかせた。しかし、このあたりのことは、本人にはあまり覚えがない。たとえ紙切れが「逮捕状」だとわかったにして

も、そこに書かれてある文字を読みとることはできなかったのだ。

父親の富造《とみぞう》が頑固《がんこ》すぎただけ余計に一雄は母親思いだった。彼は上《あ》がり框《かまち》のそばでおろおろしている母親のリイに快活《かいかつ》そうに、

「すぐ帰ってくるからなっ」

と声をかけた。手錠をかけられたとき、養豚場《ようとんじょう》がどうの、と刑事がいっていたようで、しかたがないな、わかってしまったな、と観念していた。養豚場の経営者である山田光男のところにも、刑事たちが調べにいった、というのを聞いていたからだった。

そとに連れだされると、叩《たた》きつけられるように眼の前でフラッシュが焚《た》かれた。新聞社のカメラマンだった。眼の奥まで明るくなって、一雄はすっかり動顚《どうてん》していた。


石川一雄が逮捕されたのは、一九六三(昭和三十八)年五月二十三日だった。逮捕状に記載されている容疑《ようぎ》は、「窃盗《せっとう》、暴行《ぼうこう》、恐喝未遂《きょうかつみすい》」というものだが、それにしては、早朝四時四十分の「大がかりな捕り物陣」(「埼玉新聞」五月二十四日朝刊)で、まるで凶悪犯逮捕の布陣《ふじん》だった。「読売新聞」(五月二十三日夕刊)によれば、前夜十時からレインコート、ハンチング、長靴姿の刑事が十五人、まわりの茶畑にもぐりこんでいた、という。

暁《あかつき》をついて、トラックや乗用車に分乗して急襲《きゅうしゅう》したのは、制服警官隊五十人だった。やがて殺人容疑に切り換えられる逮捕劇としても、とんでもないほどに大げさだが、そこに失態つづきだった県警の意気込みがあらわれている。

ランニングシャツの上から、かるく夏用のジャンパーを羽織《はお》らされて、一雄は「プリンス」の後部座席に押しこめられた。その直前、ふたりの刑事に両腕をとられた手錠姿の写真が残されている。新聞社が撮影したものである。

二十四歳のその日から、五十五歳の暮れ(一九九四年=平成六年)、突然、あわただしく「仮出獄《かりしゅつごく》」(仮釈放)されるまで、三十一年七ヵ月も獄中《ごくちゅう》に拘置《こうち》されることになる被疑者は、キョトンとして悪びれもせず、カメラをまっすぐに凝視《みつ》めていて、どこかあどけない。

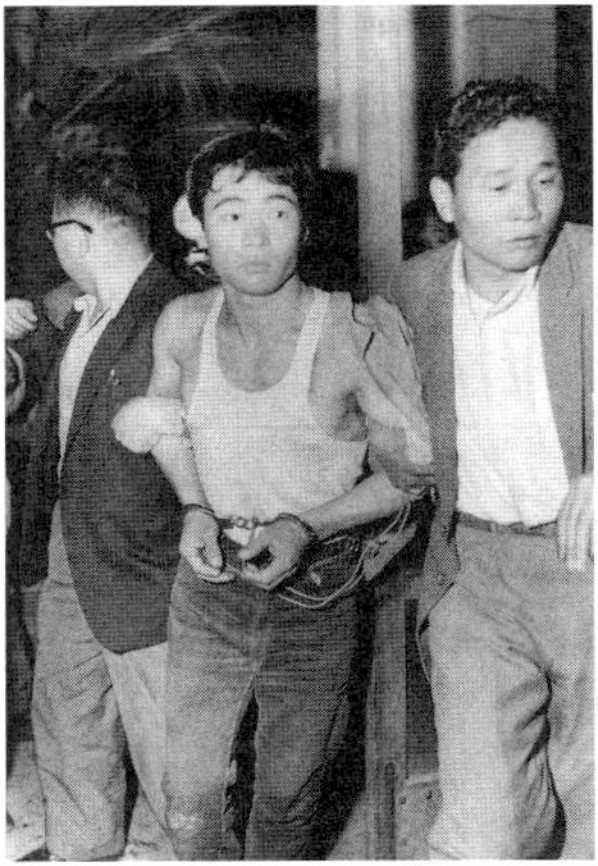

1963(昭和38)年5月23日早朝，石川一雄は自宅で逮捕された．24歳だった．この日から31年7ヵ月の獄中生活がはじまる(提供　朝日新聞社)．

石川家は、「入間《いるま》川《がわ》駅」の東口から五分ほどしか離れていない。線路の反対側の市街地のはずれにあった狭山署までは、クルマなら十分たらずだが、護送車は直接むかわず、遠く迂《う》回《かい》していった。一雄には、後部トランクのうえに新聞記者らしい影が、一瞬《いっしゅん》しがみついていたような記憶がある。

連行されるあいだ、彼が思い描いていたのは、職場の仲間とすぐそばの「米空軍ジョンソン基地」(当時は日米共同使用、現在、航空自衛隊入間基地)から鉄パイプを盗みだしたときのことだった。いうべきか、いわざるべきか、その判断に迷っていた。

「石川の逮捕状を取った二十二日深夜から捜査本部は、さる三日の失敗にこりてか数人の刑事を徹夜で張り込ませた。二十三日朝四時四十分、麦畑が朝もやのなかにはっきり浮かびあがるころ、埼玉県捜査一課の山下警部以下十二人の捜査員が乗った小型トラックと乗用車がピタリと石川宅前に止まった。バラバラッと捜査員が車から飛び降り、ぐるりと家を取り巻く。奥のへやで寝ていた一雄は逮捕状を突きつけられると、一瞬寝ぼけまなこを大きく見開き顔をこわばらせたが、すぐすなおにジャンパーとジーパンをはき、狭山署に連行された」(「埼玉新聞」一九六三年五月二十三日)。

逮捕の陣容は、「読売新聞」よりも少なくなっているが、ここに書かれている、「さる三日の失敗」とは、それより三週間前の五月二日の深夜(三日の午前十二時すぎ)、「佐野屋」で、身代金《みのしろきん》を取りにきた犯人を捕《と》り逃した失態《しったい》を指している。女子高校生は遺体となって発見されたから、失敗は文字通りの致命傷《ちめいしょう》だった。

石川一雄の逮捕は、「窃盗、暴行、恐喝未遂」の容疑によるもののはずだった。ところが、この記事には、あたかも「三日の失敗」にたいする復讐《ふくしゅう》のように書かれているから、逮捕状に記載されている罪名《ざいめい》は、いわば別件《べっけん》というもので、本命は「誘拐《ゆうかい》、殺人、死体遺棄《したいいき》」にあったのを、だれも疑ってはいない。

だからこそ、水も漏《も》らさぬ大捜査陣《だいそうさじん》となったのだが、緊張していたのは警察や記者たちだけであって、肝腎《かんじん》の容疑者《ようぎしゃ》は天下泰平、まぢかに迫った危険などに思いを馳《は》せることなく、ぐっすり寝込んでいて、外に引き出されてもなお、「寝ぼけまなこ」の状態だった。

両側から刑事に腕をとられて、石川家の次男が護送されて去ったあと、四時四十五分から七時すぎまで、十二名の捜査員が天井裏から床下《ゆかした》、便所のなか、庭の土まで掘り返す徹底捜《てっていそう》索《さく》をおこなった。木造平屋で、六畳一間と四畳半が三間、それに板の間の勝手場、さほど広いとも、立派ともいえない家をしらみつぶしにするには、十分すぎる人数と時間だった。

捜索に立ち会っていた六造は、波形《なみがた》のトタン屋根(ナマコ板)の上を不遠慮《ぶえんりょ》に歩きまわる刑事たちのドタ靴に、トタンがつぶされてしまわないか、と心配していた。安いトタンを買ってきて自分で葺《ふ》いたものだけに、その脆弱《ぜいじゃく》さをだれよりもよく知っていた。自分たち職人は、地下足袋《じかたび》でそうっと猫のように歩いているのに、奴《やつ》らはドカドカ踏みつけてなんの気づかいもない。

夜も明けだすと、近所のひとたちがこわごわと遠巻《とおま》きに集まってきた。

「あのおとなしい一雄さんがまさかねえ……」

と意外といった表情でささやいていた、と記事にある。そのあとはこう書かれている。

「石川のはいった狭山署前は、土地柄、外人や自衛隊員、近所の人たちなどヤジウマ四、五十人が押しかけた。別むねの取り調べ室のまわりには荒なわが二重に張りめぐらされ、武装警官十数人が並ぶというものものしさ。『こんども逃げられたらたいへんだからな』

と町のひとがいうと、若い警官は、にが笑い」(「埼玉新聞」五月二十四日)
新聞に掲載されている写真の正面むこうには、取調室の鉄格子《てつごうし》が写っていて、その手前の中庭に、男女の野次馬《やじうま》たちの背中がひしめき、祖父に負ぶわれた三、四歳の幼児の横顔も見える。

野次馬のひとりがいい放ったという「こんども逃げられたらたいへんだからな」は、「佐野屋」まえの失敗をあてこすっていただけではない。「吉展《よしのぶ》ちゃん事件」でのドジさ加減にたいする批判も重ねられていた。

ときあたかも、三船敏郎、山崎努主演・黒沢明監督の映画「天国と地獄」が大ヒット、子どもを人質にとっての誘拐事件がはやりだして、ことさら犯人にたいするひとびとの憎《にく》しみを駆《か》りたてていた。

「こんども逃げられたらたいへんだからな」とは、たんに痛烈《つうれつ》な揶揄《やゆ》というよりは、警察の無力にたいする庶民《しょみん》の鬱憤《うっぷん》でもあった。

「張込みの警察またも黒星」(「朝日新聞」)、「捜査陣またも大失態」(「東京新聞」)などの大見出しで、新聞は「またも」と強調して警察を非難していた。吉展ちゃん事件、狭山事件と二回つづけて誘拐犯を取り逃した警察は、これらの批判の声に押されて、とにかく、一刻もはやく犯人を逮捕して汚名《おめい》を雪《そそ》がなければならなかった。

石川一雄が逮捕される二日まえの「東京新聞」(五月二十一日)は、社会面トップで、
「吉展ちゃん誘拐

善枝さん殺し
難航する二つの捜査」

との記事を掲載している。村越吉展が誘拐されて五十日、中田善枝が殺されて二十日たったが、両事件ともに有力な手がかりがなく、「捜査は長期化しそう」と書かれている。

「善枝さん殺しの捜査は二転、三転、難航《なんこう》をつづけている。捜査本部では、はじめ、真っ向から犯人を殺人容疑で逮捕する正攻法の捜査方針をとり、二十万円を要求した手紙、後ろ手にしばった手ぬぐい、目かくしに使ったタオル、死体を埋《う》めるのに使ったとみられるスコップなどを徹底的にあらっていたが、その線から容疑者を割り出すことが難しくなった。

そこで十三日には、この捜査方針を『重要参考人を別の容疑で逮捕し、自供を待って裏付ける』いわば〝からめ手戦法〟に変更、記者会見でも『解決は間近い』とほのめかした。

ところが、その〝別の容疑〟にもこれといったものがなく、再び正攻法に逆戻り。しかも、これまで重要参考人として浮かんでいた〝容疑者〟たちも、

逮捕されるすこし前，やって来た新聞記者が「写真をとらせてほしい」と頼んだ．石川一雄は気さくに応じた．それが「犯人」の写真になるとは考えもおよばなかった．

いまでは四分六でシロとの見方が強まっている始末だ。

したがって犯人が単数か複数かでも迷いどおし。最初は単独犯という見通しで捜査を進めていた。そのうち死体遺棄と脅迫の仕方からみて、どうも共犯者がいるらしいという意見がでて、単独説がつぶれるといった調子。

いまだに第一犯行現場が確認されないこと、犯行当日の善枝さんの足どりがとれないし、犯人らしい男を目撃したものが出てこないことなどが捜査を難航させた原因だが、今後も目撃者の発見がほとんど期待できないだけに、本部は苦しい立ち場に追い込まれている」

(「東京新聞」五月二十一日)

これが、石川逮捕、たった二日まえの状況である。さらに二十三日まで、捜査にはさほどの進展はない。だから、怪《あや》しいやつは別件で逮捕して留置場にぶちこみ、とにかく自供に追いこむ、それが捜査本部の「からめ手戦法」だった。

逮捕される数日まえ、鳶職《とびしょく》の六造兄《ろくぞうあにい》の「手元《てもと》」(助手)として、ちかくの建て前の屋根に上がっていた一雄のところに、ひょっこり新聞記者が顔をだし、

「一枚撮《と》らしてください、お願いします」

と軽い調子で声をかけていた。内気なうえに、嫌《いや》とはいえない気の弱さ、それに気がいい性格の一雄は、「何でだ」などと邪険《じゃけん》に問いかけることもなく、気安く応じて梯子《はしご》を降りた。まだ壁土《かべつち》の塗られていない家の前に立って、右手をスコップの柄《え》のうえに置き、左手を腰にあてて二コッと笑っている、いかにも純朴《じゅんぼく》な農村青年丸だしの写真が、「凶悪犯人」の肖《しょう》

像《ぞう》として各紙に使われるようになったのは、功をあせった通信社の記者が、石川一雄が捜査線上に浮かんでいる警察情報を、いちはやくキャッチしていたからにほかならなかった。

第二章　別件逮捕と別件起訴

逮捕の理由は殺人ではなく窃盗《せっとう》

石川一雄が逮捕された容疑とは、「窃盗《せっとう》、暴行《ぼうこう》、恐喝未遂《きょうかつみすい》」などだった。殺人の容疑はふくまれていない。それでも、その日の夕刊は、各紙ともに「善枝さん殺し」の「有力容疑者」としての扱いだった。

「『底知れず不気味な』石川」と、五段見出しを立てた「朝日新聞」埼玉版(五月二十四日)によれば、逮捕の理由は、つぎのようなものだった。

筆跡〝早退届〟にそっくり　脅迫文の字体・間違い方

脅迫状の文面は誤字、あて字が多く、これは犯行をくらますために故意《こい》に書いたものだろうとの推理も一部にあったが、石川は小学校も満足に出ておらず、字をよく知らなかった。特捜本部は以前、石川が勤めていた会社などから石川が書いた早退届などを取寄せて合わせたところ「時」を「晴」としたり、そく音の「ツ」は全部かたかな書きなど字体や間違い方まで脅迫文とそっくり。

県警鑑識課では同一人の筆跡と断定、警察庁科学警察研究所の中間報告でも、同一人とみられる点が濃厚《のうこう》であるといっており、これが逮捕に踏切る一番有力なきっかけとなった。

昭和38年5月24日　金曜日　朝日新聞

「底知れず不気味な」石川　善枝さん殺し

ホッとした地元

捜査の苦労実りそう

早退届にそっくり

脅迫文の字体・間違い方

同じB型と判明

タバコ吸がらのダ液から

親善野球の参加賞

手ぬぐい　タオル

「目の前にいたとは…」

恐ろしさに絶句する村人たち

愛の供血もむなし

父親、感謝に目をうるます

紀江ちゃんが死ぬ

善枝さんの大写真

ショウブ飾り報告

川越高入間川分校の生徒ら

番犬もほえず

元勤め先の畜舎のもの

工作の疑い濃い

逮捕直後の「朝日新聞」(1963＝昭和38年5月24日).「底知れず不気味な」「常識外の異常性格」などと各新聞社は書きたてた.

また脅迫文には「刑札」と書いてあったが、つかまったとき書いた弁解録取書では「警察」という漢字が書けず、ひらがなで書いた。こうしたことから中(勲)刑事部長は「脅迫文は故意に誤字を書いたのではなく、石川としては上出来のものだった」といっている。

血液型　同じB型と判明　タバコ吸がらのダ液から

犯人が善枝さんの体に残した体液からB型の血液型が検出されたが、石川もB型だった。石川は金に困ると売血《ばいけつ》していたという情報を得て特捜本部は血液型確認のために血を売った先の東京・新宿区の富士血液銀行にとんだ。しかし採血には本名を使っていなかったし、石川の顔写真を係員に見せたが記憶にないという。

じりじりした捜査員は二十一日夕、石川の家で本人と面会、ふつうのタバコではむずかしいので口付の「ハイライト」を吸わせ、石川が便所に立ったすきにその吸がらを入手し、ダ液から鑑定した結果B型と判明した。

手ぬぐいタオル　親善野球の参加賞

善枝さんの死体はタオルで目隠しされ両手は日本手ぬぐいでうしろ手にしばられていた。タオルは東京・月島食品会社、手ぬぐいは狭山市入間川、五十子米屋のものとわかり、特捜本部は百数十人の捜査員のほとんどをこの配布先の捜査につぎ込んだ。

手ぬぐいは同米屋が今年正月、市内のお得意先に百六十五本配ったもので、石川の住んでいた入間川菅原四丁目にはほとんど軒なみに配られていた。捜査員の入念な調べで使途不明は六本だけにしぼられたが、そのうち石川の住んでいた近所や知人に配られて行方《ゆくえ》のわからないのが三本あった。このことから特捜本部はその一本が犯行に使われたとの見方を強めた。

一方、タオルは石川がもと勤めていた東京都下保谷《ほうや》町(現、西東京市)のビスケット工場で野球の選手をしていたとき、三十五年ごろの親善試合で取引先の月島食品から参加賞として配られ、石川も一本もらっていたことがわかった。

スコップ　番犬もほえず　元勤め先の畜舎のもの

死体発見から一週間後の十一日夕、善枝さんの死体が埋めてあったところから百数十メートル離れた麦畑で見つかった。死体現場から石川の家に行く途中で、そこから石川の家までは五百メートルと離れていない。このスコップは石川が今年の二月まで勤めていた狭山市堀兼、山田畜産(記事は実名)の畜舎にあったもの。

同畜舎の入口には番犬がいるが元使用人の石川ならこの犬にもほえられずにひそかに入手できたはずだ。(中略)

アリバイ　工作の疑い濃い

事件発生後間もなく土地の不良など百数十人が捜査線上に浮んだ。石川もその一人で「最初はあまり〝有力〟とは見ていなかったが、洗っても洗っても少しも白っぽくならず、ついに最後まで残った」(中刑事部長)という。捜査当局のこの聞込みの苦労は大変なものだった。農村特有といわれる口の堅さや〝お礼参り〟を恐れて、のっけから口を閉じてしまう者が多く、捜査員が夜を日についでかけずり回っても徒労《とろう》に終ることが多かった。しかし、善枝さんの死体から検出された体液がB型と発表されたころ、石川は「おれはA型だよ」と知人にいいふらし始め、また捜査が煮詰《につま》り出すと〝アリバイ工作〟をやったとみられるふしも多い。

善枝さんが行方不明になったさる一日、捜査当局の聞込みによると、石川は自宅近くの民家の屋根ふき工事に兄と二人で朝から夕方まで働いていたという家族の証言だった。「しかし、この家族の証言を立証するものはない」(中刑事部長)。逆にアリバイが成立しそうにない有力な聞込みがあって石川逮捕の一つのきっかけとなった。

石川一雄は、逮捕されたばかりで、まだ犯人と決まったわけではない。それでも、「不気味」などと、新聞記者たちは書きたてた。なにしろ、相手は警察に捕まっている「悪いやつ」なのだから、書き放題である。

「常識外の異常性格」(「埼玉新聞」)
「町では札付きの不良」(「東京新聞」)
「友達もなく内向的」(「サンケイ新聞」)
「取り調べにも平然」(同前)
「字もロクに知らない石川」(「読売新聞」)
「乱暴者の土工石川」(「東京タイムズ」)
「残忍性ある石川」(「毎日新聞」)
「仮面《かめん》の下に凶暴性《きょうぼうせい》」(同前)

ここで、「仮面」とされているのは、「近所の人からは〝まじめな働き者〟でとおっていた石川だが、仮面の下には凶暴《きょうぼう》な顔をかくしていたようだ」というもので、「まじめな働き者」を否定する「凶暴」さの証明は、逮捕された、という事実だけである。

もちろん、それだけでは説得力が弱いと考えてか、「パンを焼く大きなカマに生きたネコをほうりこむという残忍なところもあった」(「毎日新聞」)がつけ加えられている。しかし、パンといっしょにネコを焼いた、とは書かれていない。

ほかに、彼の人格については、酒を飲むとガラリと性格が変わり、底抜けににぎやかになったとか、ケンカで短刀で刺《さ》された(刺したではない)とか。それでいながら、「仕事はよくやり、欠勤もほとんどなかった。同僚との折り合いもよく、すなおな男だと思っていたが」(「東京新聞」五月二十三日夕刊)。この記事は共同通信の配信のものらしく、「埼玉新聞」にも使われている。

「同僚がびっくりするくらいよく働いた」(「毎日新聞」六月二十三日)とも書かれている。にもかかわらず記者たちは、なんとか、一雄の「凶暴さ」を証明しようとしている。

「夕方黙って出かけていき、狭山市内でパチンコをしたり酒を飲み、夜遅くなって、とても一人歩きできないさびしい薬研坂を平気で歩いて帰ってくる。気に入らないことがあるとまったく口をきかず、自分の気持を譲らない偏執的《へんしゅうてき》なところがあった」(同前)

しかし、淋《さび》しい道を平気で歩くのが偏執的、と書いた記者自身、本当にそう考えていたのかどうか。そもそも狭山市内から反対方向にある薬研坂を通って自宅へ帰るなど、ありえないことである。

「キメ手ついになし」とは、「サンケイ新聞」(五月二十三日、夕刊)の見出しである。

逮捕を報じる一面トップは、「筆跡、血液型が同じ」と六段抜きだが、社会面では多くの疑問を提示している。

「(捜査)本部では、ほぼ石川が犯人にまちがいがないという見方をしている。しかし、本部が有力な手がかりとみていた①脅迫状の筆跡②犯人のB型の血液型③善枝さんの死体のそばにあった手ぬぐいとタオル④死体をうめるのに使ったスコップ⑤犯人の地下タビの足あと⑥遺留《いりゅう》されたゴムヒモなどのうち、筆跡と血液型が、ほぼ一致するだけで、石川の犯行をピシリと裏付けることはできない」

物証として発見された、手ぬぐい、タオル、スコップ、足跡が、「ピシリと裏付け」できない。しかし、筆跡と血液型は「ほぼ一致」する、との警察の曖昧《あいまい》さが、そのまま記事にあらわれている。筆跡鑑定はまだ科学的に確立されておらず、B型の血液型などは十人にふたりという確率でしかない。それでも、石川一雄は逮捕された。しかし、この事件にはなんの関係もない、別件によってである。

さらにこの記事は、

「石川を逮捕したいまでも、本部員たちの〝捜査メモ〟には、まだ、すっかりシロになりきっていない者が、なん人かのこっているほど。つまり、身辺捜査の面からでは、石川一人にしぼりきれていないともいえるわけだ」

とつづけられている。石川一雄以外に、まだ不審《ふしん》な人物がなん人か残っている、ということは、石川一雄と特定する根拠がないことを示している。それでもなお彼を逮捕したのは、事件発生後、すでに三週間もたっていて、吉展ちゃん事件同様、なんの解決のメドもついていない焦《あせ》りのあらわれとしてだった。

しかし、一雄には、アリバイがなかった。「その日は六造といっしょに仕事をしていた」といったのは、あっさり崩《くず》れていた。そのウソがことさら疑いを強めさせた。彼の夜の行動について証言できるのは、いっしょに寝ていた家族だけだった。

その間隙《かんげき》をつくように、「真犯人とほぼ断定」「当日のアリバイ崩れる」(「東京新聞」五月二十四日、夕刊)が、社会面トップの見出しになった。

逮捕した警察には、キメ手(証拠)がなかった。そこでもちだされたのが、ウソ発見器(ポリグラフ)である。「本部は石川のアリバイがくずれたことと、ウソ発見器の結果から、善枝さん殺しの犯人に間違いないものとみて」(同前)いた。

ポリグラフ検査は、人間が嘘《うそ》をついたときに、呼吸や脈拍《みゃくはく》が乱れ、汗《あせ》や唾液《だえき》の分泌量《ぶんぴつりょう》が多くなるなど、身体的な変化があらわれる。それを自動的に記録する方法である。呼吸波や心脈波の変化のほかに、皮膚《ひふ》の電気反射(電気抵抗の変化)は、末梢神経《まっしょうしんけい》や自律神経の興奮をあらわすので、とくに重要とされている。

石川一雄は、逮捕直後に、その前の晩から準備されていた「ウソ発見器」にかけられた。おなじ日の「東京新聞」には、つぎのように書かれている。

「『脅迫文はお前が書いたのか』『事件のあった一日午後から二日未明にかけて自宅にいた(家族の証言)のは本当か』など、主としてアリバイ、脅迫文などについて、きめこまかにテストした。

石川はこの事件に直接関係のない暴行、盗みの質問にはすなおに答え、事実を認めたが、質問が核心に触れると口をつぐみ、『知らない、オレは犯人じゃない』の一点張り、発見器には石川の供述にウソの多いことがあらわれた」

ウソ発見器が、まるで万能のようにあつかわれているが、検査する環境や本人の精神状態が安定していないと意味がない、被疑者の血圧が高かったり、疲労していたりしていても効果がない、といわれている。

ところが、逮捕は早朝の四時半で、九時からさっそく取調べがはじめられた。取調室は狭山署の中庭に面していて、野次馬たちは、鉄格子《てつごうし》のはまった窓のそばまではいりこんで、ガヤガヤ騒《さわ》いでいた。それは一雄にも聞こえていたはずだ。

木枠《きわく》の格子戸のなかが取調室で、床張り、まんなかに木の机が据《す》えられ、その上になにやらメーターやスイッチがついた平らな箱形の機械がおかれている。一雄はウソ発見器と聞いて、積極的だった。そんな便利なものがあるとは知らなかった。

「わたしはただいま云《わ》はれましたような女の人を殺したことなどは知りませんから、本日ポリグラフ検査(ウソ発見器)をすることを承諾《しょうだく》致します」

これがそのときの石川一雄の「承諾書」であるが、「石川一夫」という署名だけが自筆である。彼は画数《かくすう》の多い「雄」を書けなかった。この機械による検査には、本人の承諾が必要だった。はやく釈放されたかった一雄にとって、「科学」による判断《はんだん》は願ったり叶《かな》ったりだった。といっても、窃盗、暴行、恐喝未遂で逮捕したあとすぐに、本件である「女の人の殺人」の取調べにはいっているのだから、別件逮捕は歴然《れきぜん》としている。

取調べの様子は、つぎのようにつたえられている。
「取り調べの県警捜査一課山下(了一)、清水(利一)両警部の話では石川は『シドロモドロといったふうはなく、すごく威勢がいい』という。暴行、窃盗はあっさり認めたが、肝心の脅迫状については『知らない』『関係ない』と大声で否認を続ける」(「埼玉新聞」五月二十四日)
「午前九時から始まった取調べに二月十九日の暴行事件、三月七日の窃盗事件はあっさり認めたが、五月一日の中田さん方に脅迫文をだして金を巻きあげようとした恐かつ事件は頭から否認。『警察は勝手に犯人を逃がしておきながら、おれをこんなところに入れやがって』と取調べの山下、清水両警部をにらみつけ食ってかかる始末。……調べがちょっとでも核心に触れると供述はあいまいで、こんな態度がかえって不自然だと、特捜本部ではいっている」(「毎日新聞」埼玉版、五月二十五日)
「石川は大事件の容疑者として、取り調べを受けているのをはたして知っているのかと疑えるほど平然とした態度でいるというが、さすがに調べが善枝さんのことや事件の核心にふれると興奮したおももちになり、混乱した受け答えをするようだ。
そして追及《ついきゅう》が激しくなると〝知らぬ〟と声をはりあげ、目をつりあげておこるなど、しだいに凶暴性《きょうぼうせい》をおびケンカ腰になるしまつ。調べ官が脅迫文と石川が書いた上申書の中の『時』という時がいずれも『晴』と書いている点を追及すると『日本人の中にはそういう字を書くやつはいく人もいる。かってに一致させて犯人扱いにするのか』と逆にくってかかり手こずらせている。

調べ官も石川の態度に〝容疑者でないかもしれない〟という疑心さえが心をかすめるほどだといい、食欲もさかんで、二十四日もナマアゲ、タケノコ、野菜いためなど留置人食の献立てを三食ともペロリとたいらげ、調べ中もお茶のおかわりをなんばいもするという。

よるも留置場のなかは逃走や自殺をおそれて赤々《あかあか》と電灯がつけられているのに、毛布を頭からすっぽりかぶり、寝返りもうたず、ぐっすり眠りこんでいる」(「サンケイ新聞」埼玉版、五月二十五日)

この記事にもあるように、取調べに当たった刑事でさえ、石川一雄は「容疑者でないかもしれない」との疑問を拭《ぬぐ》いきれなかった。が、ほかに追いつめる対象がなかった。記者たちは刑事の疑問を記事にしながら、自分の疑問を率直《そっちょく》に書くことはなかった。

新聞記者は、事件に利害関係はない。だから殺人容疑の追及にたいして大声で否認している、という容疑者の様子をきいていたなら、もしかして、と疑ってもいいはずだった。まして別件逮捕は違法であるし、被疑事実以外のことを、身柄を拘束《こうそく》して取り調べるのもまた、適正手続といえず、違法である。しかし、それを指摘する記者はいなかった。

警察官にたいして、必要以上に親近感をもつ記者たちは、犯人についてすこしでも詳しいことを書くために、警察官に迎合《げいごう》して情報を取りたがる。もしも批判的に書いてそっぽをむかれると、その日から情報がなにもはいらなくなる恐怖心が強い。

その後の新聞記事によると、石川逮捕は出発の二時間まえに決定された、という。

「豚屋グループから石川が有力容疑者に浮かび、身辺捜査で石川のクロにつながる心証はいくつも出てくるが、脅迫文《きょうはくぶん》と同一の筆跡《ひっせき》以外にきめ手がなかった。捜査本部内では石川逮捕は早いという説。これ以上待っては証拠隠滅《しょうこいんめつ》される、早くつかまえろというもの。余罪《よざい》で別件逮捕は好ましくない。あっさり余罪だけ認められたら拘置《こうち》もつかないと、捜査本部は頭をひねり結局、筆跡が同一ということで、善枝さん殺しにつながる恐《きょう》かつ未遂《みすい》で逮捕状をとった。

ところが石川をつかまえる時間のことでまたひともめ。石川逮捕前夜の五月二十二日の夜は、捜査本部で一度決めた方針が、警察庁などの指示もあって二転、三転、やっと二十三日午前四時半につかまえると決まったのが二時間ほど前だった」(「毎日新聞」埼玉版、六月二十六日)

この記事の筆者は、自分が書いた記事の重要性に気がついていない。それは「脅迫文と同一の筆跡以外にきめ手がなかった」という箇所《かしょ》である。この記述によれば、「筆跡がまったくおなじだから、逮捕のきめ手になった」という意味になる。ところが、それでもなお慎重論が強かったのは、きめ手になるほど「同一」ではない、との心証《しんしょう》があったからだ。

経過を正確に言いあらわすと、警察内には、逮捕に踏み切るかどうかの逡巡《しゅんじゅん》があったが、「筆跡が同一ということで(筆跡が同一ということにして)逮捕状をとった」と読むことができる。警視庁ばかりか警察庁の指示があった。

もしも、だれが見ても筆跡が「同一」のものだったなら、逮捕《たいほ》尚早論《しょうそうろん》などがでるわけはないし、そもそも「別件逮捕」の必要などなかったはずだ。

なお、「豚屋グループ」との差別的表現は、捜査の担当区分についての捜査官と記者との日常会話が、そのまま新聞記事になってしまったものである。この呼称が公然と使われているのは、警察に狙《ねら》われていた養豚場には、被差別部落の出身者がはたらいていたのを記者が意識していたからである。そして実際に、この職場から、石川一雄をふくめて四人の逮捕者をだした。

警察と新聞記者

報道でただひとつ、警察に批判的だったのは、「アカハタ」(現、しんぶん赤旗)だけだった。「アカハタ」は日本共産党の機関紙で、このころの共産党は、いまとはちがって、部落問題に積極的にかかわっていたし、下山事件や松川事件など、戦後日本の歴史に暗い影を落している大事件によって、運動に大きな打撃を受けた教訓を大事にしていた。

五月二十九日の「アカハタ」は、「物証ないまま自白強要」「捜査当局に〝部落差別〟の予断、偏見」との見出しで、石川一雄逮捕について報じている。

「ところが石川青年についてはキメ手になる物的証拠はいまだになに一つないのに、警察とこれに同調する商業新聞ははじめから石川青年を事実上『犯人』にしあげて一般のにくしみをかりたてている」

紙面には、中田家に置かれた「脅迫状」のコピーと「石川青年」が勾留《こうりゅう》されている警察から母親にだした、手紙ともいえない文章の綴《つづ》られた紙片のコピーとが、ならべて掲載されている。それは、短冊型《たんざくがた》に切り取ったザラ紙に、三行で書かれたメモ書きで、刑事が石川家に届けたものだった。

「あんちゃんのとどりかいてくたさい
をかちんげんきです
石川一夫」

この文を解説すると、

「逮捕されたときに、あんちゃんのズボンをはいてきてしまったので、ぼくのズボンに取り替えてください。おかあちゃん、(ぼくは)元気です。石川一雄」

というもので、一字一字、丁寧に書かれているのだが、字が困惑《こんわく》しているようで、いかにもたどたどしい。「をかちん」の「を」などは、どう書いたらいいのか、途方にくれている様子である。だから、その手紙を預かった警察官は判読できず、「あんちゃん」の六造に解読してもらったほどだった。

一方、それにくらべると、脅迫状の文字は、運筆《うんぴつ》に勢いがあって、一字ずつ固まって地べたを這《は》っているような一雄のとはあきらかにちがって、思い切りのいい筆勢で切れ味がいい。書き慣れているのに、わざと宛字にしている作為《さくい》が透《す》けて見える。

これについて、県警の中勲刑事部長はこう語っている。

「脅迫状の中にある文字の間違いは小学校を出ただけで字を知らないものの誤りで、作為的なものではない。この点からも善枝さん殺しと結びつける自信はある」(「朝日新聞」五月二十三日)

ところが、自分の名前の「石川一夫」でさえ、「一雄」にするのには字画が多くて面倒臭《めんどうくさ》いための、自己流の略字なのだ。留置場からの手紙が脅迫状ともっとも大きくちがうのは、横書きではなく、金釘流縦書き《かなくぎりゅうたてが》であることと、主語と句読点がないことである。彼は中刑事部長のいうように、「小学校を出た」とはいえ、通っていたのは小学四年生まで、たいがい長欠(長期欠席)で、まともに通学せず、捜査官が想定した脅迫状の作者よりも、はるかに学力がひくかった。

逮捕されたとき、新聞やテレビは、脅迫状の写真と並べ、「石川が持っていた手帳の筆跡」(「サンケイ新聞」五月二十三日夕刊)として、流行歌の歌詞をコピーして掲載している。どこか似ていないこともないが、この筆跡はのちになって、一雄の弟の清が、字が書けない流行歌好きの兄貴のために、書き写してやったものであることが判明する。

警察は、容疑者の筆跡をキメ手とするために、かつて勤めていた製菓工場の履歴書や早退届などを押収《おうしゅう》した。が、それらは、字が書けなくて、書くのを億劫《おっくう》がっている容疑者が、友人に頼んで書いてもらったものだった。

部落差別について、「アカハタ」(五月二十九日)は、つぎのように書いている。「筆跡鑑定」にたいするいちはやい批判だが、字を書けない、書きたくもない石川一雄が、はたして脅迫状を書こうという気になるものかどうか、それについての考察はない。

犯人は現場付近の地理にくわしい地元のものという前提に立って、捜査をおこなったといっているが、実際は日ごろから警察が目をつけていた市内の特定地域＝未解放部落にだけとくに力を入れて、ここから犯人を洗い出そうとした。二十三日、石川青年が逮捕されるまでに警察の容疑者リストに名をつらねられた者は百数十人にのぼっているが、すべて石川青年と同じ部落居住者を中心につくったとうわさされているほどである。（中略）

警察は石川青年逮捕前に容疑をかけたある青年を、「容疑」がはれた現在もなお、ききこみなどをしつこくおこなっている。また二十六日には「面会させる」といって石川青年の家族を警察によびだして前後四時間にわたって取り調べを行なった。つまり、こんどの殺人事件捜査の底には権力者による部落差別がひそんでおり、警察の捜査にははじめから予断と偏見があったことは否定できない。（中略）

現在、警察当局が〝キメ手〟としているものは「筆跡鑑定」で警察庁科学警察研究所の鑑定では石川の筆跡と脅迫文の筆跡は一致したとしている。しかし、これについては二十六日付東京新聞埼玉版は「筆跡は〝時〟が〝晴〟になってはいるが、よほどの特徴がない限り絶対のキメ手とはいえず、科警研のある係官は違うのではないかともらしているともいわれている」と書いているように疑問も出ている。

このころ、石川宅から押収された地下足袋四足のうち、一足が現場に残されていた犯人の足跡とおなじ、と発表されている。しかし、「アカハタ」は、押収されたのは六造の九文七分の地下足袋で、一雄は十文半だった。それに一雄はいつも、ゴム長靴をはいていた、と重大な指摘をしている。

また、遺体を埋めたとされるスコップも、養豚場から盗まれたものとおなじものではない、との疑問を呈《てい》している。このスコップからも、一雄の指紋《しもん》は採取されていなかった。

にもかかわらず、捜査本部は、勾留期限《こうりゅうきげん》が切れる二十五日の前日に、

①ウソ発見器の反応からクロと推定される。

②筆跡が脅迫状とほぼ一致する。

③血液型が被害者の体内に残っていた体液とおなじB型である。

④犯行当日の一日と佐野屋に犯人が現れた三日のアリバイがない。

との理由から、「犯人に間違いない」として、容疑者否認のまま浦和地検川越支部に書類送検した。強力な証拠がなかったこの時点で、証拠でもっとも重要な地位を占めたのが、「ウソ発見器」の記録だった。

このころから、新聞は、それまでよりもさらに差別的な記事を載せはじめる。「石川を否認のまま送検」との見出しをたてた「埼玉新聞」(五月二十五日)は、その関連として「環境のゆがみが生んだ犯罪　いまだに残る〝夜ばい〟　用意された悪の温床《おんしょう》」との記事を掲載し、

そのうえで、

「石川の住む〝特殊地区〟には毎年学校からも放任されている生徒が十人くらいいるという」

と書き、裏づけ捜査が進展しないことについて、翌二十六日の紙面で、こう断じている。

「それは菅原部落が〝特殊地帯〟のためのようだ。ほとんど血縁関係で結ばれ、身内から犯人を出さないため全員が捜査陣に協力しない。それどころかアリバイを作っているようにさえ思われる。前日の証言を確認に行くと食い違ったことをいい、中には『警察がきた』と逃げ出す者もある」

これらはすべて刑事の話の受け売りだが、被差別部落はまるで犯罪者集団あつかいである。記者たちの差別的な視線は、警察と一体化したもので、自分たちは別世界にいることの確認でもあった。

「特捜本部では最初から善枝さん殺しの犯人は地元の者であるとみた。そして五月三日午前零時、善枝さんの自宅の近くの佐野屋付近中心として一キロ以内の円のなかに犯人が住んでいるとみた。こうしたなかで菅原四丁目の『部落』出身の山田光男(仮名、二七、文中は本名)方が浮かんだのは当然すぎるほどだった。山田は四年ほど前から、弟と共同で中田さんと同じ部落の堀兼に養豚場を経営し、使用人も何人かいた。『あんな悪いことをするのは〝よそ者〟しかいない』、事件後、堀兼の人たちはまっさきにこう考えた」(「観光新聞」六月二十一日)

この記事も、共同通信の配信であろう。ここで「よそ者」を罵倒《ばとう》している堀兼地区には二、三町歩を耕作する中農が多かったが、そこからさほど離れていない、菅原四丁目のひとたちは、土地をほとんどもたない、その日稼ぎの生活ぶりだった。

このふたつの地域は、中農の雇い主と貧農の日傭取《ひようと》りとの関係でもあったが、中農が耕作していない土地を借りて、差別されてきた「よそ者」が養豚場を経営し、ひとが出入りするようになっていた。それは線路のむこうにひろがっていた、旧日本軍の施設と敷地が進駐軍に接収され、米空軍ジョンソン基地ができたために、そこで発生する大量の残飯《ざんぱん》による豚の飼育の事業化を可能にしたのだった。

事件発生後、「部落出身」の養豚場経営者が容疑者として浮かんだのは「当然すぎるほど」(「観光新聞」)と書かれている。被差別部落出身であるだけで容疑者にされる不条理を、当然とする表現である。

いつも虎《とら》(警察)の威《い》を借りている記者は、おのれの日ごろの差別意識に無痛覚《むつうかく》である。記事には、「よそ者」(部落民)が地域に侵入してきて、それも「近所迷惑な」養豚場を経営していることにたいする、堀兼のひとたちの敵意《てきい》と蔑視《べっし》もまた映しだされている。

「警察は最初から部落をねらったのではないだろうか。少なくとも無意識のうちに部落にたいする偏見と予断があったとしか思えない」

と、地元の入間川地区を地盤に、市議会議員に当選したばかりの遠藤欽一《えんどうきんいち》市議(共産党)が語っている。

「犯罪の温床『四丁目部落』善枝さん殺しの背景　捜査遅らす強い団結　復しゅうを恐れ一般人の協力得られず」(「東京新聞」六月二十四日)

たかだか、四十年たらずの昔、新聞はこのような「恐怖地帯」として、石川一雄が生まれ育った地域について書きたてていた。

「善枝さんの死体が、四丁目に近い麦畑で見つかったとき、狭山の人たちは異口同音に『犯人はあの区域だ』と断言した。石川の名前は次の日に、早くも捜査線上に浮かんだ。『事件は数日中に解決する』と、捜査本部のだれしもが思ったが、近所の人からは石川についての聞き込みは、ツメの先ほども取れなかった。また、石川の近所の人たちの復しゅうをおそれ、一般の人も捜査に進んで協力しなかった。『一雄が犯人でなかったら、余計なことをしゃべったやつは、皆殺しにしてやる』と、広言していた人もいた。石川が証拠を隠滅《いんめつ》し、アリバイを工作し、一カ月も犯行を否認し得た背景には、目に見えない背後の力があったからだ。(中略)

ゆがんだ環境のなかで育った若者が、金に困り周囲の好景気に反抗し、刺激されて、雪ダルマ式に身のしろ金要求—婦女暴行—殺人と犯罪を重ねたのが、この善枝さん殺人事件だという人もいる。そうだとすれば第二、第三の石川を生む悪の温床は狭山にはまだ残っているともいえよう」(同前)

第二、第三の「悪の温床」とは、ほかの被差別部落をさしているのだろうか。この記事に

よれば、石川一雄逮捕のあと、竹内武雄狭山署長は、

「親族で固まった〝農村スラム街〟との闘いが、善枝さん殺しの捜査のすべてだった」

と語った、という。捜査は部落との闘いだった、などと公人が語るのは不穏当《ふおんとう》にすぎる。

が、記者もまたそれの尻馬《しりうま》に乗って、

「はじめの逮捕から一カ月、『オレじゃねえ』『知らねえ』とシラを切りつづけて平然としていた石川。その皮膚《ひふ》の下にはドス黒い凶悪の血が流れていたのだ」(同前)

と書いている。あたかも迷信深い住民たちが、「魔女」を裁《さば》いているかのようである。


六月三日、特捜本部は、裁判所にたいして、この哀《あわ》れな「生《い》け贄《にえ》」の勾留期限を十日間延長する申請《しんせい》をした。逮捕から十二日たっていたが、特捜本部は、容疑者と善枝殺しとを結びつける、なにものをも獲得していなかった。

「石川は……がん強に否認しており、……このままだと……きょうかつ未遂罪で起訴《きそ》ということになり、殺人捜査のため設けられた特捜本部が、肝心の殺人で起訴できないという最悪の事態も考えられる」

と「埼玉新聞」(六月四日)が報じている。たとえ起訴したにしても、公判を維持できるかどうかの不安も強かった。「場合によっては不起訴になるかもしれない」という鈴木浦和地検次席検事のコメントまであらわれた(「埼玉新聞」六月二日)。

六月四日、特捜本部は、石川容疑者の雇用主だった山田光男と市内のもうひとつの被差別

部落に住む二十歳の友人・東山弘(仮名)を逮捕した。「埼玉新聞」は、「石川追及の〝突破口〟ねらう」と報道している(六月五日)。これらの捜査方法は、石川逮捕のころ、「サンケイ新聞」埼玉版(五月二十四日)で、つぎのようにも報じられていた。

「〝クサイシリ〟のある連中を参考人の形で呼びはじめた。参考人にたいし〝罪一等を減ずるから〟と情報を取り引きするまでおちこんだ。五十数人の容疑者はどしどし参考人で呼ばれた。結局、この古めかしい捜査方式が功を奏したといえる」

「司法取引き」がすでにおこなわれていた。これが石川一雄自供の伏線《ふくせん》となる。

朝九時から夜九時まで、県警の長谷部梅吉警視や浦和地検の原正検事などから執拗《しつよう》に責めたてられながらも、石川一雄は否認していた。本件に結びつく「恐喝未遂」についての自供も証拠もないため、浦和地検はついに「処分保留」、窃盗などの別件だけで起訴とした。

浦和地検の渡辺検事正は、

「恐かつ未遂の容疑は非常に濃《こ》いが、これまで集めた証拠だけでは有罪判決を受けることはむずかしい」(「毎日新聞」六月十四日)

と語り、上田埼玉県警察本部長は、つぎのようにいった。

「決まったことは平静に受け入れ、いままでどおり捜査を続け、証拠の収集につとめる。保釈になった場合、別件による再逮捕などは現在のところ考えていない」(同前)

おなじ日の「埼玉新聞」は、こう書いている。

「捜査本部や浦和地検は、あくまでも本筋の恐かつ未遂容疑についても起訴して、暴行殺人、死体遺棄など核心を追及したい意向だった。しかし、十二日の東京高検との打ち合わせで、これだけの状況証拠ではやはり起訴はムリということで説得されたといわれる。捜査本部が決め手とする筆跡鑑定や足跡鑑定では、法廷に持ち出した場合、いずれもひっくり返された例が多いからだ」

タライ回し再逮捕

六月十三日、石川一雄は別件で起訴された。本件の証拠はなにもない。しかし、とりあえず別件で起訴し、引きつづき身柄《みがら》を勾留《こうりゅう》して責めたてようという作戦である。違法な別件逮捕をさらに上塗りした「別件起訴」だった。

起訴の内容(公訴事実と罪名罰条)とは、つぎのようなものだった(文中、仮名)。

被告人は、

第一、山田光男、東山弘、山田義男と共謀の上、昭和三十七年十一月十九日頃、狭山市北入曽六一三番地、東亜電波工業株式会社建築現場において、光陽建設株式会社代表取締役・江田光次郎管理にかかる杉柱材十六本(一〇・三糎《センチ》角、長さ三米《メートル》、時価二万三千二百円相当)を窃取《せっしゅ》し、第二、杉山清と共謀の上、昭和三十八年一月下旬頃、同市堀兼七〇五番地、杉本庄一方において、同人所有の成鶏《せいけい》三羽(時価九百円相当)を窃取し、

第三、東山弘と共謀の上、同年三月六日頃、同市柏原一、一〇九番地、福田サト方において、同人所有の成鶏二羽(時価千円相当)を窃取し、

第四、同年三月七日頃、同市堀兼一、三八七番地、大橋良平方、前道路上に停車中の貨物自動車内より、同人所有の作業衣一着(時価千五百円相当)を窃取し、

第五、山田光男、山田義男と共謀の上、昭和三十七年一月七日頃、同市入間川字《あざ》下平野地内、薬研坂南側雑木林内において、吉田藤男所有の茅《かや》百二十束《たば》(時価二千四百円相当)を窃取し、

第六、山田義男、東山弘と共謀の上、昭和三十七年十一月二十三日頃、同市南入曾五四六番地、入間川小学校校庭において、阿部健三(十七年)に対し些細《ささい》なことから因縁《いんねん》をつけ、同人の顔面を手拳《しゅけん》で数回殴打《おうだ》し、更《さら》に足蹴《あしげ》りにする等の暴行を加え、因《よ》って同人に対し加《か》療《りょう》五日間を要する顔面、頭部《とうぶ》打撲傷《だぼくしょう》等の傷害を負わしめ、

第七、小野良平、山田義男と共謀の上、昭和三十八年一月七日頃、同市堀兼一、九七〇番地、山本留吉方、南側道路上において、前記被害事実を種《たね》に金品を要求する目的で押しかけた右阿部健三に対し、同人の顔面を手拳で数回殴打《おうだ》し、更に足蹴りにする等の暴行を加え、

第八、同年二月十九日頃、同市入間川三、四四〇番地先路上において、多田賢一に対し、

些細《ささい》なことから因縁をつけ、同人の顔面を手拳で二回殴打して暴行を加え、

第九、昭和三十七年四月九日頃、所沢小型自動車販売有限会社狭山営業所長・小野博より代金完済まで所有権を留保する特約のもとに、同会社所有の軽自動二輪車ヤマハ号二五〇cc一台を代金六万五千円で月賦《げっぷ》購入《こうにゅう》する契約をなし、右軽自動二輪車を受取り保管中、代金完済に至らない同年六月中旬頃、同市入間川三、四〇七番地、前田守方において、右軽自動二輪車を擅《ほしいまま》に同人に二万五千円で売却して横領《おうりょう》したものである。

罪名罰条

第一乃至《ないし》第四	窃　盗	刑法第二百三十五条
第五	森林窃盗	第一乃至第三について同法第六十条
第六	傷　害	森林法第百九十七条、刑法第六十条
第七及び第八	暴　行	同法第二百四条、第六十条
		第二百八条
		第七につき同法第六十条
第九	横　領	同法第二百五十二条

第一の窃盗罪とは、養豚場の経営者に命令された豚小屋の増設資材の入手である。第二と第三の鶏泥棒は、仲間との宴会用のもので、第四の作業衣窃取《せっしゅ》とは、友人の作業衣を一晩借りただけのことだ。第五の茅束泥棒《かやたばどろぼう》も豚小屋増設の業務命令に従ったものである。第六と第

七の傷害と暴行も、仲間といっしょになっての喧嘩であり、第八はトラックに接触事故を起こした男にたいする暴力である。第九は、横領事件などではない、支払いが遅れていたにすぎなかった。

このような微罪《びざい》を口実に、起訴、勾留《こうりゅう》としたのはあまりにも見えすいたやり口である。ただ、そこまできわめて率直《そっちょく》かつ積極的に、聞かれもしないのに、まるで懺悔《ざんげ》するかのように誠意をこめて自供していた一雄は、このとき、ふたりの仲間でやったある事件だけは、隠しつづけていた。

それを自供してしまっては、ふたりに迷惑がかかる。しかし、正直にいわなければならない、そのジレンマに彼は苦しんでいた。

「三人でやった事件については、裁判所にいってから話します」と一雄がいったので、捜査陣は、色めき立っていた。彼はこのとき、裁判官になんの不信の念も抱いていなかった。埼玉県警は、逮捕から二十四日たった六月十七日、勾留期限が切れた日、石川一雄を釈放した。このときの模様を「朝日新聞」はつぎのように書いている。

「石川一雄を保釈します。起訴された事実についてはこれ以上身柄を拘束しておかなくとも裁判にさしつかえないと認めました。保釈保証金は五万円、住所は狭山市入間川二九〇八の現住所に制限します」――十七日正午、地裁川越支部二階の判事室で拘置担当の西村康長判事は石川の弁護人中田、石田、橋本三氏にこう言渡した。

その瞬間、若い三人の弁護士は〝当然だ〟といった表情ながらもニッコリ。すぐうしろを囲んでいた報道陣がさっと階段をかけおりて電話に散った。三十分後には石川の父親富造さんと兄の六造さんがハイヤー(タクシー)で同室にかけつけたが二人とも背広、皮グツと新調の晴姿。事務室で「逃亡、罪証隠滅《ざいしょういんめつ》などは絶対にさせない。必要あるときはいつでも出頭させます」との身柄引受書に署名、捺印《なついん》したあと一万円札五枚で保釈金を納めた。その間約二十分、午後一時には保釈決定書はすぐ隣の地検川越支部に回された。

◇

この日の地裁川越支部には朝から報道陣の車が詰めかけ「保釈か」「却下《きゃっか》か」の決定を待ちかまえていた。午前十時すぎに支部長が出勤するとともに、事件担当の地検の原検事が支部長室に出入りしたり、弁護人側が西村判事に会見を申入れるなど、動きが急にあわただしくなってきた。午前十一時から弁護側は西村判事と会見したが「ニワトリ二、三羽を盗んだとか、友人の上着を持っていたとか、こんなことはたいして問題にならんと思うし、本人も起訴された九件を全部認めていることだし……」という言葉が西村判事の口からきこえてくる。

弁護人の「保釈金は三万円くらいでないか」という質問に、笑いながら「値切り交渉ですか、今は高くなっているからもっと多くみてもらった方がいいと思う」という声。保釈はほとんど決定的。

このあと約十五分間、西村判事は支部長と相談し、保釈許可の決定を通知した。ぐずついた空模様もその時にはツユ晴れ。しかしこれもほんのつかの間だった。(「朝日新聞」埼玉版　六月十八日)

留置場からだされた石川一雄は、三時すぎに、係官から「釈放する」といわれた。が、その意味を理解できなかった。裁判所につれていかれる日だ、と思いこんでいたからだ。裁判所にいって、裁判官に「やっていません」と訴えるのが、そのときの彼のただひとつの希望だった。裁判官ならわかってくれる。

黴臭《かびくさ》い、さまざまな人間の体臭の染《し》みついた留置場からだされるとき、

「草履《ぞうり》をお借りします」

と一雄が係官に礼儀正しくいったのは、逮捕されたとき、下駄《げた》を突っかけて外へ出たため、下駄しかもっていない。それで留置場のゴム草履を借りて裁判所へいくつもりだったからだ。廊下の奥ロッカーにはいっている荷物をまとめてもつようにいわれ、手錠《てじょう》をはずしてもらった。廊下に出た。玄関まではあと二十メートルたらず。便所の前を通りすぎると、不意に、三人の私服刑事に呼び止められ、鼻先に逮捕状を突きつけられた。

「強盗、強姦、殺人、死体遺棄」などおどろおどろしい罪名での「再逮捕」だった。手錠をかけられ、留置場わきの非常口につけられていた幌《ほろ》つきジープに押しこめられた。

パトカーに先導されたジープは、砂塵《さじん》を蹴立《けた》て脱兎《だっと》のごとく、武蔵野《むさしの》の緑の色濃い入間川

街道を駆け抜けていった。

第三章　子どものころから働いてきた

八畳一間に親子七人

オジョンがジョン
橋の下で
菖蒲《しょうぶ》が咲いたか
咲かないか
わしゃしーらぬ
オジョンがジョン

笑いをふくんだおばあさんたちの歌声が懐かしい。雑木《ぞうき》をくべた、四角い大きな火鉢《ひばち》をかこんで、祖母や母親や近所のおばさんたちが、手拭《てぬぐ》い隠《かく》しの遊びにうち興《きょう》じている。火鉢といっても、金属や陶器製のものではない。武骨《ぶこつ》な木製の枠《わく》に灰《はい》を敷き詰めたものに、じかに薪《たきぎ》をくべていたから、家じゅうが煙にまぶされ、剝《む》きだしの天井の梁《はり》からは、黒い煤《すす》が長く伸びてふわふわぶら下がっていた。

八畳一間きりのバラックづくり。それも山から伐《き》りだしてきた丸太で、裏側と西側につっかい棒がなされていた。畳《たたみ》はなく、薄べりを敷いただけで、冬は寒い。それでも近所のひとたちがよく集まってきては、笑いさざめいていた。

実家がすぐそばだったから、母親のリイには幼なじみが多かった。女たちが歌っていないときは、綾取《あやと》り、おはじき、お手玉などの仲間にいれてくれた。それらの情景が、四、五歳のころの、石川一雄のかすかな記憶である。

父親の富造《とみぞう》はそのころ、入間川《いるまがわ》で採取される砂利の貨車積みなどの仕事に従事していた。朝早くから夜おそくまで、雨が降っても雪が降っても休みはなかった。が、荷積みする貨車がはいってこないときは休みになるので、収入は不安定だった。

そのころは、いまの「西武新宿線」は、新宿まで到達していなかった。線路工事に砂利が必要とされていた。鉄道の延長にいささかなりとも貢献《こうけん》したというのが、富造のひそかな自負《じふ》だった。

戦後になってから、富造は地元の製茶工場ではたらくようになっていた。が、これまた臨時の日雇《ひやと》いで、収入はあいかわらず不安定なものだった。すぐそばにあった陸軍の施設が米軍に接収されてから、進駐軍のジープやトラックの行き交いが激しくなった。

狭山街道の埃《ほこり》っぽいデコボコ道を、鶴嘴《つるはし》で埋《う》めもどしたりする仕事もあった。それも切れると、近所の農家に百姓仕事の日傭《ひようど》取りにでかけたりした。

石川一雄がろくに小学校にも通えなかったのには、教科書やノートを買えなかったという、どうしようもない貧しさがあったのは事実だが、たぶんに富造の学歴も影響《えいきょう》している。学歴というよりは、無学歴。八歳から子守り奉公で、学校に通《かよ》う機会はあたえられなかった。おなじ地域に生まれ育ったリイも、やはり七、八歳から子守りにだされていたから、学校には一日も通っていない。

リイは浅草《あさくさ》の奉公先から帰った二十歳《はたち》のときに、満一歳をすぎたばかりの娘を抱えていた富造と結婚した。彼女とおなじ歳だった富造の妻は、産後《さんご》の肥立《ひだ》ちがわるくて他界していた。その女性をかわいがっていたリイの母親が、

「子どもがいるんだから、不憫《ふびん》だから、お前、いって面倒をみてやれ」

と強くすすめた。そのころ、富造は砂利積みの仕事をしていた。小柄ながらも力もちで、はたらき者だった。

彼は結婚する前にも、リイと道端で出会ったときに、「嫁にきてほしい」と彼女に迫ったことがあった。が、彼女はそのときまだ十八だったので、それを理由にしてことわっていた。彼女にしてみれば、自分は学校にいけなかったし、字も読めないので、「自分の名前だけでも書けるようなひとのところへ、嫁にいきたい」と思っていたのだった。

母親が富造との結婚をすすめたとき、リイはふたりの子どもをかかえた駅員といっしょになることを考えていた。相手から「結婚してほしい」と懇請《こんせい》されていたからだ。が、相手はおなじ被差別部落の男性ではなかった。

「いっしょになったって、どうせつまらなくなるんだから、ここで諦《あきら》めたら」

母親がいうのに従った。

リイのお産はいつも軽く、九人の子どもを産んだ。産後四日目には、いつものように家事にたったりしていた。が、一雄の七歳下の清を産んだころには、栄養状態がわるかったこともあって、ほとんど眼がみえなくなっていた。

ミルクも買えない生活だったから、弟のもらい乳《ちち》にいくのは、一雄の役目だった。一日になん回か、おなじ部落内に嫁いできていた女性のもとに、清をおぶっていった。三男の六造が「長男」になっているのは、ふたりの兄が幼児のときに亡くなっているからだ。そのあとリイは男三人、女四人を産んだ。だから、彼女は先妻の子どもをふくめて、八人の子どもを育てたことになる。

一雄の兄の名前が、三男であっても「六造」になったのは、父親の長兄の名前が「六蔵」だったからだ。役場にいったときに、「蔵」より簡便な「造」にしてもらった。そのつぎに生まれた息子が、次男だったけれども「一雄」になったのは、「六蔵」のところに生まれていた長男が「一雄」だったからだ。

子どもが生まれた順番などには無頓着《むとんちゃく》、親戚《しんせき》の聞き慣れた名前をわが子につけた。この事実をみると、読み書きのできないひとたちにとって、子どもに漢字をあてはめるなど、至難《しなん》の技《わざ》だったと想像できる。

リイは失明寸前で、家事をするのも不自由なほどだった。それでも、先妻の遺児《いじ》である長女のヨネが大きくなったころには、彼女を相手に、草履《ぞうり》づくりの内職に精をだしていた。男たちには、日雇い仕事しかなかった。

草履やかますづくりが、皮革加工などとともに、被差別部落の主要な産業だった。昔は竹皮で草履を編んでいた。おなじ部落のなかでも階層の差があって、すぐ裏の家が問屋(といっても問屋の下請《したう》けでしかなかったが)だった。リイのころには、竹皮よりも棕櫚《しゅろ》が多く使われた。紀州《きしゅう》から棕櫚《しゅろ》の葉を取り寄せ、部落の女たちに草履を編ませては、浅草の問屋などに出荷していた。

棕櫚の葉の筋《すじ》(芯《しん》)を小刀で切り取り、大きな釜《かま》で煮る。「きはだ」という薬品をいれると、青い棕櫚の芯が漂白《ひょうはく》されて白っぽくなる。その臭いがきつかった。屋根の上や軒先に棕櫚の芯が干されているのは、埼玉県の部落特有の風景だった。

その臭いが茨城、千葉、群馬などでの部落差別をつくりだしていたのだが、棕櫚草履(南《なん》部表《ぶおもて》)づくりは、雇用からしめだされていた部落の女性たちにとっての、重要な仕事だった。

「編み子」と呼ばれた女たちは、一日に四、五足を編んだ。編み目をそろえて、キュッキュッと絞《しぼ》る。力も必要だったが、眼も酷使《こくし》した。そのあと、「キリン」と呼ばれる、柱のように長い木材の間にはさんで、端《はし》から力を加えて圧搾《あっさく》、成形《せいけい》した。若いころからリイは、奉公先でも草履づくりに勤《いそ》しんでいた。

八畳ひと間に、一雄は両親と姉、兄、弟、妹、それら親子七人で生活していた。戦後になって、東京で焼けだされた、身体の不自由な伯父(リイの兄)が転がりこんできたので、一時は台所の一畳分をひいた七畳に、八人が折り重なるようにして寝ていた。

雨が降ると、雨漏《あまも》りの水をうけるために、進駐軍の缶詰《かんづめ》の空き缶を薄縁《うすべり》の上に置いたから、寝る場所がなくなった。それでなくとも、雨だれの音がうるさかった。長男の六造が鳶職《とびしょく》になって稼《かせ》ぐようになるまでは、貧しいなどというよりは、悲惨《ひさん》そのものの生活状態だった。

石川家のあるあたりは、「前っ原」と呼ばれて、十三軒ほどがひとかたまりになっていた。おなじ被差別部落でも、道路をひとつへだてた、「新宅」と呼ばれていた三十戸よりもさらにひどい生活ぶりだった。

近所の子どもたちの共通の仕事として、小学校にはいるまえから水汲《みずく》みがあった。共同井戸が部落のなかにあるのだが、高台になっていて地下水がすくないため、渇水期《かっすいき》になると、家から二百メートルほど離れた白山神社の境内《けいだい》へもらい水にいかなければならなかった。

天秤棒《てんびんぼう》代わりの青竹にバケツをぶらさげ、水をはこんできては台所に置いた。その水がなくなるとまた汲みにいく。あとは薪《たきぎ》とりがあった。前っ原では一雄の年代で、まともに中学校に通えた子どもはいなかった。

食べ物にもこと欠く生活だったとはいえ、父親の富造が病弱《びょうじゃく》だったり、怠《なま》け者だったり、酒飲みだったわけではない。彼は堅物《かたぶつ》で生一本《きいっぽん》、酒も飲まなかった。男の子どもたちの頭上には、口よりもはやく拳固《げんこ》がとんだ。薪がとんでくることもある。

が、なにぶんの子沢山《こだくさん》である。字も読めず、手に職なく、身体ひとつではたらくだけでは、親子七人たべられなかった。いまでこそ、狭山市はお茶をはじめとした生産性の高い都市近郊農村であり、工業団地もできて地元での働き口もある。交通も便利になってベッドタウン化し、東京へ出るのもかんたんになった。が、そのころは東京に出たとしても、仕事はなかなかなかった。

戦後まもない一九四七(昭和二十二)年、陸軍飛行場の一部が農地として払下げになった。それで石川家も思いがけなく、三反《たん》ほどの畑を所有することができた。払下げ価格は反当り四百円、千二百円の代金のため、長女のヨネ(十七歳)や次女のシズエ(十四歳)のふたりが、三年間の年季奉公の約束で百姓家にだされ、その代金が支払いにあてられた。

しかし、割り当てられたのは、木株や石ころがごろごろしている土地だった。おなじ農地解放でも、被差別部落にまわされたのは、わるい土地だった、というのはほかの地域にも共通している。

現金収入をあげるために、富造は「土方仕事《どかたしごと》」にでた。十一歳の六造と八歳の一雄の肩に、開墾《かいこん》の重労働がのしかかってきた。結局、せっかくの三反のうち、一反は維持しきれずに、三年後、切り売りし、残りの二反をどうにか耕作していた。

芋類《いもるい》は安いのでネギ、ホウレンソウ、大根などの野菜を作付けし、六造と一雄が鍬《くわ》をふるった。大根は一本も引き抜かずに、一畝《せ》いくらの計算で八百屋に丸ごと売りはらった。たくさん植えたトウモロコシは、粉にして保存し、団子《だんご》にしてたべた。

富造の日当は、一雄がものごころついたころ、たかくて一日百三十円、安いときは九十円だった。うどんがいちばん安かったが、それでも一把《いちわ》二十円、日当のたかいときでも一日、六把分にしかならなかった。一家で一食に三把はたべるから、二食分である。もちろん、菜っぱや大根などをいれて量をふやすのだが、二日も雨が降りつづいて仕事が切れると、そのうどんさえたべられない。

リイには、草履編みのほかにも、農繁期には芋掘《いもほ》り、草取りなどの手伝い仕事があったが、眼を患《わずら》って、はたらくことができなくなっていた。

野菜をつくったにせよ、そのほとんどは売ってしまった。だから、自分たちがたべる野菜を、近所の農家からもらったりした。すこしぐらい腐《くさ》ったサツマイモでも、その部分だけ切り落して煮《に》たり蒸《ふ》かしたりしてたべた。力仕事の富造もうどんを弁当箱につめて出かけていった。食卓には白米はおろか、麦飯さえ姿を見せることはない。「うどんがご馳走《ちそう》だった」。

サツマイモやジャガイモさえなくなると、麬《ふすま》をたべた。小麦を粉にひいたあとに残った皮が麬《ふすま》で、鶏か小鳥の餌《えさ》、あるいは肥料にしかならないのだが、石川家ではそれが常食《じょうしょく》となっていた。蒸かしてから団子状にかため、それからこんがり焼く。それでもいがらっぽく、麬をたべたときはいつまでも舌先が痛かった。

たしかに、戦後は全国的な食糧難で、ヤミ米を拒否してたべなかった判事が、餓死《がし》したニュースがつたえられたりした。コメは配給制で、それ以外はヤミ市場に流れているのを買うしかなかった。が、石川家にはヤミ米を買うおかねはなかった。

青森県の小都市に暮らしていたわたしは、石川一雄とおなじように、敗戦の年に「国民学校」の一年生だった。わが家も貧しかったが、まわりが田園地帯だったせいもあってか、戦時中でも、大根や芋などのはいった糅飯《かてめし》だったとはいえ、コメの飯をたべられた。

そのころの日本人は、たいがい、「代用食《だいようしょく》」といって、コメの代わりに芋やカボチャで食いつないでいた。日本人の顔色が、いまよりもはるかに黄色かったのは、カボチャを食べ過ぎたからだ、といわれたりした。セリ、ナズナ、ノビル、アカザ、ハコベなどの野草をたべたり、田んぼにいるイナゴをつかまえて、油いためにしたりした。

一雄の家では、お茶の木についているカタツムリをとってよくたべた。ぬるま湯にいれて殻《から》から追いだし、塩煮《しおに》にした。たべられるものなら、なんでもたべた、という。

同年代のわたしの記憶にあったのは、「ざらめ」砂糖が配給になったあと、金属のお玉で砂糖を溶かしながら、木の丸い棒でかき混ぜ、「カルメラ焼き」をつくったことだった。が、石川家では、溶かした砂糖を湯呑み茶碗でいっぱいずつ飲んで、食事の代わりにしていた。

雨の日には、富造は一雄をつれて、十キロほど離れた山へ篠竹《しのだけ》取りにいった。先端の細い部分を落として、長さ四、五メートルの細い竹を束《たば》ね、かついで帰る。竹籠《たけかご》を編む材料である。さすがに重かったが、富造は音《ね》をあげなかった。

戦後、食肉用にウサギを飼うのがはやった。富造は農家をまわって、ウサギを買いあつめた。ウサギの仔《こ》はひとよりもたかく買った。そのかわりに、食肉にする親ウサギについては、毛並みがわるいとか、病気だとか難癖《なんくせ》をつけては買いたたいた。もともと値の安い仔ウサギをたかく買ったにしても、それ以上に親ウサギを安く買えば、売る単価がたかいだけに儲《もう》けは大きい。

無口で一刻者《いっこくもの》の父親が、口達者《くちだっしゃ》なブローカーのような仕事をしていたのだから、一雄には不思議に思えてしかたがなかった。

富造は印半纏《しるしばんてん》に地下足袋《じかたび》の服装で、どこへでもスタスタ歩いていった。背はひくく、がっしりした体軀《たいく》で、いつも重いものを担いでいたためもあってか、いくぶんガニ股《また》だった。彼の長兄の六蔵が、八王子市で雑貨屋をひらいていたので、狭山から八王子まで歩いていった。

およそ三十キロの道のりである。電車がないわけではない。すでに西武新宿線よりはやく、入間川駅からは東村山駅を経由して、国鉄中央線の国分寺駅へ行く鉄道が延びていた。それでも彼は乗らなかった。駅名を読めなかったからか、電車賃を惜《お》しんでいたからなのか。

一泊してなにがしかのものをもらい、それを背負ってまた歩いて帰ってくる。どうして道順をまちがえずに無事に家に到着するのか、それも一雄にとっての驚異《きょうい》だった。

風呂は親戚のもらい湯だった。が、戦後五年ほどして、石川家でも米軍の払下げのドラム缶を切って、浴槽《よくそう》にするようになった。週に一回ほど、ちかくの雑木林から薪《まき》を取ってきて風呂をたてた。

体重の軽い小学生には、お湯の上に浮いている板切れのうえに乗って、ドラム缶の底までうまく沈むのはむずかしく、熱している鉄板に触れて火傷《やけど》をしたこともある。それで、一雄は盥《たらい》のお湯をかぶるだけにしていた。

たべるので精いっぱいだったから、とても洋服までは手がまわらなかった。当時は兄貴の洋服を弟がお下がりで着るというのはふつうだったが、石川家ではほとんど近所の家からお古をもらってすごした。ちいさな部落でも、生活のレベルではけっこう上下の差があった。

学校でノートに字を書いた記憶はない

小学校三年ころまでは、一雄は「新宅」のひとからもらった、着古しの着物を着て学校へいった。ちゃんちゃんこのようなものだった。同級生や上級生から、「継《つ》ぎあて」とか、「きたない」とかいわれて、いじめられた。

その子たちが着ているのは洋服だった。「前っ原」の子どもたちは、多かれすくなかれ一雄と似たようなもので、夏のあいだは履き物がないので、裸足《はだし》で学校へ通っていた。冬になると、ゴム長靴を踵《かかと》のあたりで切ったような短靴《たんぐつ》をはいた。ほかの子どもたちはズック靴だった。

学校に弁当をもっていったことはなかった。戦後すぐには、まだ学校給食ははじまっていない。前っ原の子どもたちは、昼になると教室を出た。弁当をもたせるような余裕《よゆう》は、どこの家にもなかった。家に帰ったにしても食べ物がないのは、子どもながらによく弁《わきま》えていた。それで外に出ても自宅にむかわず、学校の裏などで適当に時間をつぶし、時間になるとまた教室にもどった。

食べ物に追われていた子ども時代だった。たべた思い出で楽しいことといえば、白山神社の境内《けいだい》にあるグミの木の実や、山にはいって、竹でつくった梯子《はしご》をかけて、柿の実をむさぼりたべたとか、よその畑のトマトやキュウリを盗《と》ってたべた、というようなものだった。

学校に通ったのは小学校五年生のころまでだった。学籍簿《がくせきぼ》によれば、出席日数は、一年一九六日、二年一三一日、三年二一三日、四年二二五日、五年一三九日、そして六年生のときが七八日と記録されている。

記録でいえばそういうことになるが、実際のところは六年生のときは一日も登校していない。それに三年、四年になって、登校日が急にふえるというような環境の変化はない。

これらは中学校へ進学させなければならなかった、小学校側の「配慮《はいりょ》」というものであろう。中学校ではたったの一日も登校しないまま、「義務年齢終了」となった。妙な恩情である。

たとえ、小学校に通学したのが三年ごろまでだったにしても、教科書もノートもなかったので、石川家には、字を読めるひとがだれもいなかった。

義務教育の教科書が、無償《むしょう》になるのは一九六三(昭和三十八)年になってからだ。それまでは児童や親が、指定されている書店へ買いにいった。わたしの記憶では、新しい教科書が売りだされるまで、入荷したかどうか、雪道を歩いて書店へなんどか問い合わせにいった。読む本のすくない時代だったから、あたらしい教科書が手にはいるとうれしくて、国語の教科書などはすぐ読み了《お》えた。

戦後になって、戦時中の教科書に墨《すみ》を塗って使ったといわれているが、「国民学校」一年生だったわたしには、どうしたことかその記憶はない。「国語」の教科書が、「サイタ　サイタ　サクラガ　サイタ」なのか「アカイ　アカイ　アサヒ　アサヒ」なのか記憶が定かでないのは、物置きに次兄の教科書が残されていて、その両方を読んでいたからだ。

実際のところは、「アカイ　アカイ」のようだが、「ススメ　ススメ　ヘイタイ　ススメ」というのも記憶にある。そのことよりも、一、二年生のころの記憶にある教科書は、ザラ紙に印刷されただけの、製本されずに折りたたまれた、一折《ひとお》り十六ページのものがなん折分か配られたような気がする。それでもやはりおかねをはらったのであろう。

石川一雄には、教科書の記憶はない。教科書ばかりかノートも鉛筆さえもっていなかった。「学校でノートに字を書いた記憶はない」と彼はわたしに語った。それでも近所の先輩から、一回だけ教科書とノートを譲《ゆず》られたことがあるという。だから、低学年のころには、教室で机《つくえ》にむかっていたことはあるようだ。

しかし、残されている学籍簿によると、ほとんどの学科は「マイナス2」、いまの五段階評価でいう「1」という最低のランクにあった。これは読めない、書けないという状態で、当時でも一クラス五十人中に三、四人しかいなかった。一雄は「長欠児童《ちょうけつじどう》」だったから、教師はまともな点数をつけられなかったはずだ。

そのころ、貧しい家庭の子どもたちは、子守りや農業の手伝いなどではたらいていた。そういう子どもはわたしのクラスにも、ひとり、ふたりはいた。男は「借子《かれご》」とよばれていた農家に住み込んでの手伝いであり、女は「あだこ(子守り)」にだされた。

これらの「長期欠席」の児童は、全国的にさほどめずらしいものではなかった。「教育の機会均等」の対象になっていない子どもたちだった。登校することができないだけでなく、教科書やノートを買えない貧しさも、学ぶ権利からの疎外《そがい》である。一雄はいつも手ぶらで通学していた。

一雄は背がひくかったため、クラスではいつもいちばん前に座らされていた。めずらしく登校した日でさえ、机にうつぶせになって居眠りをしていた。それでも教師は知らんふりをした。同級生たちは朝はやい新聞配達が、その理由だと考えていた。

「ジーンとベルがなったら、すぐ飛びだしましたから」

と本人がいうように、授業は苦痛《くつう》でしかなかった。それでも、朝から学校へいったのは、授業がはじまるまで、校庭で蹴球《サッカー》にうち興じることができるからだった。いまのようなサッカーがさかんな時代ではなかった。が、足の速さに自信があった一雄は、二手にわかれてボールを蹴《け》り、相手のゴールにいれるこのゲームが得意だった。

登校しても、家の仕事があるときは、早引きさせられた。そうでなくとも、授業がいやになると勝手に帰ったりした。雨が降ると、傘《かさ》がなかったから休み、ＰＴＡ会費をはじめとして、学校がおかねを集める日は欠席した。そんな事情を、学校は斟酌《しんしゃく》しなかった。

入間川小学校にもズック靴の配給があった。だが、代金を支払う能力がなければ、あきらめるしかなかった。前っ原の子どもたちは、裸足《はだし》で硬いボールを蹴《け》っていた。そのころの教師の話によれば、ノートや消しゴムも配給制だったという。わたしにはその記憶はない。

それでも、ゴム長靴の配給に当たったうれしさは、いまでもよく覚えている。終戦直後、ゴムは極端に不足していた。一雄とちがって雪国に育ったわたしたちには、ゴム長靴は必需《ひつじゅ》品《ひん》だった。いまでもクジ運などは絶対といっていいほどないのに、あのときだけはゴム長を引き当てたのだ。四十人以上のクラスに、三足ほどの割り当てだった、と思う。

小学校六年の女性の担任教師は、そのころの一雄について、こう話している。

鞄《かばん》とかそういうものは、一切持っておりませんのですよ。ですけど、遊びに来て、とにかく教室まで来て、で、ちょうど真中へ、こう、窓が二枚ありましたらね。教室の窓はみんな、廊下《ろうか》側の窓を真中に寄せて、両脇は開けているわけです。そうしたら、そこから、顔を出して、こうして私のことをのぞきますからね、ですから、

「一雄さん、いらっしゃい。あなたのお席は、ここにあるんだから。入っていらっしゃい」

と言うと、ニコッと笑ってですね。それで、私がちょっとでも教壇《きょうだん》から動きますとね、

「いらっしゃい」

と言って行きますと、もうターッと逃げて行っちゃって。いなくなるというよりも、逃げる、といいますかね。ですから、一対一で話をするというようなことはなかったです。けれど、あの部落の子どもがおりましたのでね、その子に、

「まあ、とにかく、今度は受持が女になったし、出ていらっしゃい」

ということで、そういうふうに姿を見たときには、必ず言《こと》づけを、

「一雄さんに、そう言ってちょうだい」

というふうには言っておりました。だから、それは伝わってて、のぞきに来たんじゃないか、と思いますんですが。（江嶋修作他「意見書」——再審請求人石川一雄の国語能力の状態の生活史的解明　一九八六年十月三十日）

石川一雄の地域には、「長欠児童」が三人いた。中学校へ進級する生徒を指導するために、担任が訪問しなければならなくなった。

「行きましょうか。行かなきゃいけませんでしょう」

女性教師が相談相手の教頭にいった。ところが彼はこういって引き留めた。

「ちょっとあそこは、あなたが行くところじゃない。わたしが行こう」

中学校に進学するものはほとんどいなかった。「前っ原」をふくむ「菅原四丁目」一帯は、「線路むこう」とか、「上新田のかわだんぼ」と呼ばれていた。

「かわだんぼ」は、小学校に上がってから、同級生や上級生から投げつけられた言葉だった。しかし、一雄にはなんのことか理解できなかった。牛や馬などの皮革加工にたずさわるひとたちへの差別的な言辞《げんじ》である。「前っ原」にはウサギや犬の肉をあつかっている家が四

軒ほどあったが、それについて、よその地域の大人たちが唾棄《だき》するような口調《くちょう》で話していたのを、一雄は子どものときに耳にしたことがあった。

着物は継《つ》ぎはぎだらけ、垢《あか》じみていて臭《くさ》い、と露骨《ろこつ》に軽蔑《けいべつ》されたが、そのほかにも、ウサギやヤギや犬の肉を食っている、などといわれていじめられた。学校からの帰り道、おなじ菅原の二丁目や三丁目を通って帰ってくる途中、棒きれをもって追ってくる悪童《あくどう》がいた。

隣りあっている入曾《いりそ》地区の子どもたちが、十五人ほどの徒党《ととう》を組んで、「かわだんぼ」と口々にさけびながら、小石を投げつけて襲撃《しゅうげき》しにきたこともある。菅原四丁目の子どもは、おなじクラスに四人しかおらず、学校全体でも少数だから、勝てるわけはなかった。

それでも、四年生になると、一雄も百姓仕事で鍬《くわ》を振るうようになって腕力《わんりょく》がつき、相手を殴《なぐ》り返《かえ》せるようになったためか、面とむかってバカにされることはすくなくなった。

ある日、父親にいわれて、一雄はたがのゆるんだ樽《たる》を小脇《こわき》に抱え、修理をたのみにいった。

「どこからきた?」

桶屋《おけや》がたずねた。

「四丁目」

と一雄が答えた。

「よそへもっていってくれ」

にべもなかった。

床屋へいったとき、首のよごれているのを見つけた亭主が、「きたないな」と顔をしかめてみせた。隣りの椅子《いす》で先に頭を刈ってもらっていた若い客が、聞こえよがしに「かわだんぼだもんな」と嘲笑《あざわら》った。家に帰って、一雄は、

「かわだんぼって、なに」

富造にたずねてみたが、父親は眼をそむけて、

「そんなところはいかなくていい」

というだけだった。

三年か四年生のころ、同級生が封筒にいれてもってきたPTA会費が、紛失《ふんしつ》したことがあった。「四丁目」の同級生のひとりに疑いがかけられた。しかし、紛失したという昼休みに、その同級生は一雄とドッジボールをしていたのだから、同級生が盗めるわけはなかった。けれども、彼は両手に水をいっぱいいれたバケツをもたされ、職員室に立たされていた。その挙げ句に罪を認めさせられた。つぎの日になって、彼は母親といっしょに登校してきた。母親が支払いにきたようだった。

四丁目には、一ヵ月に一回ほど、警官がまわってきた。「戸籍調べ《こせきしら》」が名目だった。父親も母親も「警察の旦那様」といって、ペコペコしていた。兄弟で近所の柿の実を盗んだりすると、両親が「お巡りさんに縛《しば》られるぞ」と脅《おど》かしていた。そのこともあってか、一雄はひと一倍、警察にたいする恐怖心がつよかった。

一雄はそれらのひとつひとつに、部落にたいする差別がつよくかかわっている、と考えたことはなかった。両親が部落についての話などしたことがなかったからだ。それでも、この

地域でも、差別にたいして大きく盛り上がったことがあった。

大正末期、一九二五(大正十四)年一月の「世良田《せらた》事件」のとき、竹槍《たけやり》を手に手に、五、六台のトラックに分乗して、となりの群馬県新田《にった》郡世良田村へ応援に駆けつけている。トラックなどを手当てするのはむずかしい時代だったから、乗り込む人員は制限され、三男坊だった富造は乗せてもらえなかった。

世良田事件とは、関東大震災(一九二三年)のときに組織されていた「自警団《じけいだん》」を中心にした連中が、差別発言にたいして糾弾行動《きゅうだんこうどう》に起ちあがった世良田村に住む被差別部落二十三戸のひとたちを、竹槍、日本刀、鍬《くわ》、鳶口《とびぐち》、万能《まんのう》などで武装して襲撃したものである。これによって、自警団と群衆百五十三人が検挙され、七十六人が騒擾罪《そうじょうざい》で起訴された。水平社《すいへいしゃ》側も五人が起訴された。

水平社は、被差別部落のひとびとが、自身の行動によって、自分たちの解放を目指す、とした運動で、一九二二(大正十一)年三月、京都で創立され、全国的にひろがった。「人の世に熱あれ、人間に光あれ」、西光万吉による「水平社宣言」は、創立大会のものである。千人以上の暴徒が被差別部落の攻撃に参加した「世良田事件」は、関東地方で昂揚《こうよう》しはじめた水平社運動にたいする一般大衆の攻撃でもあった。

世良田事件の一年あとには、埼玉県でも水平社が結成され、全国水平社解放連盟派の平野《ひらの》小剣《しょうけん》などが、入間川駅ちかくの神社を借りて、演説会を開催している。富造も傍聴《ぼうちょう》にいき、臨席した署長が、「弁士、中止」と叫ぶのに憤激していた。彼は川越の映画館まで、歩いて演説会に参加したりしていたのだ。

それでも富造は、子どもたちに、わかいときの昂揚《こうよう》を語ったことはなかった。

小学生からの職業遍歴

五年生の後半になって、一雄は所沢市の農家に子守り奉公にだされた。住み込みだったから、口減《くちべ》らしである。小学二年のころから家の畑を耕《たがや》し、四年生になると父親に連れられて農家の手伝いにいくようになっていたから、すでに石川家では一丁前《いっちょうまえ》の労働力とされていた。

それでも、小学生にとっては、さすがに他人の家での生活はつらくて寂《さび》しいものだった。仕事といっても、二歳の幼児をおぶってねんねこに包み、そのあたりをぶらぶらすることだった。生家からは十キロほど離れた農家だったが、すぐに逃げだした。

そのころ、富造は大谷という家の製茶工場ではたらいていた。子守りにいった先のそばに、その製茶工場の家の本家があるのを、一雄は小耳にはさんでいた。彼はその本家にいって、父親の名前を告げた。すると、そこの主人が、一雄を富造がはたらいている工場まで連れていってくれた。その日の夕方、富造は一雄をつれて家に帰ったが、二、三日してまた子守りに連れもどされた。

子守りは、朝七時から夜の八時までだった。土蔵がいくつもある農家で、母親たちが野良《のら》仕事《しごと》に出ているあいだ、おぶったり、おしめを取り替えたり、牛乳を飲ませたりするのが仕事だった。夏の農作業はおそくまでかかるので、夕食は八時すぎ、腹がすいてたまらなかった。それで幼児のミルクを失敬《しっけい》したりした。

うどんを八杯たべて笑われたこともある。サツマイモの粉でつくった団子がおやつにだされたりした。家にいるよりははるかに食事がよかった。麦めしだったとはいえ、腹いっぱいたべられた。かわいがってもらっていたのだが、六ヵ月ほどして、また逃げ帰った。仕事がつらかったからではない。ただただ家が恋しかったからだ。

そのあとは、父親といっしょに農作業の手伝いにいくようになったから、ついに学校へいくチャンスを逸《いっ》してしまった。十二歳のころ、西武新宿線の電車に乗って、新井薬師前《あらいやくしまえ》(中野区)にあった鳶職《とびしょく》の家に手伝いにいくようになった。ここは六造が世話になっていた家で、

「ブラブラしていてしようがないから、使ってくんねえか」

と六造が頼んで、雇われた。といっても、まだ中学生だから「手元《てもと》」という手伝い専門で、兄の六造が上から落した資材や道具をひろったり、セメント袋や水をはこんだり、あとかたづけをするていどでしかない。それでも、一人前に六造といっしょの電車通勤をして、八時まえには店についていた。それから現場に派遣《はけん》される。

おなじような年配《ねんぱい》の仲間がいたというから、そのころは年少労働者などめずらしくなかった。日給八十円ほど。稼いだおかねは全部、家にいれた。経営者の「タマちゃん」は、浅草にもいたことのある親分肌の男で、背中から尻、手首まで刺青《いれずみ》に彩色され、それも墓に蛇《へび》が

とぐろを巻いているような凄惨《せいさん》な絵柄だった。

「菅原四丁目」で、地下足袋をはいた鳶《とび》になったひとたちは三十人ほどいたそうだが、ほとんどがこの店の世話になっている、という。そのころの一雄について、この経営者が証言している。

かわいいあんちゃんだったんだから。なにしろ、おれらの顔をまともに見られねぇんだから。

「返事しろぉ、この野郎」

なんて言われて、

「へぇ」

なんつって、顔を見てニヤニヤと笑うような。

「この野郎」なんて、年中おれは脅《おど》かしてたんだから。

「言ったら、わかったら、返事ぐらいしろ。ハイって言えないのか、てめぇは」

なんて言ってさ。私がこういう性分《しょうぶん》だから、言って黙《だま》ってられると腹が立つからね。

「返事しろ、この野郎。聞こえてるのか」

なんて、よく言ったものなんですね。すると、顔を見てニヤニヤと笑うんだ。そういう人間だったよね。（江嶋修作他、前掲書　一九八六年四月二日）

電車に乗って、「職場」にむかうとき、まだ年端《としは》もいかないこの「年少労働者」は、いったいなにを考えていたのか。

「将来、こうしよう、ああしようということは、まず考えていなかった。ただその日暮らしだったからね」

と本人は答えるのだが、経営者によれば、そこではたらいた期間は、「半年ぐらいはいたが、一年まではいなかった」という。

そのつぎは、母方の兄がやっている国分寺《こくぶんじ》市の靴屋だった。そのころの靴屋は、「半張《はんば》り」をおもな収入源にしていた。いまのように履き捨てではなく、靴底《くつぞこ》が減ってくると修理した。高価な靴は底革を充《あ》てて糸で縫《ぬ》い、安いのは釘《くぎ》で革を打ちつけた。釘で一足、百五十円というのが一雄の記憶である。

父親にしてみれば、職人にするための丁稚《でっち》奉公《ぼうこう》のつもりだったようだが、本人には、「毎日まいにちが、その日暮らし。とにかく腹が減ってね、ご飯をたべさせてくれるのがうれしかった」と他愛ないものだった。

朝八時には、店をあけて掃除、ショーウインドウを雑巾《ぞうきん》で拭《ふ》く。そのあと、朝食である。半張りに使う靴の底革をたわしで洗う。二枚重ねにして使う革の内側は、表からは見えないから、中古の革を充《あ》てがう。革の高価な時代だった。革にこまかな石が混じっていると、くっつき方がわるい。それでたわしでよく擦《こす》っておく。あとは使い走りや靴磨《くつみが》きである。

伯母さんからは、「菅原四丁目」からきたことは、絶対にいわないように、と釘《くぎ》を刺された。言葉使いも注意された。狭山《さやま》では、毛虫を「けんむ」といっていたのだが、「けむし」というように、といわれた。言葉づかいで被差別部落出身とわかってしまう、と恐れていたのだった。

一雄ははたらき者だった。身体はちいさいのだが元気者で、大掃除のときなどはひとりで畳《たたみ》をもちあげて外にはこび、棒《ぼう》でたたいては埃《ほこり》をだした。伯父や伯母のいうことをよく聞き、素直だった。休みの日には、この家のすぐ裏の映画館へいっては、好きな映画を堪能《たんのう》した。

仕事のあと、夜になってから伯父が字を教えてくれることもあった。靴を修理にだした客の苗字《みょうじ》が読めないのでは困る、という理由からだったが、一雄にはそれが苦痛だった。まだひらがなを覚える段階で、書ける漢字はいくつもなかった。本人の記憶では、そこにいたのは一ヵ月ほどで、そのあと隣りの国立《くにたち》駅前に靴屋をかまえていた叔父(国分寺の義弟)のところにまわされた、という。

一年ほどたってから、狭山にもどった。こんどは地元で「さくまい」と呼ばれている住み込みの作男《さくおとこ》である。仕事は麦やサツマイモなどの農作業の手伝いと十人ほどがはたらいていた製茶工場の見習いだった。三町歩ほどの畑をもっている豪農で、主人は村会議員(のちに市会議員)を務めていた。茶《ちゃ》摘みとか草取りなどの日雇い仕事に、菅原四丁目の主婦たちを、毎日、七、八人ずつ雇いいれていた。

一雄がここではたらくようになったのは、近所からきていたひとの紹介によった。作男は一年契約の年俸制で、前渡し金(前借り)が親に支払われる。ふたりの姉は、三年契約の年季奉公だった。かつての「紡績女工」とおなじ形態である。休みは祭日が基本だが、それでも、農村のことだけに、盆と正月をいれて、年にすれば三、四十日はあった。その日には、映画代ほどの小遣い銭が支給される。

畑と工場、その双方《そうほう》の仕事を引き受けさせられる住み込み労働者は、農業と工業がまだ未分化だった農村工場の見本のような存在だった。十四歳だった一雄以外にも、所沢からやってきたおなじような境遇《きょうぐう》の少年が、もうひとり住み込みではたらいていた。

「悪さをしても、どっか憎めないところがあったんですよ。『しようがない野郎だな』って、苦笑《にがわら》いするような」

というのは、雇い主の、一雄より四歳うえの息子の話である。彼もまた一雄が字を書いたり、ものを読んだりしていたのを見たことがなかったという。一雄にいわせれば、字を必要とするような仕事ではなかった、ということになる。彼はこういう。

「お茶工場ではお茶っ葉をひっくり返したりするだけだし、百姓仕事は堆肥《たいひ》づくりでしたからね。いまみたいな化学肥料は使わないで、木の枝や葉っぱに下肥《しもご》え(糞尿《ふんにょう》)をかけて堆肥《たいひ》をつくって、畑へもっていくだけですから、ぜんぜん字なんか必要なかったですよ」

余談だが、そのころ、日本人の体内に回虫が寄生していたのは、野菜に「下肥え」がかけられていたからだった。

製茶工場の年季があけたあとは、西武池袋線のひばりヶ丘駅(現、西東京市)のそばにあった農家の住み込みになった。おなじ地域からきた、おなじ歳の少年と交替で、朝四時に起きた。牛の乳搾《ちちしぼ》りにはお湯が必要だった。薪《まき》を燃やしてお湯を沸《わ》かす。眠いさかりの少年には、つらい労働だった。

朝のうちは牛舎にいて乳を搾り、昼は野菜畑だったが、畑仕事ばかりではなかった。豚が四、五十頭ほどいた。その世話をするほかに、たくわん、福神漬《ふくじんづ》け、らっきょうなどの漬け物をつくった。

朝はやくから夜は十一時まではたらくことがあった。父親には前渡し金が支払われたはずだが、それでも月に千五百円の小遣いをもらった。これはそれまでの最高だった。十五歳、順当なら、中学三年生である。そのあと、「奉公」はやめた。体もできてきて、公然とはたらくようになった。

賃金の不払いに遭《あ》う

中学三年を終える年ごろになると、一雄は大人とまじってはたらく、一人前の労働者になっていた。東京湾にちかい、江東区東雲《しののめ》。ここでの建設工事のため、半年ほど飯場《はんば》に住み込んでいた。

入間川駅のすぐちかくに住んでいた橋爪というひとに、

「いいかねになるから、住み込みでいってくれ」

と紹介された。となりの家の庄《しょう》ちゃんと出かけた。大きな飯場で、五十人以上の労働者がいた。芝生《しばふ》を刈ったり、土管を埋めたり。すぐちかくに、軽飛行機が離着陸《りちゃくりく》する飛行場があった。滑走路《かっそうろ》はコンクリートではなかったので、雨が降ると、土の流れた跡に土砂をいれる作業があった。

その十年後、駆けだしの記者になっていたわたしは、下町の鉄鋼メーカーの取材のため、東雲の飛行場から、セスナで飛びたったことがある。そのときはすでに、「狭山事件」は発生していて、石川一雄が逮捕され、一審判決で「死刑」の宣告を受けたあとだった。が、わたしは、この事件に無関心だったたし、滑走路から飛びたつとき、彼がはたらいていたゴルフ場や飯場を見おろしたはずだが、記憶はない。

東雲《しののめ》の飯場にやってきた十五歳の一雄にとって、楽しいことがなかったわけではない。暑い夏だったから、仕事が終ると、仲間といっしょに目の前の海に飛びこんだりした。

その飯場の経営者は、さまざまな仕事を請け負ってきていた。半年ほどのあいだに、一雄はゴルフ場にかかわる仕事ばかりではなく、貨物船の荷揚《にあ》げから船体修繕《せんたいしゅうぜん》の孫請《まごう》けまで、その日の仕事がどんなものになるのか、その日にならなければわからなかった。

そこは「人夫出し」(人材派遣業《じんざいはけんぎょう》)だったのだ。日給は仕事によって三百五十円から四百円まで、年齢からすれば破格の高収入だった。といっても、隣りの庄ちゃんが途中で逃げだしたのは、賃金が支払われなくなっていたからだ。

それでも、一雄は紹介者の話を信用して残っていた。だが、結局、最後の二、三ヵ月間は、たべさせてもらっただけで、かねにならなかった。飯場の経営者がもち逃げした、と仲間にいわれて、悄然《しょうぜん》として狭山に帰った。本人は「どこにいても、脇見《わきみ》はしない、一生懸命やった」という。愚直《ぐちょく》なところがあった。

所沢にあった米軍基地(現、航空公園)へ、広大な駐車場を建設するコンクリート打ちに出かけていったこともある。建設機械などなかったから、すべて手作業の重労働だった。近所のひとたちと組をつくって、二トンのトヨエースの荷台にぎっしり詰めこまれ、首だけだして乗っていく。乗用車やマイクロバスがなかった時代の光景で、いまでも東南アジアや北朝鮮の農村などでよく見かける。

現金収入のすくないころだったから、「人夫出し」の仕事でも人気があった。父親の富造も、息子とおなじ荷台に乗っていったことがある。とはいっても、東雲のゴルフ場でのように、賃金不払いに遭《あ》ったりしている。

川越の部品工場で、ちいさな部品を切っていたこともある。が、これはすぐやめた。そのあとは保谷《ほうや》市の、従業員五、六人、絆創膏《ばんそうこう》の切断器をつくるプレス工場にはいった。ここで、左手の中指の先端を切り落す事故に遭う。その後、もういちど、所沢の基地に出入りするようになる。こんどはトラックの部品を集める仕事だった。

いいや、それだけではなかった。それから五年後に、養豚場ではたらくようになって、こんどは残飯をもらうために、自衛隊が管理するようになった基地の門をくぐることになった。基地はけっこう一雄の生活とかかわりあっている。

所沢の米軍基地では、解体されたトラックの部品が集められ、横浜の追浜《おっぱま》にあった米軍の工場にはこばれた。いま航空公園になっているこのあたりには、ジープや兵員輸送車などが置かれてあった。車体が激しく傷《いた》んだり、タイヤが破れていたりした。

一雄の仕事は、伝票を受け取って、なん棟《とう》か建ちならんでいる倉庫に走り、指示された「パッケージ」(部品)をはこんでくる、というものだった。しかし、彼にはローマ字ばかりか、日本語で書いてあっても判読《はんどく》できなかった。だから、倉庫についてから、あたかも借り物競走のように、血眼《ちまなこ》になって伝票の番号にあう番号の部品を探しだし、また走ってくる。

それではいかにも、時間がかかった。職制《しょくせい》(上司《じょうし》)から、「遅い」と怒られた。

ピストルがはいっている引き出しをあけてしまったこともある。包装《ほうそう》の油紙が破れて、むきだしになっていたのだ。横須賀の米海軍基地に侵入した未成年者の永山則夫《ながやまのりお》が、ドイツ製の小型ピストルと実弾を窃取《せっしゅ》して、連続殺人事件を引き起こすのは、そのずっとあとのことである。

東北の北端、青森県津軽《つがる》のちいさな町から、中卒「集団就職者」、下層《かそう》労働者のひとりとして、大都会・東京に弾き出された、永山則夫の絶望的な孤独と憤《いきどお》りが、相手かまわずピストルの引き金をひかせた。が、そのとき、十二歳上の石川一雄をとらえていたのは、とにかく、あたえられた仕事をすばやくやって、高収入の仕事を確保することだけだった。

しかし、半年もたたないうちに、「人員整理」の憂《う》き目《め》に遭う。十数人の対象者のなかに、ふくまれたのだ。字を読めないのでは、部品集めさえ歯がたたなかった。

このころから、一雄が熱中するようになっていたのが、草野球だった。弟の清とふたりでキャッチボールをやったり、近所の仲間と入間川小学校の校庭で、シートノックの訓練をうけたり、それが昂《こう》じて町内会の青年部がつくった、野球チームにはいった。十七歳になっていた。

運動会のときの町内会の単位が、菅原四丁目。そこでの野球好きの多くが、ジャイアンツ・ファンだった。それで、チーム名はあっさり「菅四《すがよん》ジャイアンツ」に落ち着いた。グローブやバットは、それぞれの収入からまかなった。そろいのユニホームもつくった。

十五人ほどのチームだった。一雄はキャッチャーで、強肩《きょうけん》を誇《ほこ》っていた。しゃがんだまま二塁へ送球できて、盗塁《とうるい》を制止《せいし》した。

「菅四ジャイアンツ」の面々が、練習に練習を重ね、腕を鳴らしていても、試合相手はあらわれなかった。対外試合が、いつも市内にあるもうひとつの被差別部落のチームとばかりでは、おたがいに飽《あ》きてしまうというものである。

試合を申し込んでも、どうしてどこも応じてくれないのか、メンバーたちは不思議に思っていた。

「部落なんだから、対抗相手なんかいやしない、と親父がいってくれればよかったのに」

と、一雄はいまになって思う。

東鳩製菓へ就職、初めての恋

石川一雄は、おなじ西武新宿線の沿線にある東鳩製菓《とうはとせいか》に勤めるようになっていた。このころはまだ、いまのような大企業になってはいなかった。が、ビスケットやカステラやせんべいを生産している、よく知られている会社だった。採用は一九五八(昭和三十三)年三月、十九歳になっていた。

そこにたどり着く前、はじめて所沢の職安にいったときのことである。本人は職安は日雇いの窓口業務とおなじように、その場で仕事を斡旋《あっせん》してくれるところだとばかり考えていた。ところが、窓口に顔をだすと、係官が「これに希望する仕事を書いてください」と書類を差しだした。想像もしていないことだった。彼には用紙の内容を読みとることも、必要項目を記入することもできなかった。「石川一夫」と名前を書くのが精いっぱいだった。

白紙で提出された求職票をみて、係官は「石川さん、これではわかりません」と語気をつよめた。一雄は後ずさりしてその場を去った。マイクがいらだたしげに、彼の名前を呼んでいた。自分の名前が連呼されるのを聞きながら、彼は職安のドアを引いて外に出た。その場にいあわせた五十人ほどの失業者が、いっせいに自分のほうをみているようで、耐えられなかった。

非識字者に共通する体験だが、彼もまた市役所や郵便局にいくとき、右手に包帯《ほうたい》を巻いていった。包帯した手をみるだけで、係のひとが、「代わりに書いてあげましょう」と同情してくれるのだ。識字率ほぼ百パーセントを誇っているこの国で、字を書けない人間がいる、などと想像するほうが非常識、というものである。

一雄の場合は、駅の便所や公園などにいって包帯を巻いた。家から目立ちやすい白の包帯姿で出ていって、近所のひとに「どうしたの」と声をかけられたり、つぎの日、包帯をはずして仕事をしているのを、見咎《みとが》められたりしては困るからだった。字を読めないひとたちの、あたかも犯罪者のような細心《さいしん》さは、識字者にとって想像を絶する。

その屈辱《くつじょく》があってなお、また職安にいったのは、安定した仕事につきたかったからだ。とはいっても、一九五七(昭和三十二)年、日本経済は「なべ底景気」といわれていた不況期だった。

この年は高校を卒業したわたしも東京に出てきた年だった。学校に就職斡旋《あっせん》の手続きをとらず、親戚にたのんでいた。そこで紹介されたのが、東京の北端、板橋区志村坂上、十人ちょっとの零細工場の見習い工だった。高卒者が事務部門ではなく、現場ではたらく時代がはじまっていた。

石川一雄が、日雇い仕事から脱出して中堅工場の社員になりえたのは、この企業が食品会社として成長しはじめていたからである。こんどはぬかりなく、職安に提出する書類は友人の樋口弘(仮名)に書いてもらった。会社にだす履歴書《りれきしょ》は姉の夫である石川仙吉が作成した。無事に採用されたのは、本人の人柄のよさが面接担当者に好感されたから、と考えられる。

配属されたのは、せんべいをつくる部門で、昼夜二交代制。モチ米やメリケン粉を練った生地《きじ》を、ローラーで伸ばす。せんべいやあられやクラッカーなどが、石炭を焚《た》いた窯《かま》のうえの鉄板を、ゆっくり通り抜けて焼き上げられる。せんべいの焼き具合をみて、温度を調節する。

工場には、十四台も並んでいる窯《かま》の熱がこもっていて暑い。四十度ちかい猛暑のなかで、パンツひとつ、汗まみれで立ち通し。高熱重筋《じゅうきん》労働のため、一時間はたらいて一時間の休みだった。

一雄はこの職場が気にいっていた。そのあと、袋詰《ふくろづ》めの職場の責任者になった。女性が多い職場で、男の労働者は女十人にひとりていど。自然に監督工のような立場になっていた。おとなしい性格だが、ひとの嫌がるようなことを率先《そっせん》してやるので、信頼が厚かった。せんべいやクラッカーなどを、女性労働者が袋に詰めたのを、ダンボールにいれて出荷する部門である。そのころ、販売店に出荷された伝票には、「石川」のハンコがつかれてあった。それが本人の誇《ほこ》りだった。

朝の八時から夜の八時まで、十二時間勤務(残業込み)の職場だから、男女が仲よくなりやすかった。一雄の先輩の広瀬和枝(仮名)によれば、入社したてのころ、彼はひっこみ思案で、ひとと話をするときでも、まともに相手の顔をみることができず、下からはすかいにみるようなところがあった。

「あんたね、ひとを見るときは、まともにみなさい」

と年上の女性にづけづけといわれるようになって、一雄は和枝に心をひらいていった。

彼女は「サンド」と呼ばれている職場にいて、ビスケットにクリームを挟《はさ》みこむ仕事をしているのだが、手がすくと袋詰めのほうの応援に出かけてきた。

ある日、一雄があらたまった表情で、和枝にちかづいていった。

「頼みがあるんだけど」

口数のすくない男で、ひくい声でしかいわないのだが、その日の一雄の声は、消えなんばかりだった。ラブレターを書いてほしい、といいだしたのだ。

相手は、海老沢菊江《えびさわきくえ》という、和枝もよく知っている女性だった。色白の、ほっそりした美人だった。

「よぉーくあのひとが、石川さんにね」

と職場で評判になりはじめていたころだった。女性の多い職場だから、ふたりのなにやら人目を気にするような雰囲気が、職場で噂《うわさ》されはじめていたのだ。が、肝腎《かんじん》の一雄は、ひとまえではろくに口をきけないような性格である。ふたつ歳上の菊江がじれったくなっていても、彼には自分の気持ちをつたえることができない。

それで、一雄が勇気をふるって、歳上の和枝に、「ほんとに好きだっていうことを、なんとなく書いてほしい」とたのんだのだ。自分の字がきたないから、きれいに書きなおしてほしい、というのではない。そっくり書いてくれという。「自分の口でいったら」と和枝は突き放すようにいったが、一雄の顔をみると、そのままにしておけない。それで、ほんとのラブレター式に書いていいの、とたしかめた。

つぎの日、彼女がどうだった、と聞いても、「どうもありがと」というだけで、「よかった」でもない。夜おそくまで、なんども書き直した努力の美文《びぶん》に、彼が感動した様子がみられない。読まなかったのかな、との疑念が和枝に残った。書けないからたのんできた、とは思ったものの、まさか読めないとは想像できなかった。

菊江は高卒で能筆《のうひつ》だった。が、彼女からやってきたせっかくの返書も彼には読めない。竹内という同僚に読んでもらった。竹内はどうして読み書きができないのか、とは聞かなかった。一雄は仕事のできる男だったが、いつも継ぎのあたった作業着を着ていたから、生活はけっこう苦しいようだ、とは察していた。

じつをいうと、伝票などは、竹内が自分の仕事を終えてから、いやな顔ひとつせずに書いてくれていたのだった。竹内がどんな生い立ちなのか、いまになって気になっているが、そのころの一雄は、引っ込み思案《じあん》な男とでも気楽に雑談できるほど、世間なれしていなかった。

めずらしく、背広を着てネクタイを締めた石川一雄が、西武園《せいぶえん》の池で、ボートを漕《こ》いでいる写真が残されている。むかいあって座っているのが、海老沢菊江、面長の静かな女性である。池袋、新宿、どこへいくのでも、一雄は彼女のあとについていくだけだった。電車の切

青春時代の二枚の写真．上は所沢市の西武園の池で婚約者と．このあと婚約者は病死した．下は自動車のボンネットでポーズをとる石川一雄．

符を買うのも彼女だった。一雄はどこへむかっているのか、わからなかった。駅名が読めなかったからだ。

映画館も彼女が選んではいった。それでも、石原裕次郎が、たいがい、一雄の希望だった。それ以外は、彼はただ真面目な顔をして、くっついていくだけ。洋画になると、字幕《じまく》が読めないので退屈した。それでも最後まで黙《だま》って観ていた。

菊江が狭山の一雄の家をたずねてきたことがあった。両親と会うためにきたのだが、恥ずかしがり屋の一雄は、照れてまともに応対することができず、義兄の仙吉が話し相手になったりしていた。貧しいたたずまいにも、彼女はさほど驚いた様子をみせなかった。

一雄も菊江の家へ、なんどか遊びにいった。西武新宿線の田無《たなし》(現、西東京市)にある洋傘屋が実家だった。彼はたずねていっても、店にはいって「ご免《めん》ください」と声をかけることなどせずに、ちかくにいる子どもをつかって、菊江を呼びにやらせた。矢面《やおもて》にたつことができない性格だった。

菊江の父親は、「本人がいいなら」と、一雄との結婚話に反対しなかった。その日、一雄は、仔犬をもらって帰ってきた。

日曜日のデートコースは、菊江が決めてくれた。会社の伝票は竹内が書いてくれた。字を書けなくとも、日常的にはオーライだった。一雄はこれでいいんだ、と考えていた。勤《つと》めの合間に字をおぼえようなど、考えたことはない。

が、それで万事、順風満帆《じゅんぷうまんぱん》にいくわけではない。竹内が、突然、会社を辞めてしまったのだ。一雄はしかたなく、前日の伝票の数字をそのまま書き写した。なんの伝票かはわからなかったが、生産量はだいたいおなじようなものだからだ。ところが、サッカリンもズルチンの使用量も前日とおなじにしたのだが、ダンボール箱でかぞえてみても、その日の生産量は多すぎた。

疑問をもった工場長が、倉庫にいって在庫を調べ、異変に気づいた。責任者である一雄は、総務課長に呼びつけられて事情を聞かれた。一雄はうっかりまちがえて、前日の伝票とおなじ量にしてしまった、と弁明した。伝票を判読《はんどく》できなかった、とはいえなかった。

それでも、字を書けないことは露見《ろけん》した。いたたまれない恥辱《ちじょく》だった。そんなときは、また「土方」をやればいいや、というのが、いつもの逃げ道である。土方なら字はいらない、との捨《す》て鉢《ばち》な気持ちがあった。

総務課長に叱責《しっせき》されて、翌日から出勤しなかった。退社した。三年六ヵ月、この会社にいた。やがて獄中《ごくちゅう》に囚《とら》われることになる一雄にとって、このころがもっとも華《はな》やかなときだった。菊江は黄疸《おうだん》がでて入院していた。辞めてから病室へ見舞いにいった。いまだったら、適当な本を選んでもっていくのだが、そのときはなにか食べ物をもっていった記憶がある。

一九六二(昭和三十七)年十二月二十五日、一雄は権現橋《ごんげんばし》の袂《たもと》にある山田養豚場に住み込んでいた。兄の六造が単車でやってきた。ハガキを手にしている。

「一雄、こんなハガキがきてたぞ。速達《そくたつ》だ」

六造は怒ったような表情をみせて帰っていった。彼にもよく読めなかったのだ。六造はその養豚場で弟がはたらくのには反対だった。近所のひとたちから、そこが愚連隊《ぐれんたい》の溜《た》まり場のように思われていたからだ。

ハガキは赤い線のはいった速達だった。字の読める仲間に読んでもらった。菊江の父親の和太郎からだった。菊江が二十三日に病院で死んだ、との知らせだった。

養豚場の前に米屋があった。そこで電話を借りて、菊江の実家にかけてみた。それから田《た》無《なし》にでかけた。菊江は肺結核だったのだ。

職業遍歴の末、石川工務店の夢

東鳩製菓を退職してから、逮捕されるまでのあいだ、一雄はさらにいくつかの仕事についていた。我慢《がまん》づよさを美徳とするそのころの日本の社会では、「転職は非行《ひこう》のはじまり」といわれていた。一雄が警察にねらわれたのには、被差別部落、極貧《ごくひん》、それに加えておびただしい転職、それらが無関係ではない。

伝票の記入に挫折《ざせつ》した一雄が、まず身を寄せたのが在日韓国人が経営している土建屋だった。たがいに差別されている集団だが、菅原四丁目の顔見知りたちが、チームを組んでその仕事を請け負っていた。土管を埋めるなどの土木工事である。力仕事には自信のある一雄は、ひとの倍やりたいと積極的だった。

「一雄、手伝えや」と、近所に住んでいる金井三郎(仮名)に声をかけられ、そのあと、所沢の米軍基地にいった。トラックの部品をまとめる仕事に誘われたのだ。ビルの解体作業やコンクリートを削《けず》ったりする「ハツリ屋」だった金井が、解体された米軍トラックの部品をあつかうようになったのは、彼が横浜で知り合った中国人の紹介によってである。

一九六二(昭和三十七)年夏、ベトナムに四千台分を送る、との契約で、金井は自分の弟などもふくめ四十人ほどの人手を集めて、その「特需《とくじゅ》」をこなすのに大わらわだった。夏の暑い盛りだったから、一雄ははじめのうちはトラックの陰に筵《むしろ》を敷いて寝ていたりと、ちゃらんぽらんなところがあった。

そんな一雄を、思い切ってリーダーにしてみると、俄然《がぜん》はたらきだして、「お前、すこし、休んだらどうだ」といっても、「これ、やっちゃうから、終ったら休むよ」というほどの熱中ぶりだった。一雄は感激屋で、御《ぎょ》しやすいところがあった。

完了した台数を、日報に書いたり、日ごとに大きな模造紙《もぞうし》に書き入れたりしていたのだが、一雄は数字をいれるのでさえ、億劫《おっくう》がって、金井から「一雄、おめえ、書けねえのか」と怒《ど》鳴《な》られている。のちに、警察が聞き込みにきたとき、金井は「やつがあんなことをやるわけがねえ」といったり、「一雄が、そんな『命』だとかさ、漢字、書けねえよ」と強調したため、刑事から、「『犯人幇助罪《はんにんほうじょざい》』で、おまえも二、三年は食らうぞ」と脅かされている。

米軍基地での仕事は、一日八百円から千円になった。東鳩製菓にいたときは、四百五十円、毎日、十二時間ほどはたらいて一万三千円になったが、それよりも多い収入になった。それは、当時の大卒初任給などよりも、はるかに高給だった。が、その仕事は三ヵ月で終った。

そのあとは、六造の友人、鳶職《とびしょく》だった田原広(仮名)の手伝いをしていた。そのころは、やはり町内鳶《ちょうないとび》の六造は、そのあたりの井戸掘りや大工仕事を請け負って稼《かせ》いでいた。


狭山市は農村地帯とはいいながら、工業団地の発展によって人口がふえていたし、新宿にでるのに一時間たらずなため、ベッドタウン化しつつあった。丘陵地帯だから、八十尺(二十四メートル)ほども掘らないと水がでてこない。

ふつうは八十尺掘りあげるに、十日ほど必要とするのだが、六造は仲間とともにがむしゃらにやって、六、七日であげてしまう。期間を短縮《たんしゅく》した分、ほかの仕事ができるので、単車をなん台か買い換えるほどの羽振《はぶ》りになっていた。

六造もまた、畑仕事や農家への奉公などで、ろくに学校へ通えなかった。それでも長男だから弟や妹とはちがって、はるかに優遇《ゆうぐう》されて育てられていた。「別飯《べつめし》」といって、食事の待遇《たいぐう》がちがっていた。そのせいか、六造は次男の一雄などよりははるかにむこう気がつよく、学校でも腕白小僧《わんぱくこぞう》の評判をほしいままにしていた。気っ風《きぷ》がよくて、喧嘩《けんか》っぱやかった。

十七歳のとき、おなじ地域の同級生と浅草にでて、流しのギター弾きになった。ふたりは鎮守《ちんじゅ》のお祭りなどで、見ようみまねの素人演芸にでて、若ものらしい自信をつけていた。

東京に家出していった六造が、浅草界隈《かいわい》で名を知られているテキ屋の家に草鞋《わらじ》を脱いでいる、などとの風評がつたわってきて、富造は即刻、六造を勘当《かんどう》した。なにしろ、息子がわるさをしたのを聞きつけると、薪《まき》を手にして待ちかまえていたほどの気の短い父親である。貧乏とはいえ、しつけは厳しかった。

六造は工務店にいて、鳶の仕事を覚えた。ときどき、小遣い銭を施《ほどこ》すために、狭山のちかくまで帰ってきては、ふたりの弟を呼びつけた。

六年ほどたった一九五九(昭和三十四)年、二十三歳になった六造は、狭山の家に帰ってきた。隣り駅の入曽《いりそ》の友人宅に陣取って生家の様子を探《さぐ》ったが、富造はいっこうに勘当を解く気配《けはい》はない。迎えにやってきた一雄と清に、「まだ家に入れないというなら、あんちゃんはまた東京へ帰っちまうぞ」と脅かした。ふたりは飛んで帰って、兄の帰還を富造につたえた。

六造はそしらぬふりをして、家のなかにはいった。富造は眼をそむけて口をきかなかった。食事のときもたがいに黙っていた。父親も息子も強情《ごうじょう》なのだ。

一九六三(昭和三十八)年、東京オリンピックが開催される前年だった。高度経済成長がはじまっていた。東京から、土地を借りてアパートを建てる不動産屋がはいりこんできた。ぜんぶが新築というわけではない。古材をつかっての安普請《やすぶしん》も多かった。

「石川土建」。六造は名刺をつくった。踏切りのこっち側、菅原四丁目にいる「町内鳶」は、六造だけだった。農家の若い衆をあつめて、速成の大工にした。鉄筋コンクリートの建造物さえつくった。そのときの鳶は、浅草時代の仲間にたのんだ。作業着のポケットには、いつも三、四万円の小遣い銭がはいっていた。

一九六四(昭和三十九)年四月、わたしは大学卒業後、ちいさな新聞社に入社した、六造より二歳下のわたしの初任給は、一万九千円だったから、六造の景気のよさがよくわかる。そのころから、賃金は急上昇した。それにともなって、住宅ブームがはじまったから、六造のチャンス到来のはずだった。

一方、弟の一雄はそのころ、山田養豚場で寝泊りしていた。字が読めないのだから、クルマの免許《めんきょ》はなかった。それでも単車を買ったのだが、その代金の七万円を支払えなくなっていた。無鉄砲《むてっぽう》である。それで、六造の同級生がやっている養豚場にもぐりこんだのだ。

豚は百頭ほど飼育していた。その餌のために米空軍ジョンソン基地の食堂をまわって、残飯を回収してくる。残飯を回収する権利を買うだけが出費で、毎日、二、三頭を一万円で出荷していたから、けっこう儲《もう》かった。相棒は経営者の弟をいれて三人だった。夜になると十人ほどになって、酒盛りになった。

一雄の仕事は、トラックに同乗しての「残飯あげ」、豚の飼育、そして糞尿《ふんにょう》さらいなどだった。夜は電気のない小屋で豚の番をしながら寝た。六造はあすこはやくざの溜《た》まり場だからやめろ、と口酸《くちす》っぱくいいながらも、弟が世話になっているお礼、といっては同級生に一升瓶を差し入れていた。

一雄が借りた七万円は、富造が返していた。のちに一雄が逮捕されて自供した犯罪とは、すべてこの養豚場にいたときに、仲間といっしょにやった窃盗などだった。

彼は六造につよくいわれて、六ヵ月後にやめた。が、借金の件で富造にどやされやしないかと、家にはかえらず、友人のダンプカーの運転台に寝泊りしていた。運転台にあった上着を着込んでいたのが、「窃盗事件」として、逮捕状請求の被疑事実のひとつとされた。

六造が心配したとおり、養豚場が一雄の運命のつまずきとなったのだ。事件にはならなかったが、経営者と対立しているグループ、六、七人に殴りこみをかけられ、木刀と鉄パイプで応戦したこともある。

中田善枝が殺害されて、真っ先に取調べを受けたのが、ここの経営者兄弟だった。このときすでに、一雄は六造の助手として、建築現場ではたらいていた。

これをやれとあてがわれた仕事は、うまくこなしたが、なんメートルなんセンチという単位の概念《がいねん》が頭になかった。それで基礎《きそ》打ちなどに失敗して、六造にどやされていた。

「一雄を職人にしようと思ったんだ。兄弟でやればこんなつよいことはない。あの事件がなかったら、『石川土建』はいい土建屋になっていたんですよ。あれで歯車《はぐるま》が狂ってしまった。親戚から、兄弟から、みんなバラバラにされてしまったんだ」

今風にいえば、「石川工務店」。兄弟ふたりの夢は、永遠に達成できずに終った。逮捕の日から三十一年と七ヵ月、石川一雄は家に帰れなかった。

第四章　涙ながらに自白するまで

弁護士への不信感

狭山署の留置場にいたとき、石川一雄は、裁判所へ連れていかれるのを心待ちにしていた。その気持ちがあまりにもつよかったので、突然、留置場からだされ、「釈放《しゃくほう》する」といわれて、たかだか十数歩、廊下を歩かされて再逮捕、また手錠をかけられる、という大芝居をうたれても、平然としていた。なんのことかよくわからなかったからだ。

肝腎《かんじん》の被疑者の眼には、警察苦心の「バクチにちかい手」(「サンケイ新聞」七月十日)であるタライ回し逮捕(別件の容疑をつくって釈放しない)も、裁判所へ連れていかれるための儀《ぎ》式《しき》のようにしか映っていなかった。しかし、この強引陰険《ごういんいんけん》な迂《う》回作戦《かいさくせん》は、やがて想像以上の効果を与えた。一雄の弁護士への信頼をそぎ落し、その分だけ警察の力をみせつけたのだ。

決然として、容疑を否認しつづけていた一雄が、どうして自供《じきょう》するようになったのか。それは警察と検察による、強引な「再逮捕」と「別件起訴」が、被疑者と弁護士のあいだの「信頼関係」を断ち切ったからだ。この経過をもう一度、検討してみる。

石川一雄は、中田直人弁護士から、裁判が六月十八日にある、といわれていた。それは「勾留理由《こうりゅうりゆう》の開示《かいじ》」の公判であって、裁判官が勾留を必要とする理由を説明し、弁護人と被疑者がそれに反論するものである。本件の「善枝さん殺し」事件を審理するものではない。

形式的なやりとりの多く、法廷のしきたりなど知るよしもない一雄は、それでもとにかく、裁判所に連れていかれたなら、これまで刑事たちに語ってこなかった犯行について本当のことをいおうと決意していた。それは、三人組でやったある事件のことだが包み隠さずに申し述べ、責められ通しの「善枝さん殺し」については、自分ではない、ときっぱりと述べ、ついでに責められ方の酷《むご》さも裁判官に聴《き》いてもらいたい、と心中ひそかに期していたのだった。

一方、警察側には、つよい懸念《けねん》があった。鶏や材木の窃盗《せっとう》など、いわば微罪《びざい》を理由に勾《こう》留《りゅう》しているのだから、もしも公判で自分たちの強引な取調べが暴露《ばくろ》され、傍聴席《ぼうちょうせき》にいる新聞記者たちに書きたてられてはまずい、との心配である。

なにしろ、石川一雄が勾留されているのは、逮捕状に書かれていた「窃盗」などではない、善枝さん殺しの有力容疑者だったのは公然たる秘密で、傍聴席が満員になるのは明らかだった。それに、弁護人が浦和地裁川越支部に提出していた保釈請求《ほしゃくせいきゅう》は、月曜日の六月十七日に決定される見通しがつよかった。

だから、それに対抗するように、捜査本部はひそかに、前日の十六日に、川越市よりはさらに離れた小川簡易裁判所にたいして、本命の「強盗、強姦、強盗殺人、死体遺棄被疑事件」で、石川一雄を再逮捕する逮捕状の発布を請求していた。

小川簡易裁判所では、当直の瀬尾桂二裁判官がそれを受け、即座に交付した。「翌十七日の午後三時十五分、狭山警察署で逮捕、同三時三十五分、川越警察署分室に引致《いんち》する」との条件がつけられている。そんな動きがあるとは、捜査本部の幹部以外、だれも知らなかった。

石川一雄にたいする保釈許可がだされたのは、六月十七日正午、浦和地裁川越支部の二階にある判事室でだった。朝から新聞、テレビ、ラジオなど報道陣が詰《つ》めかけていた。父親の富造と長兄の六造が、タクシーで駆けつけた。ようやく、気のいい次男坊を家に迎えることになった親子は、着なれない背広に革靴のぎこちない恰好《かっこう》で、三人の弁護士に引率《いんそつ》されるようにして、裁判所の事務室にはいっていった。

捜査本部が置かれている狭山警察署の前は、釈放《しゃくほう》される石川一雄を一目見ようとする野次馬でごった返していた。割烹着姿《かっぽうぎすがた》の主婦たちまで、おそるおそる遠巻きにして見物していた。川越の裁判所で保釈金を支払い、いったん、自宅に帰って休んでいた六造は、午後二時半すぎ、時間を見計って石田弁護士といっしょに弟を迎えにいった。ふたりは三十分ほど待たされたあと、竹内署長に別室に呼ばれた。

「石川一雄を再逮捕する。釈放はしない」

突然の通告だった。それを聞きつけた記者たちが、どっとばかり狭山署前に押しかけた。交通整理の警官が出動するほどの騒ぎとなった。竹内署長は、その様子を窓ガラス越しに眺めながら、

「一雄センセイの身柄《みがら》は絶対に離しませんよ」(「埼玉新聞」六月十八日)

と駄々《だだ》っ子のようにくりかえしていた。

まもなくして、「再逮捕」についての、署長の記者会見がおこなわれた。その隙《すき》をついたかのように、一雄は裏口に待機していた県警の幌《ほろ》つきジープに押し込まれた。

六月十八日の「埼玉新聞」は、つぎのように書いている。

「午後三時十五分再逮捕された石川は、狭山署からほろつきのジープで川越警察署分室に身柄《みがら》を護送された。石川を乗せた護送車はパトカーにみちびかれ、川越街道をフルスピードで走り、同三時半ごろ同署正門わきの路地から構内にはいり、西側にある留置場の奥まった四号房に入れられたが間もなく長谷部警視の取り調べを受けた。

この建て物は東上線川越駅西口前で所沢《ところざわ》県道に面したところ。かつての国家地方警察(国警)の庁舎だったところで、事務所の本館と留置場の建て物からできている。これまで通用門は老朽化《ろうきゅうか》した木戸があるだけだったが、警察側では十五日夕刻から木戸を改修し、十六日には庁内の雑草も取られて、石川が留置されたときにはこの通用門は真新しい木戸に変わり、石川の再逮捕と身柄を同分室に移すことは、すでに計画されていたようだ。

警察の態度は厳重をきわめ、押しかけた報道人に対しても、門をクギづけにしてかたく閉ざし、窓はいずれもカーテンをひくなど異例の警戒ぶり。さらに留置場に面した付近の民家にも『報道陣を寄せつけぬよう』という〝お達し〟の早手回《はやてまわ》しを出すなど、異常なほどの神経ぶりだった」

川越駅前、モルタル二階建て、旧国警本部にあった別棟《べつむね》の留置場には、有刺鉄線が張りめぐらされ、ものものしい警戒態勢だった。五つの舎房をならべている留置場は、長いあいだ使われていなかった。「国家地方警察」は、一九四八年に設置された警察組織で、市警など国家から独立していた米国流の「自治体警察」とは別組織、「国警《コッケイ》」と「市警《シケイ》」が対立することが多く、一九五四(昭和二十九)年の警察法改正によって、両者は統合されていた。石川一雄は、入り口にちかい「第四号房」に入れられて、はじめて「おかしいな」と感じた。一服するまもなく、すぐ取調室にひきたてられた。長身の青木一夫警部が、

「いまから、善枝さん殺しについて聞く」

と宣告するようにいった。

「やっていない」

と一雄はいままでのように主張した。

「その川越分室での第一回の(否認)調書は、いまでも残っているはずだ」

と彼はいま主張しているのだが、公判には提出されず、非開示のままである。

この日、特捜本部がとったのは、戦前に特高刑事がよく使った「タライ回し」だった。とにかく口実を設けて身柄《みがら》を拘束《こうそく》、昔なら拷問《ごうもん》をくわえて、自供にもちこむ強引なやり口である。特捜本部には、もう一雄の余罪の手持ちはなかった。それで「強盗殺人」という最後の切り札を切ったのだ。

「キメ手は一つもない。しかし補強証拠はいくらでもある。これだけあれば逮捕状は取れよう。背に腹は変えられぬといった土壇場《どたんば》に追い詰められた捜査本部の窮余《きゅうよ》の一策《いっさく》でも

あった」(「毎日新聞」埼玉版　六月二十九日)。

キメ手もないのに、タライ回しは人権蹂躙《じんけんじゅうりん》といえる。ところが、人権に敏感でなければならないはずの新聞は、警察の「窮余の一策」を支持していた。

石川一雄には、三人の弁護士がついていた。逮捕された五日あとに、六造の相談を受けた共産党の遠藤欽一《えんどうきんいち》市議が、「自由法曹団《じゆうほうそうだん》」に属する共産党系の弁護士を紹介してくれた。三十二歳、メーデー事件や松川事件の弁護団の事務局にいた中田直人《なかたなおと》と弁護士三年目の橋本紀徳《はしもとのり》だった。そのあとからおなじ東京合同法律事務所に新人としてはいったばかりの石田享《いしだすすむ》弁護士が加わる。そのひとり、橋本弁護士が、「埼玉新聞」の記者にこう語っている。

「保釈が決まったので、待っていたところ、電話で再逮捕の知らせを受けた。まさかと思っていたが、警察の処置はアンフェアである。きょうは石川君に会わなかったが、十五日に会ったときの話だと『最初の取り調べはよかったが最近になって、夜におばけやこわい話をしたり、自供しなければ一年でも二年でも留置する。字のことについて自供すればパチンコヤにつれていってやる』といわれているそうだ。自供を強要されているようで、いずれにしても、保釈が決まった上でこのような手段をとるとは不当である」(「埼玉新聞」六月十八日)

警察は浦和地裁川越支部の「保釈許可決定」に従いながらも、小川簡易裁判所が発布した逮捕状を行使して、翌日の午後一時に指定されていた「勾留理由の開示公判」を回避する強行突破作戦に賭《か》けた。これによって、「一雄センセイの身柄」を、完全に隔離《かくり》、拘束《こうそく》することができた。

と同時に、弁護士への一雄の信頼を砕き、不信感を増幅させ、動揺を与えて優位にたてるようにもなった。


「先生、様子がおかしいから来てください」

あわてた六造が、入間川駅そばの自宅に駆けこんできた。留置場から帰ってくるはずのこの家の次男を待っていた中田直人弁護士は、六造が乗ってきたタクシーにとび乗って狭山署にむかった。それが再逮捕の知らせだった。まだ電話が普及《ふきゅう》していなかった時代である。と、むこうから、パトカーに警護された幌《ほろ》つきジープが、砂塵《さじん》を捲《ま》き起《お》こしながら、猛然たる勢いでやってきた。そのあとを、これまたかなりのスピードで、社旗《しゃき》を翻《ひるがえ》した新聞社のクルマが追尾《ついび》していた。依頼人がどこかへ移送されている、と中田は直感した。

狭山署で待機していた石田享弁護士と合流した中田は、さっそく警察幹部にたいして、タライ回し、再逮捕の不当性に抗議し、一雄の身柄をどこへはこんだのだ、と追及した。ようやく十キロほど離れた川越署へ移したことを聞きだして、その後を追った。

川越署といっても、そこからさらに距離をおいた分室にいる、と教えてくれたのは、護送車の追尾に成功していた新聞記者だった。

川越署分室の留置場の表と裏には、頑丈《がんじょう》な門が新設されていた。駆けつけた中田、石田両弁護士は、潜《くぐ》り戸《ど》のなかに大勢いた警官にむかって、「弁護士だ、面会したい」と申し入れた。しかし、奥にひっこんだ警官は、なかなかもどってこない。そのまま埒《らち》があかず、ついにうやむやのうちに門前払い、となった。

弁護士から期待をもたされていた裁判はとりやめになった。それが一雄には理解できなかった。弁護士がその理由を説明しようとしたが、接見《せっけん》が拒否されて、交通の方途は遮断《しゃだん》された。中田弁護士は、それよりまえに、ほかに容疑者がいないため、再逮捕もありうる、と一雄につたえていたのだが、そのときの一雄にはよく理解できなかった。

再逮捕によって、容疑はそれまでの窃盗《せっとう》などではない、殺人に変わったのだが、逮捕直後から殺人容疑の尋問《じんもん》だったから、一雄本人にとってはなんの変わりもなかった。

中田弁護士が接見できたのは、つぎの日だった。接見を禁止する不当性を追及する「準抗告」が、地裁に認められたからである。たった一日の遅れだった。

しかし、外部から遮断《しゃだん》されたまま、警察に翻弄《ほんろう》されつづけていた年若い男にとって、この一日という孤絶《こぜつ》の時間は、もともとべつの社会に属している弁護士への不信感と自分への無力感を深くして、取り返しのつかない精神的ダメージを与えた。

「三人でやった」という謎《なぞ》の告白

石川一雄が十三歳のとき、西武新宿線の線路に、石が置かれるいたずら事件があった。電車転覆未遂事件《でんしゃてんぷくみすいじけん》の容疑者として、警察の取調べを受けていた。「菅原四丁目」は、線路にちかい一郭《いっかく》だったから、警察はまずまっ先にこの部落の子どもたちに疑いをかけた。一雄は石を並べた写真を見せられ、頭をこづかれて、自分がやった、と認めた。このとき「自白調書」を取られている。

こういうとき、絶対に自分を枉《ま》げない子どももたまにはいるかもしれない。が、たいがいの子どもは、大人の力に屈服させられやすい。大人でさえ、取調室で孤立させられると、刑事に迎合《げいごう》してしまうほどである。まして世慣れていない子どもは、甘言《かんげん》に籠絡《ろうらく》されたり、脅しに屈服させられたり、いいなりになりやすい。一雄はむこう気はつよかったが、気弱なところがあった。

線路に石を置いた、と自白した翌日になって、事件当日、彼が「山学校」といわれていた、畑仕事に出かけていた事実が判明した。日雇《ひやと》い仕事の雇用主《こようしゅ》である高橋四郎が、「雇用者名簿」で証明したので、辛《かろ》うじて犯人にされるのを免《まぬが》れた。このときの恐怖心が、心の底に澱《よど》んでいたのは想像に難《かた》くない。

石川一雄が逮捕されたのは、別件の「窃盗《せっとう》、暴行《ぼうこう》、恐喝未遂《きょうかつみすい》」容疑《ようぎ》だった。恐喝が脅迫状を媒体《ばいたい》として本件とむすびつけられる容疑なのだが、彼の関心はそこにはなかった。彼は警察が調べてもいない、調べようとも思っていなかった、本件から大幅に逸《そ》れた窃盗事件について語りつづけた。

「わたしは、こと細かくぜんぶ話しました。もう一件だけ悪いことをしているんですけど、これは申し訳ないけど話せない、勘弁《かんべん》してくださいって。警察官は、なんだ、なぜ話せないんだ、というんです。実は、わたしよりも悪いことをしているのはふたりおりましたけど、ぜんぶ子持ちで、わたしが話すことによって、逮捕されたらかわいそうだから、そのかわり、裁判所にいったら、ちゃんと話しますからって、いったんですよ」

これは後年の、一雄の述懐《じゅっかい》である。警察はその「秘密の犯罪」にとびついた。中田善枝殺しと早合点《はやがてん》したのは、一雄を善枝殺しの容疑者として逮捕していたからである。

裁判所は、真実を明らかにするところである、と一般に信じられている。一雄はその神聖《しんせい》な場所ですべてを明らかにしたい、と考えていた。警察は恐ろしい存在で、信頼にたりるところではないとの判断は、十三歳のときに体験させられた「電車転覆未遂事件」での恐怖の後遺症《こういしょう》でもあった。

捜査本部は、「秘密の犯罪」を善枝さん殺しと思いこんで彼を責めたてた。が、一雄が裁判所にいってからちゃんという、それまでは口を閉ざしておこうと決意していた秘密というのは、「米空軍ジョンソン基地」から、鉄パイプを盗みだした犯罪だった。

ふたりの仲間と養豚場のトラックで乗りつけ、盗んだパイプを荷台に敷き、その上から砂利をかけて、正門で監視している自衛隊員の目をごまかした事件である。

「もう一件だけ、三人で悪いことをしています。だけど、これは申し訳ないけど、話せない」

いかにも若気の至りともいうべき一雄のものいいが、捜査本部の疑惑《ぎわく》を一気に集中させることになった。

「なんだ、なんで話せないんだ」

「ぜんぶが子持ちですから、わたしが話すことによって逮捕されたらかわいそうです。そのかわり、裁判所にいったら、ちゃんと話しますから」

このようないい方は、飢《う》えた野犬の眼のまえで、干《ほ》し肉《にく》を振ってみせるようなものだった。

このとき彼は最年少で、あとのふたりは妻帯者である。この鉄パイプの売上げは、養豚場に集まる七人で山分けした。養豚場の経営者は、餌集《えさあつ》めの営業活動で外をまわっていたから、どこになにがあるかをよく把握《はあく》していた。あそこで家をつくっている、その材木を盗んでこい、といっては、豚小屋建設の資材を調達していた。いわば業務命令に等しいものだった。

米空軍ジョンソン基地は、線路の反対側にあった。いまの航空自衛隊入間基地である。一雄が生まれるほぼ一年前の一九三八(昭和十三)年三月、ここに陸軍士官学校の分校が設立された。士官学校は前年の一九三七年に市ヶ谷から座間《ざま》に移転してきたのだが、航空兵科士官候補生および少尉候補生は、ここで養成されることになった。

一九四五(昭和二十)年八月十五日。敗戦の詔勅《しょうちょく》を放送するラジオを置いていた壇上《だんじょう》に、突然、ひとりの若手教官が駆けのぼって、軍刀でラジオをたたき切った。それに勢いをえたかのように、「徹底抗戦」を叫ぶ士官候補生たちが、武器庫から武器をとりだして、東京への出動命令を待った。聖戦続行を叫ぶ士官で自決するものもいた。が、陸軍航空本部長が駆けつけてきて、騒ぎは収まった。

九月中旬になって、米軍の先遣隊《せんけんたい》が到着した。この日から日本帝国陸軍の士官学校の校舎は、米第五空軍に接収された。司令官、参謀長など米軍将兵五千人が進駐してきたあと、迎撃戦闘機や高射砲が配備されて、「ジョンソン基地」が誕生《たんじょう》した。

米軍基地の建設工事がはじまったころから、地元のひとたちが基地内ではたらくようになった。やがて朝鮮戦争に突入すると、この基地ではたらく日本人労働者は、五千三百人を超えた。

もしも基地ではたらいたあと、養豚場ではたらくことがなかったなら、一雄は窃盗事件などにかかわることはなかった。さらには、「三人組の犯罪」などといって、警察をいきりたたせることなどもなかった。いわばこのささやかな鉄パイプ泥棒が、彼を執拗《しつよう》に責めたてる警察の橋頭堡《きょうとうほ》になったのだった。

「善枝さん殺し」は、吉展ちゃん事件とともに迷宮《めいきゅう》入りの様相をつよめていた。二件とも警察が眼の前で犯人を取り逃したためで、世論の非難を浴びていた。どうにも打つ手のなかった捜査本部は、「三人でやった」という石川の謎の告白に、色めきたってとびついたのは、当然ともいえた。

押印《おういん》を拒否された検事調書

最初の自供が、供述調書で「三人組」の犯行になっているのは、三人でやった悪事がある、といった「告白」に、警察の意識が引きずられていた反映である。

その犯行とは、実は鉄パイプ泥棒だったが、「善枝さん殺し」で頭がいっぱいだった取調官は、一雄のいう「三人でやった」をもとに、ストーリーを組み立てようとしていた。

たとえば、「自供」する九日前の六月十一日、それまでわざわざ狭山署まで出張尋問にきていた先輩の検事たちに代わって、まだ若い河本仁之検事が取った調書は、あまりにも強引なもので、一雄は押印《おういん》を拒否した。一雄が拒否した調書は、つぎのように記載されたものだった。


「中田善枝さんの件について申します。善枝さんを殺したり、関係したり、死体を埋《う》めたり、脅迫状を書いたり、二十万円取りに行ったりした事は三人でやった事です」

「三人というのは、誰か」

「一人は私なのだが、あと二人はどうしても云《い》うつもりはありません」

「そうゆう事をやった場所は何処《どこ》か」

「私の家の近くでない事だけは云えるが、その他のことは云いたくありません」

「死体を埋めた場所まで運んだのは、どうやって運んだのか」

「自動車でなければ運べないでしょう。また私に云えることは死体が縛《しば》られていた筈《はず》はないということです」

「一緒に事件をやった二人の名前は何故《なぜ》云えないのか」

「私は義理と人情を重《おも》んじる方《ほう》で、もし事件の内容を詳しく云うと、その相棒達の名前も自然に判ってしまうから、これ以上のことは云いたくありません。なお私は、女との肉体関係は今迄やった事がありません。それはどうゆう訳けかわからないが、女の子とつき会うまでは普通の若い衆と同じだが、関係したいという気があまり起きないのです。だから善枝と関係したのは私ではありません。以上の通り相意《そうい》(違)ありません。

なお私は才(裁)判になったらこの事はありの儘《まま》をすべて才(裁)判所に申し上げるつもりで、その時にはこの事件で私がどうゆう事をやったか、又相棒達がどうゆう役目をしたかすべて申し上げます。五月一日のことは全部申し上げます」

この六月十一日付の供述調書を読むと、だれでも石川一雄が「善枝さん殺し」を自供した、と考える。たとえ、押印を拒否したにしても、それは細部に差違があったとか、検事の態度が横暴だったから反発した、と思いこむ。

しかし、彼が拒否したのは、「善枝さんを殺したり、関係したり、死体を埋めたり、脅迫状を書いたり、二十万円取りに行ったりした事」という犯行事実のすべてだった。

これは検事が意識的に混同させて書いたストーリーだった。一雄が犯行への関与を認めてしまうのは、六月二十日の関巡査部長にたいして、とされているから、その九日も前から、警察と検察は一雄に、善枝さん事件のストーリーを押しつけようとしていたのがわかる。

この調書の後段の「義理人情を重んじる……」との供述は、鉄パイプ泥棒の話なのだが、検事はこの話を強引に殺人事件に置き換えて調書をつくったのである。

しかし、この調書の末尾には、「右のとおり録取《ろくしゅ》し読み聞かせたところ誤りのない旨《むね》申立てたが署名押印《しょめいおういん》を拒否した」と記述されている。容疑者が署名押印を拒否した、という調書はきわめてめずらしい。それは、本人が認められない事項が書かれていたということで、取調官の作文にすぎず、とうてい「誤りのない旨申立てた」などといえるようなものではない。この調書が勝手に作成されたものであることをよく示している。

それでなくとも、調書はたいがい、乱暴な運筆《うんぴつ》で書かれていて判読しにくく、それにちょっとつきあいきれないような、取調官の感性と常識と常套句《じょうとうく》にまみれた代物《しろもの》である。それでも被疑者は、たいがい、まあいいか、と妥協して署名、押印するのが多いなかで、当時の識字能力では判読できなかった一雄が、「拒否」したというのは、よくよくのことだ。

検察官が口述し、傍《かたわ》らの書記官に筆記させたこの「供述書」のきわどさに、文字を読み書きできない男を罪にひきこもうとしている愚弄《ぐろう》と焦燥《しょうそう》が、よくあらわれている。

任官四年目、一雄より六歳うえ、三十になったばかりの若い検事が、ベテラン検事にまじって、功を焦《あせ》っていた焦慮《しょうりょ》が、冒頭に置かれた、「善枝さんを殺したり、関係したり、死体を埋めたり、脅迫状を書いたり、二十万円取りに行ったりした事は」という、一挙にたたみこんだ記述に刻《きざ》みこまれている。

これらの罪状は、一雄が断固として否認しつづけてきたものだが、そう書いたあとに、いきなり、「三人でやったことです」と「鉄パイプ泥棒」という主語を消去して、強引に結びつけている。犬の話を、虎の話にすり変えるような、いかにもひとを陥《おとしい》れるやりかたである。河本検事が、「三人」に必要以上にこだわっていたのには、事件当時、「容疑線上に三人の男」(「朝日新聞」五月六日、夕刊)と、犯人が複数と見られていたことをも反映している。

このとき、河本検事と石川一雄のあいだになにがあったのか、そして、この六月十一日の調書は、どのようにして作成されたかの謎は、のちに法廷であきらかにされる。

「三人でやって死体になったのを、金山(仮名、仲間とされたひとり)の車で運んだろうといわれたわけですか」

と中田弁護人がきいた。一雄が答えた。

「そうです。その前、狭山(署)にいたとき、河本検事さんにそれをいわれていたです」

「河本検事は、どういったのですか」

「あんちゃんと、金山よしおとやったのではないかと、いわれたので、おれは頭にきて湯呑《ゆのみ》をぶつけようとしたけれども、大宮(署)の斉藤刑事に止められたと思います」(中略)

「湯呑みをぶつけようとしたとき、河本検事から、調書をとられたことがありますか」

「あります。そういうことがあったので拇印《ぼいん》を押さなかったです」

「どういう内容の調書だったのですか」

「ちょっとはっきりしませんが、あんちゃんなんかと車で運んだのではないか、一緒にやったのではないか、といわれました。おれは知らないといったけれども、あんちゃんは悪いことは一回もしたことはないのに、そういうことをいわれたので頭にきて、印を押さなかったです」

「あんちゃんとやったのではないかということをきかれているときに調書はできていたわけですね」

「そうです」(中略)

「その調書に何が書いてあるかということは、知っていたのですか」

「ちょっとわからなかったけど三人で殺したというようなことが書いてあったと思います」

「それはあなたのいわないことですね」

「ええ、それに、印を押してくれといわれましたが、押さなかったと思います」(一九六八年八月二十七日、第二審、第二六回公判)

供述などしてもいない事実が、「供述調書」にれいれいしく記録されている。さらに、それにまちがいはないことを証明するために、指印《しいん》を押させようとする。このウソの上塗りに、一雄は激しく抵抗した。

河本検事は、取調室の机《つくえ》に腰をかけ、靴を履いたまま、片足をもう一方の膝の上に載せ、ねちねちとせまってきた。

「六造もいっしょにやったんだろう。お前が自白しなければ、兄さんをひっぱってもいいんだよ」

あるいは、「カマをかけた」いい方だったかもしれない。だが、この言葉は机の上におかれた河本の湯飲み茶碗を取って投げつけようとさせたほどに、一雄を激昂《げきこう》させた。

家族を引き合いにだして自供を迫るやり方は、いかにも陰険姑息《いんけんこそく》である。しかし、この脅《おど》しは、捜査陣が考えていたよりもはるかに大きな効果をもたらした。もしも本当に一家をささえている六造がしょっぴかれると、とたんに石川家はたちゆかなくなるからだ。

刑事たちは、河本検事が帰ったあと、一雄用の買いおき両切り「ピース」を勧《すす》めながら、やさしい声で語りかけた。

「怖かったろう。おれたちは、河本ぼっちゃんのように、机の上にケツを載せてあぐらをかくようなことはできないんだ。そういうことはしない。で、どうだ、善枝さんのこと教えてくれないか」

これとおなじようなやり方は、以前にもあった。白バイの運転手という、顔に傷の跡が残っている屈強《くっきょう》な刑事がやってきて、「とっくにわかってるんだ、いえよ、お前」といったかと思うと、いきなり、一雄の髪の毛をひっぱった。そのあと、長谷部警視がやってきて、

「ひどい目にあったらしいな、おれがいなくて悪かったね」

と慰《なぐさ》めるようにいった。それでも、狭山署時代はあとから考えると、まだ牧歌的でさえあ

った。取調べは、どんなに遅くなっても、午後九時をまわることはなかった。

逮捕されたばかりのとき刑事から、「お前、悪いことをやったのはいろいろ知っているんだから、お前から話せ」といわれて、妙に律儀《りちぎ》なところのある一雄は、

「じつはこういうことをやっていますから、ぜんぶ話します、逮捕されたんですから」

と養豚場での窃盗について話しだした。刑事たちは、はじめのうちは神妙な顔をして調書に取っていた。それでもすこしたつと、それはあとでまた話してくれればいいから、それよりも、手紙を届けたのかどうか、善枝さんを殺《や》ったのかどうか、それだけいってくればいいから、といつもおなじことのむし返しになった。

狭山署の留置場は、玄関からまっすぐにはいった、板張《いたば》り廊下《ろうか》の突き当たり、取調室はその手前左側にあった。渡り廊下でつながっている留置場の独房から、毎朝、取調室に手錠《てじょう》、腰縄《こしなわ》をかけて連行してくるのは、大宮署から派遣されていた、四十三歳の斉藤留五郎の役目だった。

取調室の窓側は、空き地になっていて、垣根《かきね》もなく見通しがよかった。だから、部外者が入らないように縄張りがされてあったが、記者が勝手にくぐりぬけてガラス窓に耳をつけ、取調べの様子に聞き耳をたてていた。

長谷部梅吉警視、山下了一警部、清水利一警部、諏訪部正司警部、遠藤三《えんどうかつ》警部補などが、いれ替わりたち替わり取調室にはいった。取調べは朝の八時から昼まで。昼はいったん留置場に帰し、午後は一時から八時、九時までの十二時間におよんだ。

「友だち」関巡査部長の役割

ところが、厳戒態勢の川越署分室の留置場に移送されたあと、待遇《たいぐう》は一変した。ここの留置人は石川一雄ただひとりの「専用別荘」だった。にもかかわらず、「官弁」の箱飯《はこめし》は、どうしたことか、留置場の飯とちがって、ひどい臭いがして食べられるようなしろものではなかった。

だから、一雄ははじめの一日、三食ともにパンを買ってもらってしのぎ、そのあとは捜査課長でもある長谷部に頼んで、刑事たちが食べているのとおなじどんぶり物をもらうという、恩を売られる形になっていた。

しかし、どうしたことか、連行役の斉藤巡査は、二十歳下の容疑者に、

「臭いというなら、食うな」

と突然いいだした。

「おれなんぞ、軍隊でなん日間も飯を食わないことがあった。水だけですましていたんだ」

彼は、戦時中、満州から沖縄の宮古島へ転戦させられながらも、生き延びた元陸軍兵長である。この戦中派の時代錯誤《じだいさくご》的な説教にカチンときた一雄は、憤然と「じゃ、食うもんか」、売り言葉に買い言葉、ハンガーストライキになった。

斉藤がどこまで意識していたのかはわからないが、絶食は食べ盛りの容疑者にとって、肉

体的な苦痛ばかりではなく、いっそうの精神的な孤立感を招き、自暴自棄《じぼうじき》にさせていった。

夕方になると、取調官たちは腕時計を外《はず》した。だから、なん時まで取り調べられていたのかわからなかった。おなじことをくりかえし、くりかえし質問され、くたくたにさせられたあと、独房に帰された。

ゴロリと横たわると、疲れきってそのまま眠った。

「夕べは二時までやったんだね」

ある日、一雄が取調官にいった。

「どうしてわかったんだ」

「裏の家の柱時計が、二時を打ってたから」

と正直に答えた。西側には民家があって、毎日のように「南無妙法蓮華経《なむみょうほうれんげきょう》」と唱える読経《どきょう》の声が流れてきた。その家の柱時計が眠そうに時刻を告げる重い音が、壁を通して聞こえていたのだ。

その話をしたあと、どうしたことか、柱時計の音は聞こえなくなった。

その間に、簡易裁判所の平山三喜夫裁判官が、勾留質問《こうりゅうしつもん》にやってきた。

「石川君は善枝さんを殺していないのですか」

との問いかけに、

「殺していません」

容疑者は決然と答えた。裁判官は、

「三人でやった、というのはなんですか」

重ねて聞いてきた。署長から情報をえていたらしい。それもあって、一雄には彼が裁判官とは信じられなかった。

その前にも、「弁護士」という男や「市長」と名乗る人物まであらわれ、事件について聞きだそうとしたことがあった。一雄は、警察のなかではなく、裁判所の法廷で、「鉄パイプ事件」の真実を述べたかった。テレビドラマで見ていたように、裁判所が特別に神聖なところに思えたからだ。

が、一雄の目の前にあらわれた裁判官は、「おれのことを聞きたかったら、裁判所に連れて行ってください」という悲鳴のような彼の叫びにはかかわりあわないようにして、孤島のような川越署の分室からそそくさとたち去っていった。

その日も、一雄は朝から長谷部警視、遠藤《えんどう》警部補などによって、責《せ》めたてられていた。取調室は畳敷《たたみじ》きで、部屋のまんなかに座卓《ざたく》が置かれていた。廊下に面した引き戸に背をむけて一雄が座らされ、長谷部とむかいあっている。

青木一夫取調主任が長谷部の左側、立会人の遠藤が右側である。やかん頭の遠藤は、老眼鏡を光らせながら、左側から一雄の顔を覗《のぞ》きこむようにして、長谷部とおなじことをいった。

「ぜんぶ話してしまって、はやく出してもらったほうがいいと思うな」

遠藤は最初に一雄に会ったとき、

「お前のおとっつあんとおなじ年恰好《としかっこう》だから、おやじのつもりで、本当のことを話せよ」といっていた。遠藤は長谷部とおなじように「警察功労賞」を受賞している。県警捜査一課の「生き字引」で、「長老」といわれていた。

老練な長谷部と遠藤が、息子ほど年下の若ものを落そうと躍起《やっき》になっていた。裁判官が帰ったあと、一雄は取調べ最高責任者である長谷部に責めたてられていた。そのとき、ひょっこり、という風情《ふぜい》で顔をだしたのが、関源三だった。

「石川君、元気かい」

ひとなつっこい笑顔を見せた。売り言葉に買い言葉、まったく無目的なハンストにはいっているとき、彼が魅力的な匂いを放つカレーの鍋《なべ》を抱《かか》えてやってきたのだ。

関は狭山署の交通係で、事件前から一雄と面識のあった、たったひとりの警察官だった。彼がおなじ町内に住むようになったのは、一九六〇(昭和三十五)年四月からである。所沢署から狭山署へ転勤となって、すぐそばの市営住宅に引っ越してきたのだ。

鬼瓦《おにがわら》のようにいかつい顔をした四十代の関巡査部長と親子ほど歳のちがう一雄が知り合うようになったのは、野球好きの関が、小学校の校庭を借りて練習していた、「菅四ジャイアンツ」を見物にきてからである。

声をかけあいながら、シートノックを受けて守備の練習をしていたなかに、小柄ながらもなかなか動きのいいキャッチャーがいて、交通係は眼を奪われた。それが石川一雄だった。気さくで、面倒見のいい関が、「菅四ジャイアンツ」の対戦相手をみつけてきてくれた。

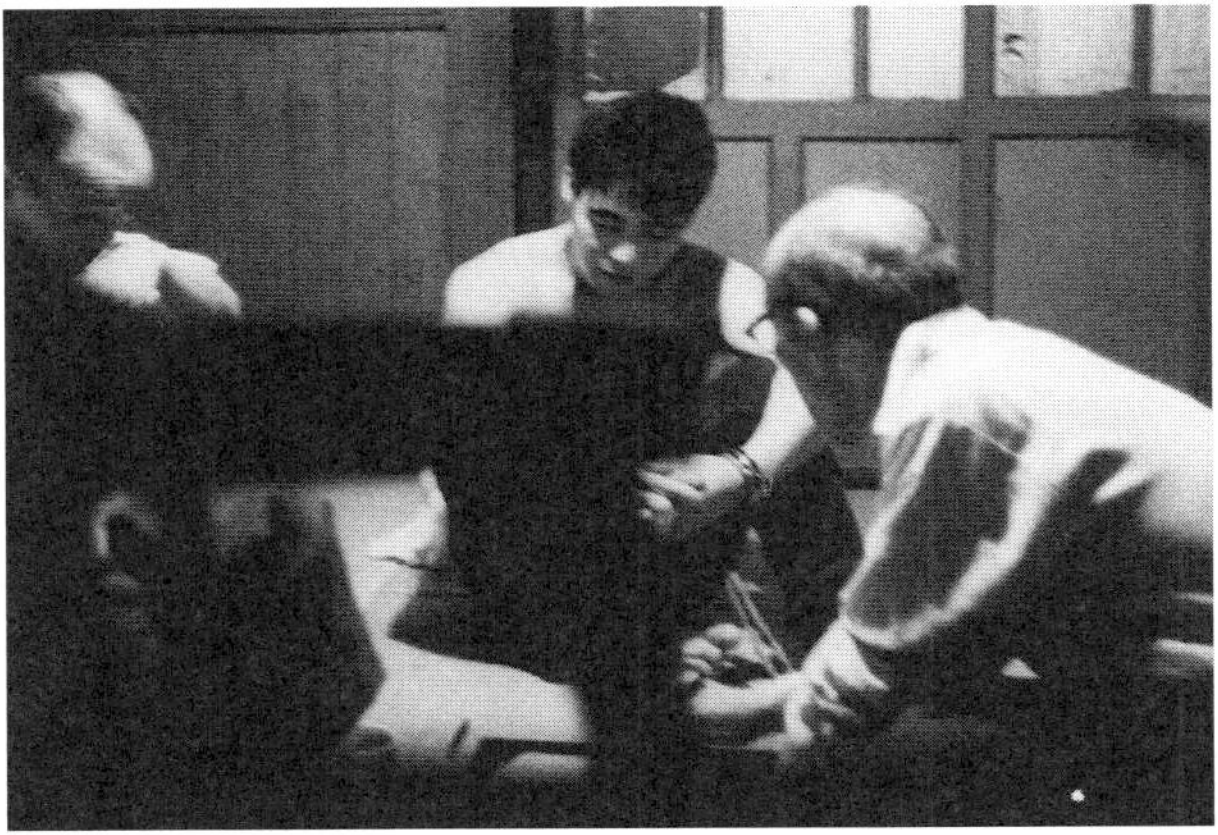

再逮捕(6 月 17 日)後，川越署分室で左手錠をかけたまま取り調べられる石川一雄．廊下に面した引き戸を背に座らされ，刑事たちに取り囲まれている．

いつもなら、交通事故の現場処理などをしている関も、この殺人事件が発生してからは、「兵站《へいたん》基《き》地《ち》」に動員され、炊事《すいじ》当番などの雑用を担当していた。というのも、捜査の中心は県警本部の捜査員たちで、地元の巡査たちは脇役にまわされていた。

　土《と》地《ち》勘《かん》のない刑事たちが佐野屋前に張り込んでいたからこそ、身代金を受け取りにあらわれた犯人を取り逃す、という大失態となったのだが、階級性と硬直性は官僚機構の通弊《つうへい》である。

　このとき、関源三は四十四歳になっていた。巡査を拝命したのは、戦後も三年たった三十二歳になってからだった。就職難の時代である。外地から引き揚げてきたのかもしれない。中年からの転職だから、さほど脚光を浴びる場所にいたわけではない。

警察の階級は、警視正―警視―警部―警部補―巡査部長―巡査となっているのだが、関はヒラのひとつ上の巡査部長で、知り合いが重要容疑者になっているのは、ひとつの大きなチャンスだった。

捜査の担当でもない関が、捜査本部の副本部長である竹内署長から、夕方六時ころ、川越署の分室にいくようにと命じられたのは、六月二十日の午後だった。

その前にも、一雄が別件逮捕された二、三日後、臨時に留置場の看守に変身して、夜を過ごしたことがある。関は「菅原四丁目」のひとたちの噂《うわさ》をいかにも親しげな口調《くちょう》で話題にしたり、竹内署長といっしょに取調室にはいって、「菅四ジャイアンツ」の選手の動静について、雑談したりした。

署長の特命を帯びた交通係は、いわれたとおり、午後六時、分室の留置場に到着した。そこに警邏《けいら》課長の飯塚警視がいるから、その指示を受けろ、とのことだった。さっそく、飯塚のもとにいき、

「石川が用がある、というので出張しました」

と報告した。しかし、一雄は後年になって、

「おれにはなにも用はなかった」

と語っているので、べつに彼のほうから、わざわざ関巡査部長に、お出ましを懇願《こんがん》したわ

けではないようだ。飯塚警視は交通係に、

「まあ、いいや、そこで一服してろ」

といい捨てたきり、小一時間、まるで彼の存在を忘れてしまったかのように待たせていた。

「用事がある、といわれておりますから、じゃ、むこうへ行ってみますか」

一時間ほどして、しびれを切らした関が飯塚に催促すると、飯塚は、はじめて気がついたかのように、

「そうだ、行ってやってくれ」

と答えた。それで関は腰をあげ、木造平屋、寄宿舎の部屋のような畳敷きの取調室にむかった。

草ぶき屋根の見張り小屋まで新設され、二十四時間、機動隊が警戒している、人気のない川越署分室の取調室にやってきた交通係は、「菅四ジャイアンツ」のキャッチャーから、「来てほしい」と呼ばれていたはずなのに、命令を待っていたのだった。

「石川君、元気かい」

関巡査部長は、満面の笑《え》みを浮かべて取調室にはいった。ところが、「なんの用事か」とたずねることをしなかった。いきなり、飯を食え、めしは食わない、の愁嘆場《しゅうたんば》になった、と関は法廷で証言している。

年下の「親友」が勝手に泣きだして、唐突《とうとつ》に、告白がはじまった、というのだ。

「長谷部警視さんが、飯を食わなくちゃしようがない、というような話をしました。そこで私も、石川君、飯を食わなくちゃしようがないじゃないか、といったんです」

するると、野球仲間は、こういった。

「おれはいいんだよ、飯を食わなくてもいいんだよ、飯を食わなければ、痩《や》せていくんだから、そうしたらおれは死んじまうんだ」

「そんな馬鹿いうんじゃない、飯を食わなくちゃしようがないじゃないか、家のひとにも、なんかことづけくらい、おれのできることならしてやる。だけども、お前が飯を食わないで死んでしまうなんていっている、ということはおれはいえないんだよ」

「いや、おれはいいんだ、飯を食わなくていいんだ」

「そんな、お前。いてもしようがないから、おれは帰る」

といって、関は立ち上がるフリをしたが、また座り直して、

「そんなこっちゃしようがない」

といっているうちに、石川が泣きながら、

「おれは、関さん、善枝さんは殺さないんだ、手紙を書いたのはおれで、持って行ったのもおれなんだ」

と一雄が自供をはじめた、と関は主張している。

「泣いたといいましても、声を出さんばかりで、げんこつを握って、うなるといったような表現がいいと思います」

関が執《と》った最初の自白調書

否認しつづけていた石川一雄が、ついに自白したのは、川越分室に移送されてから三日目、六月二十日、関巡査部長にたいして、とされている。つぎの供述調書が残されている。

俺は、関さん、善枝ちゃんは、殺さないんだ。

手紙を書いたのは俺で、持って行ったのも俺なんだ。シャベルを盗んだのは俺なんだ。おまんこをしたのは入間川《いるまがわ》の友達で、殺したのは入曽《いりそ》の友達なんだ。

俺は穴を掘って埋めるのは、見て居《い》ないんだ。縄《なわ》で縛《しば》ってあった事なんか、知らないんだ。

初めから言うと、五月一日は一人で西武園へ遊びに行ったんだ。朝七時頃の電車で行って午前十時頃迄《まで》遊んで居たんだ。西武園から帰りに、所沢の、トウバクと言うパチンコ屋へ行った処《ところ》、名前は約束してあるから言へ(え)ないけど、入曽の友達一人と入間川の友達一人の二人が居て、入間川の友達が、

「今日は善枝ちゃんのたん生日でやらせるから行くべい」

と言ったので、善枝ちゃんって誰だいと言ったら、

「堀兼《ほりかね》で俺は前にやった事があるんだ。入間川分校に来ているんだ」

と言ったから、それでは行くべいと言って、午后二時頃パチンコ屋を出て、入間川へ電車で帰って来たんだ。駅前のすゞ《(ず)》屋と言う菓子屋で、入間川の友達がアンパン五ケ七十五円で買ったんだ。金は俺が出したんだ。其《そ》れで荒神様の方へ歩き乍《なが》ら喰《く》ったんだ。

荒神様には五十人位《くらい》お詣《まい》りの人が居たと思いました。

善枝ちゃんと入間川の友達は幾度もおまんこしているらしいので通る道を打合せてあったんだべい。

善枝ちゃんをつかまいた所を書いて見らあ、紙をくんな。

本職此の時藁半紙《わらばんし》一枚を出した処《ところ》別紙の通り略図を石川一雄が作成した。

其《そ》れで荒神様の所から新しい中学校の方へ三人で歩いて行って、山学校のそばの十字路の所に入間川の友達が居て俺と入曾の友達は其《そ》れから少し山の方へ行った所で待っていたんだ。

そうしたら入間川の友達が、善枝ちゃんを連れて来たんだ。俺は善枝ちゃんの自転車を持って一番後《あと》からついて行ったんだ。入間川と入曾の友達は善枝ちゃんと一緒に歩いて、庄重さんの(家の)所迄《まで》行ったんだけれど、又ひっくり返って山の方へ行ったんだ。

善枝ちゃんをとっつかまいたのは午后三時半頃だ。其れから山の中をお寺の裏の所迄《まで》行って皆でいろいろ話をしていたんだ。

てんがけ(最初に)させろって言へ《(え)》ないから、其れで俺は一廻りして来《く》らあと言って善枝ちゃんの自転車で新しい中学校の方迄《まで》行って一時間位《くらい》して帰って見たら、山の中に善枝ち

ゃんが死んでいて木の葉っぱがかけてあったんだ。二人はそばに立っていたから、

「何したんだ」

って聞いたら二人が、

「さわいだからやっちゃったんだ」

と言ったので、あゝ殺《(あ)》しちゃったんだなと思ったんだ。それでどうしてやっちゃったんだって聞いたら、

「さわいだから」

って言って居たんだ。其《そ》うしたら入曾の友達が、

「入間川の友達がおまんこして俺がすべいと思ったらさわいだんでやっちゃったんだ」

って言って居たんだ。

其《そ》れで此《こ》れではしようがねいから逃げべいやと三人で相談して幾等《いくら》あったら逃げられるだんべい、一人五万円位かな、其れでは手紙を書くべいと言う事になって、俺が、

「俺が書かあ、字を教へ《(え)》てくれ」

と言ったら、入曾の友達が、

「字を教へ《(え)》らあ」

と言ってむずかしい字を教へ《(え)》たんで、此れでは書けないからやさしいのを教へ《(え)》ろと言ったら、やさしい字で教へ《(え)》てくれたんだ。

其《そ》れを俺が、善枝ちゃんの鞄《かばん》の中から帳面を出して、一枚引っさばいて其《そ》れへ書いたん

だ。

書くものは(ボールペンだと思った)、入曾の友達が出したんだ。此《こ》のボールペンは入曾の友達へ返しちゃった。其《そ》の時はまあだ幾等《いくら》か明るかった。お寺のおばさんが洗濯物を取りこんで居たと思った。

其れで善枝ちゃんを片付けんのは、俺はおっかないから、手紙を持って行ってくると言って自転車と手紙を持って、善枝ちゃんの家へ行って、シャベルは帰りに盗んで来ると言って、堀兼《ほりかね》へ行ったんだ。

手紙へは初め十五万と書くべいと思ったんだけど、多い方が良いと思って二十万にしたんだ。

又、庄治此《しょうじこ》の紙へ包んで持ってこうって書いたのは、いいかげんに庄治って書いたんだけど四丁目に庄治って言うのが居たんだな。

其れから俺が堀兼へ行く前にいける(埋める)所を相談して置いた。

倉さんが首つりをした所(ちかくの山林)へ行ったら、二人がかついで来て待っていたんだ。俺はおっかなくなったから、シャベルを入曾の奴に渡して、家へ帰っちゃったんだ。だから俺は、手や足を縛ってあった事は、知らなかったんだ。鞄は俺がうっちゃあったんだけど、今日は言は(わ)ない。

今度関さんが来た時、地図を書いて教へる(え)よ、今日は此《こ》れでやめべい。

入曾と入間川の奴は、誰がつかまっても言いっこなしと言う事になっているから、名前は言は《わ》ない。今言った通り間違いない。

右の通り録取《ろくしゅ》して読み聞かせたる処《ところ》誤りのない旨《むね》を申述べ署名右指印した。

供述人　石　川　一　夫　指印

前　同　日

狭山警察署　司法警察員

巡査部長　関　源　三　㊞

立会人　狭山警察署助勤　熊谷警察署勤務

司法警察員巡査部長

清　水　輝　雄　㊞

調書は「俺は、関さん、善枝ちゃんは、殺さないんだ」という、よびかけからはじめられている。関源三にたいする一雄の藁《わら》にもすがりつきたいような想いがこめられているようである。

しかし、とはいっても、供述調書はけっして本人の手記ではない。警察官、もしくは検察官が尋問《じんもん》し、被疑者が答えた内容を、警察官、もしくは書記官がまとめて書いたものである。速記録とはちがって、そこには被疑者の心の動きなど、はいりようがない、はなはだしく主観的な要約でしかない。この調書の冒頭に記録されている、「俺は、関さん、善枝ちゃんは、殺さないんだ」は、否定形からはじまっているものの、とにもかくにも、それまでの長い否認の壁に一穴《いっけつ》をこじあけた、関源三の晴れがましさを、最初に表記したかったあらわれかもしれない。

供述調書が、本人の心理と表現とには、似てもにつかないものであるからこそ、その末尾に、いわば紋切り型に、「右の通り録取して読み聞かせたる処誤りのない旨を申述べ署名右指印した」などと記《しる》されてある。

しかし、別件逮捕されてからその日まで、ほぼ一ヵ月にわたって頑強《がんきょう》に否認していた石川一雄が、なぜこの日になって自供するようになったのか。

その謎が解明されるまでには、もうすこしの時間を必要とする。

三人共犯説から単独犯説へ

「石川、ついに犯行自供」(「朝日新聞」)との号外がだされたのは、六月二十四日である。そこに使われている写真は、筋肉質の上半身にランニングシャツ。逮捕のときの写真で、表情に幼《おさな》さが残されている。

それまでの、「三人でやった」との自供が、二十三日から単独犯に変わったのだが、その号外ではそれまでの「三人」説にはまったく触れられていない。脅迫状をもっていった、と自供したのは、調書の日付によれば、「六月二十日」である。それなのにそのころの新聞には、なにひとつ報道されていない。

別件逮捕後、三日目の五月二十六日朝刊で、「〝脅迫状〟自供始める」と飛ばした「埼玉新聞」のような記事さえあった。否認しつづけていたときでさえ、「自供」したとの記事がだされている。それほどまでに、石川一雄の自白が待望されていたのだが、「朝日新聞」が号外を出した四日前、すでに関にたいする自供がはじまっていながら、警察はなにも発表していない。

しかし、本来ならば、吉展ちゃん事件での失敗もふくめて、警察への世論の風当たりがつよかっただけに、関の手柄《てがら》は鬼の首を取ったようなもので、捜査本部は名誉挽回《めいよばんかい》のためにも、すぐにでも発表したかったはずだ。

「友人」の関が取調室にやってきたのは、川越署の分室の留置場に運ばれて、一週間ぐらいしてから、というのが一雄の記憶である。それによると六月二十四日になり、また連行係の斉藤の記憶でも、二十三日ごろとある。とすると、最初の自供調書の「六月二十日」の日付は、いかにもはやすぎる。

「二十日」からはじまった一雄の自供も、二十二日までは、まだ「入間川の男」と「入曾の男」との共犯を主張し、彼の役割は、手紙を書いて届けただけ、にとどまっている。

それをひるがえして、「ひとりでやった」といった供述調書は、二十三日付のものである。「石川、単独犯行認《みと》む」の見出しをたてた「日本経済新聞」は、「二十三日夜の取り調べで」と書き、「石川、殺害を自供」の見出しの「朝日新聞」には、「同夜九時すぎいったん取調べを終え」とあるから、一雄の自供は、二十三日の九時ごろに発表されて、二十四日の各紙朝刊を、いっせいに飾《かざ》ったことになる。すると、「六月二十日」の日付は、どういう意味をもつのだろうか。

この自供のかげで、浦和地検の渡辺検事正がどのような強硬策《きょうこうさく》をとったかについて、「毎日新聞」(埼玉版、六月二十四日)には、

「地検、県警の労苦実る

〝再逮捕〟がきめ手

英断に石川ぐらつく」

との見出しとともに、こう書かれている。

同地検は石川の恐かつ未遂処分を東京高検と打合せたが、同高検は慎重な態度で、地検も恐かつ未遂は起訴できなかった。善枝さん殺しは石川に間違いないと確信する同地検は、保釈後直《ただ》ちに強盗殺人で再逮捕に踏み切った。渡辺検事正は石川の筆跡をはじめ、いろいろな状況証拠から〝クロ〟と認め、いかなる障害をも乗り越えるハラで、別件逮捕はフェアでないという石川の弁護人や世論の批判にも耳をかさず「私が責任を負う」と強硬《きょうこう》な意見で石川の身柄を押えた。

同検事正は「警察の捜査を信頼している」と口ぐせのようにいっていたが、思うように集まらない証拠にごうを煮《に》やし、原主任検事のほかに滝沢、小川、河本の三検事を動員、善枝さん事件の捜査に当たらせた。

善枝さん事件にクビをかけた渡辺検事正の強気に原主任検事らも休日を返上、川越や狭山に泊り込んで取り調べを行ない、がん強に否認する石川の態度を軟化《なんか》させた。

また狭山署捜査本部も石川の自供でやっと生気を取り戻した。捜査本部長の中刑事部長は張込みで犯人を逃すという失敗、別件逮捕や恐かつ未遂で起訴できる証拠をみつけ出せなかっただけに事件の責任はすべて私にあると悲壮な決意を漏《も》らしていた。一時は捜査員二百人という背水の陣を敷いた捜査本部は石川の自供でどうやら面目を保った。

起訴にもちこめる証拠はなかった。しかし、「クビをかけた」渡辺検事正の「間違いない」との独断によって、しゃにむに一雄を再逮捕した。つまり、若い河本検事のあまりにも強引な調書作成は、〝無能な警察〟に「ごうを煮やし」た上司・渡辺への迎合《げいごう》の所産だったことがわかる。

その失敗のあとを受けて、こんどは捜査本部が関交通係をつかった「軟化作戦」に切り替え、とにかく、自供をえた。

こうして県警は、「どうやら面目を保った」のだが、この手柄話に終始している記事は、自供に追い込んだ側からのもので、追いこまれたものの状況や感情にたいして、まったく無《む》頓着《とんちゃく》である。

石川一雄の取調室での様子について書いたのも、「石川、くわしく自供」という見出しを立てたおなじ「毎日新聞」で、六月二十六日朝刊、社会面トップであった。その別稿で、

「関さん、オレがやった
温情の巡査部長に告白」

との記事が、掲載されている。

「『全部話します。関さんを呼んでください』——殺人についてがん強に否認し続けてきた石川が、思いつめたように長谷部警視ら捜査本部員三人にこういったのは二十二日の夜もかなり遅いころだった。

川越署分室の一部屋。〝いよいよ自供する〟長谷部警視らはこの時そう思った。関巡査部長は、こんどの捜査とは全《まった》く関係ない人だ。緊張した面持《おももち》ではいってきた同巡査部長は『石川どうだ』と静かに声をかけた。深く頭を垂《た》れていた石川が訴えるように顔をあげ『関さん、オレが殺したのだ！』と泣くようにひとこと。アセと涙でクシャクシャの石川の顔にその瞬間、心のわだかまりをはきだした安らぎさえ浮かんでいた」

刑事を美化する記事の典型的な例である。関の調書は、六月二十日と翌六月二十一日の二回だけである。二十日の自供は、「三人共犯」の供述であって、「オレが殺した」とはいっていない。

その日の供述は、善枝さんの家に手紙を届けた、というだけのもので、翌二十一日になってはじめて、「土をかっぱいたところへ放り出した」と通学鞄《つうがくかばん》について〝自供〟はしたものの、殺人についてはまだ触れていない。また一雄のほうから「関さんを呼んでください」といった事実はない。

この記事に書かれている「二十二日の夜」は、まだ殺人の自供はなされていない。自供した日が特定されないのは、「供述調書」の日付に信用が置けないことをあらわしている。

裁判がある、といって一雄に期待をもたせていた弁護士も、姿を見せなくなっていた。接見禁止にされていたからだったが、そんなことを知ることのない一雄は、孤立させられたなかで厳しい取調べがつづけられ、自暴自棄《じぼうじき》になっていた。弁護士ばかりか、家族からさえ見捨てられているように感じて、孤絶感《こぜつかん》を深めていたのだ。その目の前に、「地獄の仏」として飛びこんできたのが、関だった。

事件発生直後、県警から追跡班《ついせきはん》の指揮者として派遣《はけん》された長谷部警視は、県下で発生した凶悪《きょうあく》事件のほとんどを手がけたベテラン刑事だった。小柄《こがら》、細面《ほそおもて》、薄い唇《くちびる》をへの字に曲げていながらも、豪放磊落《ごうほうらいらく》を演じていた。独房に捉《とら》えられている哀《あわ》れな囚人にたいして、緩急《かんきゅう》自在《じざい》、心理ゲームのゆさぶりをかけえたのは、一雄の弱点、こわがり方を把握《はあく》していたからだ。

犯罪手口研究の専門官として、戦前の昭和十一年に桜田門の警視庁五階で研修を受け、戦後、東大の法医学教室で六ヵ月間、法医学の研修を受けた、というこの「検視官」は、尊大《そんだい》でどこかひとを軽くみるところがあった。

石川一雄が、「強盗《ごうとう》、強姦《ごうかん》、強盗殺人、死体遺棄、恐喝未遂」の容疑で起訴されたのは、逮捕から一ヵ月半たった七月九日だった。その「公訴事実」とは、つぎのようなものだった。

被告人は、

第一　昭和三十八年五月一日午後三時五十分ごろ、狭山市入間川千七百五十番地先の通称加佐志《かさし》街道において、学校帰りの埼玉県立川越高等学校入間川分校別科一年生中田善枝(十六歳)に出会うや、やにわに同女の乗っている自転車の荷台を押えて下車させたうえ、「ちょっと来い。用があるんだ。」と語気鋭く申し向け、同所から約四百米《メートル》離れた通称四本杉と呼ばれる同市入間川字《あざ》東里二百九十六番地の雑木林に連れ込み、「騒ぐと殺すぞ。」と申し向けながら、松の立木を背負わせて所携《しょけい》の手拭《てぬぐい》で同女を後手《うしろで》に縛《しば》りつけ、かつ、所携のタオルで目隠しを施《ほどこ》し、その反抗を抑圧《よくあつ》したうえ、同女が身につけていた同女所有の腕時計一個及《およ》び手帳一冊(身分証明書を挿入したもの)を強奪《ごうだつ》したが、その際俄《にわ》かに劣情《れつじょう》を催《もよお》し、後手に縛った手拭を解いて同女を松の立木から外《と》した後、再《ふた》び後手に縛り直して突然その場に仰《あおむ》向けに投げ倒し、同女の反抗を抑圧して姦淫《かんいん》しようとしたところ、同女が救いを求めて大声を出したため、同女の喉頭部《こうとうぶ》を押えつけたが、なおも大声で騒ぎたてようとするので、事ここに至ってはもはや同女を殺害するもまたやむなしと決意し、右手を同女の喉頭部に当てて強圧を加えつつ強いて姦淫《かんいん》し、よって同女を窒息《ちっそく》させて殺害したうえ、同女が自転車につけていた鞄《かばん》の中から同女所有の万年筆一本等在中の筆箱一個を強取し、

第二　前記のとおり中田善枝を殺害した後、その犯跡《はんせき》を隠蔽《いんぺい》するため、同女の死体を同市入間川二千九百五十番地所在の麦畑(杉本健吉〈仮名〉所有)に運び、同日午後九時ごろ同

所の農道に右死体を埋没《まいぼつ》して遺棄《いき》し、
第三　右中田善枝を殺害した後、同女の父中田栄作から金員《きんいん》を喝取《かつしゅ》しようと企《くわだ》て、右中田栄作あて、五月二日夜十二時、佐野屋の前に現金二十万円を持参すべき旨《むね》及び金を持ってくれば子供は無事に返すが、もし、金を持ってこなかったり、警察等に知らせたりしたならば、子供の命を奪う旨《むね》記載した脅迫状に中田善枝の身分証明書を同封し、同年五月一日午後七時三十分ごろ同市大字《おおあざ》上赤坂百番地中田栄作居宅に到《いた》って表口硝子戸《がらすど》の隙間《すきま》からこれを差し入れ、同人をして右脅迫状を閲読《えつどく》するに至らしめてその旨畏怖《いふ》させ、因《よ》って同人から現金二十万円を喝取《かっしゅ》しようとしたが、同月二日午後十二時ごろ、右金員を受け取るべく同市大字堀兼七百九十五番地、佐野屋こと佐野良二店舗附近に赴《おもむ》いた際、身の危険を感じてその場から逃走したため、喝取の目的を遂げなかったものである。

第五章　浦和地裁・死刑判決

死刑判決とその理由

一九六四(昭和三十九)年三月十一日、浦和地裁(現、さいたま地裁)では、「善枝《よしえ》さん殺し事件」の判決公判がはじまろうとしていた。まだ暗いうちから、正面玄関前には傍聴人《ぼうちょうにん》が行列をつくりだし、開廷三時間前の七時には、すでに定員の三倍、百七十人ほどになっていた。

このころ、東京はオリンピック開催をあと七ヵ月後にひかえ、いたるところが工事中で、埃《ほこり》っぽかった。建築基準法が改正されて、超高層ビルの建設は野放しとなり、浜松町から羽田空港までモノレールの開業、首都高速道路の開通、東海道新幹線の完成と、大量のコンクリートと出稼ぎ労働者が首都に流れこんでいた。東京ばかりではなく、日本の表層全体が急速に変貌《へんぼう》しはじめていた。

強引な高度経済成長は、のちに公害などの環境破壊ばかりか、人間の精神にとっても大きな歪《ひずみ》を残すことになる。

大学を卒業したわたしは、ちいさな新聞社に就職が決まっていたはずだ。が、この日、なにをしていたかの記憶はない。都市への急激な投資と労働力の集中は、東京近郊の農村をベッドタウンに変えた。その急変する時代のさなかで発生したこの事件が、「狭山事件《さやまじけん》」として全国的に知られるには、もうすこしの時間が必要とされる。

判決公判は、事件発生の日からまだ十ヵ月しかたっていなかった。初公判の日から数えると、わずか六ヵ月、超スピード判決である。おなじころ、世間を騒がせていた吉展ちゃん誘拐事件は、依然として未解決だった。

十時開廷。満員の傍聴席にむかって、内田武文裁判長は、「主文」の朗読をあとまわしにして、「理由」から読みはじめた。無罪判決なら、さきに主文を読むのが通例である。

被告人は、小農を営む傍《かたわ》ら駅の貨車の砂利積人夫をしていた父富造と、母リイとの間に、十人きょうだいの中の四男として生れ、小学校五年を修了したのみで勉強を嫌い、農家の子守奉公に行き、その後、靴店店員見習《みならい》、農家雇人、製菓会社工員、土工、養豚業雇人など転々と職を変え、昭和三十八年三月初頃肩書自宅に帰って、兄六造の鳶職《とびしょく》の手伝いをしていたものであるが……。

検事が書いた論告求刑を引き写したような、センテンスの長い、牛の涎《よだれ》のような文章が、はるか遠くに置かれた句点にむかって、読みすすめられていく。石川被告の生い立ちからはじまり、犯罪事実の追及、そして弁護人が批判しつづけてきた別件逮捕と再逮捕(タライ回し)の擁護、そのあと、裁判長はもういちど被告の家庭環境に触れた。

被告人が、判示の如《ごと》く小学校すら卒業せずして少年時代を他家《たけ》で奉公人として過ごし、父母のもとで家庭的な愛情に育《はぐく》まれることができなかったことは、その教養と人格形成に強い影響を及ぼしたであろうこと、そしてそれが、家庭貧困等の理由にもよるものであって、必ずしも被告人だけの責《せめ》に帰することができないこと、本件第一乃至《ないし》第三の各犯行については、捜査の当初においては全面的に否認していたが、その後すべてを自白し深く反《はん》省悔悟《せいかいご》し、被害者中田善枝の冥福《めいふく》を祈り、その遺族に対しても謝罪《しゃざい》の意《い》を表していること、未《いま》だ二十五歳の若者で前科もないことなどは、被告人にとって有利な情状ということができるのであるが、判示第一乃至第三の各犯行の手段、態様《たいよう》、結果の重大その他前記各犯《はん》情《じょう》にかんがみれば、右有利な諸事情も特に被告人に対する量刑を軽くすべき情状とはなし難い。

家庭の貧困による少年時代の奉公や転々と職をかえたことが、どうして犯罪とむすびつくのか、その理由がここであきらかにされているわけではない。いわば「犯罪者」のイメージを強調する、レトリックにすぎない。

第一乃至第三の犯行とは、強盗、強姦、強盗殺人、死体遺棄、そして恐喝未遂のことである。最後に挙げられている恐喝未遂とは、中田家に届けられた脅迫状をさしている。身代金《みのしろきん》を取れなかったから、未遂となった。

これら三つの重大犯罪が複合されているから、情状酌量の余地はない、との判断である。結局、「家庭の貧困」は、情状酌量に役立つのではなく、たんに犯人像を固定するために利用された。

内田武文裁判長は、およそ一時間ほどをかけて判決理由を読みつづけた。「埼玉新聞」には、「検察官の論告を上まわるほど激しい調子であった。一言、一言が鋭い矢のように被告席の石川に射こまれた」(一九六四年三月十三日、朝刊)と書かれている。

そして……。

「被告人、主文を読み上げるので前へ」

裁判長は、被告席に座っている石川一雄に、眼で起立《きりつ》をうながした。カーキ色の作業用ジャンパー、こげ茶色のズボン、紺色の足袋《たび》にゴム草履《ぞうり》、いつもとおなじ、いかにも貧しげな服装の石川一雄は、素直にたちあがって、一歩前にでた。

と、裁判長は一段と声を張り上げ、一気にいい渡した。

「被告人を死刑に処する」

「埼玉新聞」の一面トップ記事は、「石川被告はさすがにがっくりと両肩を落とし看守にうながされ、あきらめきった表情で法廷を立ち去った」(三月十二日、朝刊)と書いている。「がっくりと両肩を落とし」や「あきらめきった表情」は、「ふてぶてしい表情」や「成功裡《せいこうり》に終わった」などとおなじ、新聞記事の常套句《じょうとうく》である。

むしろ、実際は、社会面の記事にあった、「表情は意外に明るい」のほうが、より実際の姿にちかかった。

死刑判決をだした内田裁判長は、記者団にこう語っている。

「社会的反響の大きかった事件だけに、みんなに納得してもらえる判決ということに全力を尽した。そのため、これまでの例を破って弁護人の主張した別件逮捕、再逮捕の問題にもできる限り親切に答えておいた」(「埼玉新聞」三月十一日夕刊)

弁護団は、別件逮捕やタライ回し逮捕にみられるような捜査の違法性を衝《つ》き、自白の信憑《しんぴょう》性《せい》、物証発見の経過における捜査機関の作為《さくい》性《せい》などを批判してきた。ところが、当の被告はいっさい争わず、異議も唱《とな》えず、自白を維持《いじ》してきた。

裁判官にとって、もっともあつかいやすい被告だった。

「……捜査機関に対し全面的に自己の犯行である旨《むね》自白するに至るや、その後は捜査機関の取り調べだけでなく起訴後の当公判廷においても一貫してその犯行を認めているところであり、しかもそれが死刑になるかも知れない重大犯罪であることを認識しながら自白していることが窺《うかが》われ、特段《とくだん》の事情なき限り措信《そしん》し得るものというべき……」

と裁判官は判断し、検事側が提出した証拠をならべたてている。

(1)中田栄作方にとどけられた封筒入り脅迫状一通(前記押号の一)は、明らかに被告人の筆跡になるものであること、

(2)被告人は、右脅迫状が中田方へとどけられた前後の頃、中田方、東方約百二十米《メートル》の

内山幸一方を訪れ、中田栄作方を尋ねていること、

⑶五月三日、佐野屋付近の畑地から採取された足跡三個(同押号の五)は、被告人方から押収された地下足袋中の一足(同押号の二八の一)によって印象されたものと認められること、

⑷五月三日午前零時過ぎ頃、佐野屋付近で中田登美恵が聞いた犯人の音声は、被告人のそれに極《きわ》めてよく似ていること、

⑸被告人の血液型は、B型で、被害者善枝の膣内《ちつない》に存した精液の血液型と一致すること、

⑹死体埋没に使われたスコップ一丁(同押号の四二)は、狭山市大字《おおあざ》堀兼の養豚業山田光男方豚小屋から盗まれたものであるが、被告人はかつて同人方に雇われて働いていたことがあって、右小屋にスコップが置かれていることを知っており容易にこれを盗み得たこと、

⑺被害者善枝を目隠しするのに使われたタオル一枚(同押号の一〇)につき、被告人は入手可能の地位にあったこと、

⑻後記する如《ごと》く被告人の自白に基《もと》づき被害者善枝の所持品であった万年筆一本(同押号の四二)が、被告人の自宅から発見された外《ほか》、被告人の自白した地点の近くから鞄類《かばんるい》(同押号の三〇乃至《ないし》四〇)、腕時計一個(同押号の六一)も発見されていること、

⑼前記各事件は、明らかに土地勘《とちかん》を有するものの犯行と認められるが、被告人は強盗強姦《ごうとうごうかん》、強盗殺人の現場である「四本杉」、死体を一時吊しておいた芋穴《いもあな》、身代金授受の場所と指定した佐野屋、前記山田光男方豚小屋の所在等をよく知っている外《ほか》、その付近の地理

にも明るい(もっとも、中田栄作方は、以前から知っておらなかったので、(2)記載のとおり内山幸一方で尋ねた)こと、

(10)被告人は、判示認定のとおり軽自動二輪車の購入費、修理費等で相当額の負債《ふさい》をつくり、父富造に約十三万円の出費をさせており、当時家庭内の不和もあって、幼児を誘拐して身代金として現金二十万円を喝取《かっしゅ》したうえ、内十三万円を父親に渡し、残りの金を持って東京に逃げることを考えていたものであって、被告人は身代金喝取の動機と計画を有していたこと、

(11)被告人は、セメント袋二個(合計約二十六貫=九七・五キロ相当)を一度にさげる程《ほど》の腕力を有し、一人で死体を運搬《うんぱん》することも可能であったこと、

(12)被告人は、捜査段階で全面的な否認から全面的な自白に移る過程において、他に二人の共犯者がおる旨《むね》供述しているが、これは共犯者二人の氏名、年齢、人相、服装等全《まった》く明らかにしておらず、後に自白するところと対比しても、内容は極《きわ》めて不自然で、前記(3)の事実と抵触《ていしょく》するところもあり、明らかに姦淫《かんいん》、殺害、死体遺棄《したいいき》等、犯行の重要部分を共犯者の所為《しょい》に帰せしめることにより自己の刑責《けいせき》を軽からしめようとする意図《いと》が看取《かんしゅ》されるものであって、被告人の右供述は、虚偽《きょぎ》のものと認められる(その他、本件において共犯者の存在を疑わしめる事情はない)

こと等の諸状況が明らかとされているのであって、被告人の前記各犯行を認むるに十分である。

弁護人に敵愾心《てきがいしん》をもつ特異な被告

「死刑になるかも知れない罪なのに、被告は争うことなく自白を維持してきたではないか」というのが、裁判官の心証の最大のものだったかもしれない。

半年前、一九六三(昭和三十八)年九月四日の第一回公判の冒頭、裁判官から氏名、生年月日、職業、本籍地、住所などの型通りの「人定質問《じんていしつもん》」がなされていた。そのあと、これまた型通りに、検事が起訴状を朗読する。最後に裁判長は、

「被告人は、なにかいうことはありませんか」

とたずねるのがふつうである。と、被告は、さほどの情熱もなく、

「そのとおり、まちがいありません」

といってのけ、弁護士ばかりか、検事さえ驚嘆《きょうたん》させた。

だから、そのあとを受けた副主任弁護人・石田享の陳述は、警察の見込み捜査、別件逮捕、再逮捕の違法性と不法性にたいする批判であり、「慎重公正に審判していただきたい」というものであって、無罪、釈放を強くもとめるというものにはならなかった。

それでも、弁護団は一雄の屈折《くっせつ》をまったく理解できない、というものでもなかった。石田享弁護士は、彼の心情を汲《く》んで、つぎのように陳述《ちんじゅつ》している。

被告人は考えたのではないでしょうか。警察官や検察官はおれをどうにもすることができるんだ。おれは今まで善枝ちゃん事件には関係がないとずっと警察で言ってきた。検事さんにも言ってきた。警察や検事さんの前では思っているとおりのことを言っても全《まった》く信用されない、おれは一体どうしたらいいのだろう。

弁護士は保釈《ほしゃく》になれば出られるというふうにおれに言ったけれども保釈になったって、もとのもくあみじゃないか。再逮捕という手段を警察官や検察官はとることができる。そしておれを一生豚箱《ぶたばこ》に入れておくことができる。

裁判官だって同じなんだ、現に再逮捕の令状だって裁判官が出しているというではないか。本当におれはどうすればいいんだ。

ふりかえってみれば、小さい時からみなにいじめられて大きくなった。家はお父ちゃんもお母ちゃんもとってもいい人だったけんど、貧乏だった。おれは小さい時から働いた。よその家に子守りや奉公に行ったけれども、言葉なんぞで言い表せないつらさがある。ろくな人生じゃなかった。

こうなったからには、お巡《まわ》りさんや検事さんの言うことを聞いておくほうが身のためだ。弁護士は法律のことはいろいろ言ってくれるけんど、保釈になったっておっ母ちゃんに会うことさえもできず、また豚箱《ぶたばこ》行きなんだ。結局は保釈にはならないんだ。あまり実際上頼りにすることはできやしない、どう考えてみたってお巡りさんや検事さんはえらい、おれをどうにもすることができるんだ。

そういう考えを被告人がはたして持たなかったか、そういう点について私どもは心配したのであります。それで私どもは被告人とすぐ会うために川越署分室に行きました。しかし川越署分室はものものしく警戒されて、通用門には真新しいさくが設《もう》けられておりました。署の内外には大勢の警察官がとりまいておりました。私たちは身分を告げて責任者に取次を求めました。しかし取次いでくれる警察官はその時おりませんでした。責任者の名前さえ明らかにしてくれなかったのであります。それで準抗告《じゅんこうこく》という手段に出ましたが、裁判所側の事情もありまして手続が遅れ、その日は結局被告人と接見することはできませんでした。

再逮捕の翌日、裁判官の令状によって簡単に接見した時、被告人は非常にぐったりとしているような感じでありました。それからいわゆる七月九日の善枝さんの事件の起訴に至るまでどんどん捜査が進められたのであります。（一九六三年九月四日、第一審　第一回公判）

それでもなお、弁護人たちは蜘蛛《くも》の糸にからめとられたかのように、刑事にいいくるめられている被告の心をひらくことはできなかった。警察に捕われ、拘置所に幽閉《ゆうへい》されたこの被告は、その空間を支配する権力を絶対的なものと感じていた。

それはそれまでの人生で、人権などというものを、一片もあたえられることのなかった生い立ちと無関係ではない。被告は権力の人間的な表現である取調官に全面的に帰依《きえ》し、それを抑制《よくせい》するものにたいして敵意を感じるようにさえなっていた。

高学歴、出身階層のまったくちがう弁護士の説得など馬耳東風《ばじとうふう》だった。拘置所の教育部長に「数でも数えておけ」と教えられたとおり、自分の運命を決めようとしている目前の法廷のやりとりから、あたかも超越《ちょうえつ》するかのごとく、被告席に座って一から十まで、その単調な数字をただ呪文《じゅもん》のようにくりかえし唱《とな》えていた。

内田裁判長は、判決文に書いたように、自分を死刑に突進させる自白を、被告が頑固《がんこ》に維《い》持《じ》しつづけている背景に、「特段《とくだん》の事情」が介在《かいざい》していなかったかどうか、疑ってかかる必要があった。

しかし、彼は、被告席に座っている男に注意深い目をむけることなく、たった十回の審理で公判を打ち切り、五ヵ月目の一九六四年二月には検事に論告をさせている。それが死刑の求刑だった。

一方、これにたいする弁護団は、自白の矛盾点《むじゅんてん》、証拠の不自然さを指摘して、被告本人が罪を認めているといういねじれのなかでも、「有罪の立証」は不十分であり、検事側の「公訴事実」は立証されない、と主張した。

「もちろん私どもは被告人がこの公判廷において自ら犯行を認めていたことを否定しようとするものではありませんし、その事実自体を弁護人としても当然尊重いたしております」

中田直人主任弁護人は、苦渋《くじゅう》の表情を浮べながらも、最終弁論で、

「被告人の自白にはあまりにも疑問が多過ぎるのであります。そしてそれは公訴事実の証

明にとってほとんど致命的《ちめいてき》と思われるほど重要ないくつかの疑問を含んでいると私どもは考えます」

自分の疑問を主張するしかなかった。単独犯だとすれば、犯行に所要される時間が短すぎる、自供と事実が合致しない、重要な証拠としての「地下足袋《じかたび》」はいったいどこにいったのか。本人は自供しても、証拠がそれを裏切っている。

「それらは不明のまゝ《(ま)》この審理を終らなければならないのは私どもとしましては大変残念であります」

弁護側にとっては、最初から勝ち目のない裁判だった。一雄の両親から依頼を受けているのだが、本人は犯行を認めていて、さっぱり弁護士を信頼しない。そればかりか、むしろ、敵愾心《てきがいしん》をもっている。この不思議な関係が、「狭山事件」の特質だった。

弁護団は、本人の自供と「証拠」との相対立《あいたいりつ》する矛盾《むじゅん》の解決策として、「被告人の精神鑑定」に活路を見出したかった。依頼人の自供のチグハグさを解決するには、精神的におかしい、と考えるしかなかった。しかし、その申請《しんせい》も却下《きゃっか》されてしまえばもはやほかに方法はなく、「情状酌量《じょうじょうしゃくりょう》」による死刑判決の回避しか、弁護人には残されていなかった。

罪状を認めてケロリとしている被告を前にして、裁判官は自供と証拠とのあいだに横たわっている矛盾《むじゅん》に、なんら疑問を感じることなく死刑を宣告し、弁護人たちは被告本人からの信頼をかちとれないまま、その矛盾にこだわりつづけていた。

たしかに役割のちがいはあるとしても、それはひとりの人間を裁《さば》いて秩序を維持しようとする側と、ひとりの人間をすこしでも救おうとする側の人間的精神の差とでもいうべきものだったのであろう。

被告は、結審のときにも、裁判官から型通りに、「なにかいいたいことはないですか」と問われて、「ありません」と答えている。裁判など、どこふく風だった。

頭がおかしいといわれて控訴《こうそ》する

判決の翌日、「死刑」の宣告に平然としていた本人自身が、突然、「控訴《こうそ》」を申し立てた。「数日中に、家族と相談のうえ控訴するつもりだ」と記者団に語っていた中田直人主任弁護人にとっても、それは寝耳《ねみみ》に水《みず》のできごとだった。

中田弁護人は判決の前日、浦和拘置所に出かけた。依頼人に心の準備をしてもらうためだった。「あなたはやったといっているけど、証拠をみると、自白が正しいとは思えない。それでも、判決では死刑にされるかもしれない」といったのだ。と、石川一雄は、「いいんです。いいんです」といって笑顔をみせた。

狭山署で弁護士としてはじめて接見したとき、石川一雄は泣いてばっかりだった。犯行については、否認するのだが、「あんちゃんが」とか「地下足袋が」とか、なにかいいよどんでそれ以上いわず、泣くだけなのだ。

否認していたときは泣いていて、死刑判決を受けるといわれて笑っている。「いいんです。

いいんです」と彼は落ちこんでいる中田を、まるで慰《なぐさ》めるかのような笑顔をみせていた。

覚悟していたとはいえ、死刑判決には、さすがに暗い気持ちにさせられて、中田は東久留米《ひがしくるめ》市の団地の自宅に帰った。一雄が控訴したとの報《し》らせは、新聞記者からの問い合わせの電話だった。すぐ橋本弁護士に電話して、面会にいってもらったのだが、結果は「さっぱりわかりません」というものだった。石川一雄は、「控訴しないとバカにされる」といい張っている、という。

「埼玉新聞」(六月十三日)には、「死刑の石川控訴」の見出しをたて、中田主任弁護人があわてて被告の心情を代弁したコメントが掲載された。

「『石川は死刑を覚悟していたが、地裁の裁判は自分で納得のいく審理ではなかった。このような審理では死刑は不当だ。もし納得のいく審理がされたら控訴しなかったかもしれない』といっている」

しかし、死刑を覚悟していた人間なら、判決に異議を申し立てるはずはない。控訴した本人自身、控訴になにかを期待したわけではなかった。そもそも、一雄は控訴がどういうものなのかよくわからなかった。

ただ、刑務所の仲間たちから、死刑を宣告されても控訴しないのは、アタマがおかしいからだといわれ、それにたいする反発が控訴を決意させただけなのだ。

ふつうの感覚では理解できないのだが、彼は死刑を問題にしていたわけではなかった。「アタマがおかしい」といわれた、その蔑《さげす》みにたいする一種の見栄《みえ》から控訴したのだった。

裁判所に一雄を連行していた戒護者《かいごしゃ》(刑務官)にとって、死刑判決を受けた被告は、ふたり目だった。ひとりの被告は、死刑の宣告を受けたあと、恐怖に駆《か》られてひとが変わったようになったのだが、もうひとりの石川一雄は、まるで微罪《びざい》の判決を受けたかのように、ニコニコしていて驚かされた。

法廷から裏の廊下を通っていくと、「仮監《かりかん》」と呼ばれる休憩室《きゅうけいしつ》がある。ここで護送車に乗せられるまで、五、六人の刑務官といっしょに待機する。死刑判決を受けて、その部屋にはいってきた一雄は、なんとその日おこなわれた、読売ジャイアンツと国鉄スワローズとのオープン戦の結果について、刑務官にたずねた。

ホームランが出て、自分が熱中しているジャイアンツが勝った。それを聞いて彼はご機嫌だった。三十分ほど、一雄は屈託《くったく》なく刑務官たちと談笑していた。

死刑判決を受けて浦和拘置所に帰りついても、独居房ではなく、これまでどおり雑居房にもどされた。一審が結審となり、死刑が求刑されたあとから、一雄は独居房から雑居房に移されていた。この〝殺人者〟はひとなつっこくて、ひとりでいるといらいらする、毎日が淋《さび》しくてしようがない、と独房をいやがっていたのだ。

拘置区の責任者である霜田杉蔵区長は、本人の行状もよく、朗《ほが》らかで、職員の指示、命令にもよく従うので、それならば雑居房でもいいだろう、と雑居房に移した。

「ほんとに死刑にされるんだぞ」

仲間は顔色を変えていった。そうまでいわれても、一雄はまだ長谷部警視との「約束」を信じ切っていた。

留置場の取調べもすんで、浦和拘置所に移されてから、運動時間には野球もできたし、一雄に不満はなかった。「刑務所を楽しんでいた」と彼はわたしに語ったが、人殺しの翳《かげ》がなく、いつもニコニコしているので、ちょっとおかしい、と思われてもしかたがなかった。

判決の翌日、運動場に出ると、十人ほどが一雄のそばに駆け寄ってきて、

「お前、死刑にされるんだぞ」

といった。本人の人望のあらわれである。

「死刑なんかじゃあるもんかい」

そうはいったものの、きのうもおなじことをいわれ、きょうもいわれたものだから、さすがにちょっと不安になった。前日とおなじように、一雄は霜田区長に面接願いをだして問いただした。

「みんなから、お前は死刑だぞ、といわれているんだけど、おれ、ほんとに死刑になるんですか」

「東京(東京高裁)へ行けば、だいじょうぶだ。嘆願書《たんがんしょ》を書いてやろう」

霜田は、石川がいうように、嘆願書をだしてやる、などとはいっていない、とのちに法廷で証言した。それでも控訴のしかたを教えたことは認めている。一雄は霜田が書いた控訴状を丸写《まるうつ》しにした。

というのもこのころ、彼は自分ではまだ読み書きができなかったのだから、一雄のいうほ

うに信憑性《しんぴょうせい》がありそうだ。霜田が証言したのは、定年退職からまだ一年しかたっていなかったころのことである。

東京拘置所で兄・六造と面会

判決があった日から一ヵ月半たった四月末、石川一雄は浦和拘置所から東京・池袋の東京拘置所に移監《いかん》された。東条英樹元首相などA級戦犯七名が処刑された旧「巣鴨《すがも》プリズン」である。その跡地《あとち》にいま超高層のサンシャイン・ビルが建っていて、片隅のちいさな公園にプリズン跡の記念碑がある。

死刑囚は、二階建て四舎の独房に収容されていた。

おなじ埼玉県内とはいっても、狭山市から、当時、県庁所在地であり、裁判所や拘置所のある浦和市(現、さいたま市)へいくには、川越市に出て大宮へ抜けていくにしても、その逆のコースで、所沢駅で西武池袋線に乗り換え、池袋経由でいくにしても、乗り換えが多い。歳をとっているうえに、駅名を読みとれない富造・リイ夫婦にとって、息子との面会は難事業だった。

そのころはまだ、東京西北の周辺部を迂回《うかい》して、南浦和にむかう「武蔵野線」のなかったころである。そうはいっても、葛飾区小菅《こすげ》に引っ越すまえの東京拘置所は、池袋駅から歩いて十分たらずだったから、まだまだ交通至便ということができた。

一雄は、善枝ちゃん殺しの犯人は兄の六造ではないか、と怖《おそ》れていた。「菅原四丁目」が集中的に捜査の対象となり、刑事たちが鉢合《はちあ》わせをするほど頻繁《ひんぱん》に聞き込みがおこなわれていた。それに影響されて、「四丁目」の人たち自身、ここから犯人が出るのではないかと思うようになっていた。

事件があった日の夜、六造は十時すぎに、バイクのエンジン音を轟《ひび》かせて帰ってきた。と、雨に濡《ぬ》れた革ジャンの生ぐさい臭いを漂《ただよ》わせながら、先に寝ていた一雄をまたいで、自分の寝床にはいった。

つぎの日の夜、犯人が身代金を受け取りにいったといわれている夜も、やはり十時すぎに帰ってきた(一雄は身代金騒ぎが深夜の十二時すぎとは知らなかった)。

そればかりか、家から押収《おうしゅう》された六造の地下足袋は、身代金を取りにあらわれた犯人の足跡と一致する、ともいわれていた。そのこともあって、一雄は〝あんちゃん〟が犯人ではないか、とつよく疑っていた。

六造は、なん足かの地下足袋をもっていた。地下足袋といっても、農業用の丈《たけ》の短いものではなく、小鉤《こはぜ》が十個もついているブーツ型のもので、粋《いき》な職人の証《あかし》でもある。そのうちの一足を、六造は隣りに住む庄《しょう》ちゃんにくれてやった。それで六造のほうは庄《しょう》ちゃんを疑ってみたりしていた。

六造の請負《うけお》い仕事は、都市郊外の住宅ブームの波に乗って順調だった。六造は「石川土建」をつくって、弟の一雄を右腕にして、大きく飛躍させる夢をもっていた。

一雄の家もようやく貧乏のどん底から離陸しようとしていた。「四丁目」といわれていた地域に、およそ七十軒の家があったが、オリンピックの前年に、大学初任給の五ヵ月分に相当する、九万五千円の日立製14インチのテレビがはいっていた家は、石川家をふくめて一、二軒でしかなかった。

テレビは一九五九(昭和三十四)年の「皇太子成婚」のときから急速に普及した。その二年前、高校を卒業したわたしが、はじめて東京に出てきたとき、ひとびとはちかくの公園の隅《すみ》っこに立てられてある、たかい台のうえに置かれていたテレビを、しゃがんだステテコ姿で見上げていた。

石川家が麦めしから白米の生活になったのは、まだ二十七歳にすぎない六造の甲斐性《かいしょう》による。その大黒柱《だいこくばしら》が逮捕されてしまえば、また元《もと》の木阿弥《もくあみ》になる。一雄はそれを恐れていた。まだ見習いにすぎなかったが、次男の一雄が逮捕されたことで、「石川土建」はゆき詰まった。それればかりか、市内の木工場ではたらいていた妹の雪江も、おなじ沿線の高田馬場のガム工場ではたらいていた弟の清も、失職した。

当時のことについて、六造はこういう。

「おれの仲間が、両親をなんとかしてやれっていって、五十なん万かくれたんです。いまだに頭があがらないんすよ、仕事仲間には。集めてくれたんですよ。顔も知らないひとも協力してくれたっていうんだね。両親が年とっている、だから、なんとかしてやれやってね。

肥料のはいっている、ビニールの袋があるでしょう、あれにいれてくれたんだね。紙幣や硬貨、いろんな種類があったね。ふるえたね。で、おれはね、その袋もってきてくれたとき、親父にいったんだ。昔、うちにきたことあっただろう、その仲間には入《い》れ墨《ずみ》いれたのもいたろう、それを、『てめえの仲間は、みんなやくざだ』っていったろう。

親父、よくみろ、なんだかわかるか、かねじゃねえかって。だれがくれたか知ってるか、おれにじゃないんだ、両親にやってくれって、くれたんだ。昔、『やくざだ』といってたけど、やくざがこんなことしてくれっか。おれの仲間だぞ、といったんだ。なんかぽろっとおっこったね。そのとき泣いたんだよ、親父は」

無収入になった石川家は、その五十万円で食いつなぐことになった。ハガキが五円のころである。

死刑判決のあと、六造が東京拘置所へ面会にきた。はじめてのことだった。六造にしても、父親の富造にしても、あいつにはあんな大それた犯罪はできっこない、との想いがあった。第一、事件のあったあの日、彼は家族みんなと家にいた。それに、誘拐《ゆうかい》して脅迫状《きょうはくじょう》を書く、そんな器用なことができる男ではない。

面会室の木の格子をあいだに挟《はさ》んで、一雄は六造とむかいあった。金網は一雄の側に張られてある。

「あんちゃんが犯人だと思ったから、おれ、認めてしまったんだ」

懐かしさのあまり、一雄はいってしまった。

「おれにはアリバイがあんだ、お前までそんなこと思ってんのか、ふざけんな、バカ野郎！」

血相《けっそう》を変えて怒鳴《どな》った六造を、立ち会っていた刑務官が、外へつれだした。六造は、「ふざけんな、バカ野郎！」とまだ叫んでいる。よほど悔《くや》しかったのだ。得意先を訪問していた六造のアリバイは、不動のものだった。

あの日、六造が帰ってきたのは、十時すぎだった。外でなにをしていたかを、一雄は知らされていない。

「お前が自白しなければ、六造を引っ張るぞ」

長谷部警視が一雄を脅《おど》かしたのは、六造のアリバイを知っていてのことだった。

「無実を訴えなければ、と思うようになったのは、あんちゃんに会ってからです」

と一雄はわたしにいった。

「大丈夫だ、これであんちゃんは逮捕されない」と一雄にはホッとする思いがあった。

弁護士が控訴審にむけて、「弁護人選任届」などの手続きにやってきた。そのとき、「兄貴は犯人じゃないんですか」と一雄はたずねてみた。弁護士はあきれたような表情をみせて、

「お兄さんには、アリバイがあるようですよ」

と答えた。一雄は全身の力が抜けるように感じた。六造にアリバイがあったのを、最初から知っていれば、自分は自白などしないですんだのだ。

六造は狭山署や駐在所に、ことあるたびに引っ張りだされた。自分のアリバイが証明されたあとでも、一雄について尋問《じんもん》されていたのだ。すこしでも言葉を荒げて否定すると、机に灰皿をたたきつけて脅かされた。彼も小学校は五年ていどしか行っていない。漢字は読めない。それでひらがなで調書を書いてもらって、自分で確認したりした。

三鷹事件の死刑囚・竹内景助の助言

東京拘置所で最初に出会った死刑囚が、竹内景助だった。一雄には記憶がなかったが、一九四九(昭和二十四)年七月に発生した、「三鷹事件」の被告である。三鷹事件は、帝銀事件、下山事件、松川事件とならぶ、戦後の怪事件のひとつだった。

戦後の不気味な事件は、まず「帝銀事件」からはじまった。一九四八(昭和二十三)年一月、東京都職員の腕章をつけたひとりの男が、東京・豊島区の帝銀椎名町支店にやってきた。彼は居合わせた銀行員たちに、伝染病の予防を口実に毒物を一挙に飲ませて十二人を殺害、現金を奪って逃走した。

まもなく、容疑者として画家の平沢貞通《ひらさわさだみち》が逮捕され、自供をえて死刑が宣告された。その後、冤罪事件《えんざいじけん》として全国的な運動となり、なんども再審請求がおこなわれた。

平沢は刑の執行がないまま、三十八年もの長いあいだ拘禁《こうきん》され、病いをえて、宮城刑務所から八王子医療刑務所へ移送されたが、一九八七(昭和六十二)年五月、九十五歳で獄死《ごくし》した。

一介の絵描きにとって、複数の銀行員を前にして、言葉巧みに青酸カリ(アセトンシアンヒドリンとの説がつよい)を服用させる手練《しゅれん》の早技などできるはずはない。旧日本陸軍七三一細菌部隊の関係者、あるいは陸軍中野学校出身の旧特務機関の男が、米軍関係者と結託して実施した、化学兵器の実験説など、謀略説のほうが説得性がある。

翌一九四九年七月、国鉄総裁・下山定則《しもやまさだのり》が、常磐線・北千住駅ちかくの線路上で、轢断死体《れきだんしたい》となって発見された。「下山事件」である。このころ、日本を支配していたGHQ(連合国軍総司令部)は、日本政府にたいして、インフレ抑制《よくせい》による日本経済立て直しのため、「超均衡予算《ちょうきんこうよさん》」を実施させる荒療治《あらりょうじ》を図《はか》り、急激なデフレ財政をとった(ドッジ・ライン)。

これによって、中小企業の倒産が激増し、大企業での大量解雇もはじまった。官庁では「定員法」によって公務員二十一万人の馘首《かくしゅ》が決定され、国鉄では十万人の整理が予定されていた。その第一次分として、三万七百人の解雇が発表された。下山総裁の遺体が発見されたのは、その二日後の七月六日だった。

彼は前日の朝、公用車の運転手を日本橋三越前に待たせておいたまま、行方不明になっていた。下山総裁の死因をめぐっては、政府高官や右翼政治家、右派労組幹部など、大弾圧態勢をつくりたい勢力は、共産党によるテロとして「他殺説」を主張し、それに対抗する「自殺説」は、警視庁の捜査打ち切りの根拠にされた。が、「他殺説」の疑惑の眼は、ターゲットにされた共産党の頭上をはるかに越え、GHQの秘密機関へとむかうことになる。

他殺か自殺か、いまだ不明だが、そのいずれにしても、線路に置かれた下山総裁の遺体は、急激に拡大していた左翼勢力を、大きく右へ逸走《いっそう》させる絶好の転轍機《てんてつき》となった。

その五日後の七月十五日、こんどは東京都下で発生したのが、「三鷹事件」である。これは国鉄・三鷹駅構内で無人電車が暴走、転覆《てんぷく》した事件で、住民六名の即死を招いた。その容疑者として七名の組合活動家が逮捕された。ところが、竹内景助被告が、自分ひとりの「単独犯」を主張、結局、死刑の宣告を受けた彼以外の六名は、無罪となった。

その後、竹内被告は、自供は誘導されたものとして、無罪を主張するようになる。彼は一九六七(昭和四十二)年一月、東京拘置所で獄死するまで無実を訴えつづけていた。享年《きょうねん》四十五。

さらに、これらの奇妙な事件につづいて、一ヵ月後の八月十七日、まるでダメ押しのように発生したのが、「松川事件」だった。

東北本線・松川駅(福島県)ちかくで、旅客列車が転覆、機関士および機関助手三人が死亡した。このあと、四千人の解雇にたいして反対闘争を組んでいた東芝電気松川工場の労組幹部が十名、やはり大量解雇反対の闘争をはじめていた国労福島支部の幹部十名が逮捕された。

両組織が「共同謀議」をおこなっていたとして、五名が死刑宣告される。これら被告の逮捕のきっかけをつくったのが、労組幹部でも、共産党員でもない、少年工の自供だった。

二ヵ月たらずのうちに、戦後の三大怪事件が、それも国鉄を舞台にして発生したのには、偶然とはいえないものがある。ＧＨＱとそれに従う日本政府は、もっとも重要な基幹産業で、首切りに全面対決する労組を叩きつぶし、共産党の影響力を排除する必要があった。

松川事件発生の直後、官房長官だった増田甲子七《ますだかねしち》は、「今回の事件は今までにない凶悪犯罪である。三鷹事件をはじめ、その他の各種事件と思想潮流において同じである」との談話を発表した。

それは三鷹事件の直後、吉田茂首相が、「共産党は虚偽《きょぎ》とテロを常套手段《じょうとうしゅだん》にして民衆の不安を煽《あお》っている。人員整理は国鉄再建の基礎である」といったことと符合している。

というよりは、この年の七月四日、デパートにはいった下山総裁が忽然《こつぜん》として消息を絶つ前日、マッカーサー元帥が、アメリカの独立記念日に際して、「日本は共産主義進出阻止の防壁」と訓辞したこととも連動しているようだ。

一九四九(昭和二十四)年一月の衆議院選挙で、日本共産党は、一挙に三十五人もの候補者を当選させ、「革命近し」の機運が漲《みなぎ》っていた。米軍占領のもとで、革命など起こせるはずはなかったが、共産党は米軍を「解放軍」と規定したりしていた。

が、そのころすでに、マッカーサーのGHQの方針は、民主化などよりも、日本をソ連との戦争にそなえた反共の砦《はんきょうとりで》として再編するほうに転換していた。

翌一九五〇年には、本格的な「レッド・パージ」が、GHQの命令によって官庁、民間企業を問わず実施させられ、共産党幹部は追放された。これらによって、民衆のあいだに共産主義者への恐怖心が植えつけられることになる。

まだ捜査がはじまらず、なんの証拠もない段階で、政府高官として官房長官が、三鷹、松川事件を、ともに当時、大躍進していた共産党の犯罪と断定したのは、予断と偏見というよりも、いかに共産党に敵意と恐怖心をもっていたかを理解させる。

松川事件では、結局、一審で二〇名が有罪とされ、五名の共産党員に死刑が宣告されたが、のちに佐藤一《さとうはじめ》被告が労使交渉(団交)に出席していた証拠が開示され、アリバイが立証されて、「共同謀議説」は崩壊《ほうかい》、一九六一年八月、差し戻し公判で、全員無罪の判決、一九六三年九月、ついに最高裁で検事の上告は棄却《ききゃく》された。

しかしながら、労組幹部を大量に逮捕された東芝労組と国鉄労組は大打撃を受け、計画されていた大量首切りはスムーズに実行された。

狭山事件は、松川無罪確定要求の大行進や全国での集会がおこなわれていた年のメーデーの日に発生していた。松川事件の弁護団事務局にいて、あとは最高裁の決定を待つばかりになっていた中田直人は、メーデー当日の事件発生が、なんとはなしに気にかかっていた。

石川一雄が、東京拘置所の死刑囚の舎房に身を落ち着けた翌日、竹内景助が独房を訪ねてきた。痩身《そうしん》の中年男だが、額《ひたい》がたかく、眼は知的な光を放っていた。

そのころは、まだ所内での死刑囚同士の行き来は自由で、それぞれの監房《かんぼう》には鍵がかけられていなかった。死刑囚にとっての刑の執行とは、処刑のことであるから、処刑までのあいだは、一般刑の囚人よりは「優遇」されていたのである。

「無実を主張した弁護士がいるようですが、本当にやっていないのかどうか、ぼくに話してくれませんか。この通り、ぼくは石川さんの記事をもっているんだ」

といって、竹内は静かな口調でつづけた。

「ぼくも実はやっていないんだ。石川さんも無実の罪みたいだけど、ぼくみたいにならないうちに、はやく無実を訴えなくては」

竹内は、石川の弁護士たちが、彼とおなじ革新系の自由法曹団《じゆうほうそうだん》の弁護士だったので、親近感をもったようだった。彼は一審では無期懲役だった。が、控訴した先の東京高裁は、事実審理もおこなわず、異例にも、一審判決を破棄《はき》し、検事求刑の「無期懲役」を上まわる、「死刑判決」にみずから切り換えた(自判)。

それまでは、尊敬していた共産党員たちの罪をかぶるつもりだった竹内も、無罪になった被告たちが、急に自分に冷たくなったのを目の当《ま》たりにして、ようやく、無実を主張するようになっていた。だから、一審で死刑判決を受けてなお、無実を訴えようとしない一雄にたいして、つよい関心があった。

虚偽《きょぎ》の自供を維持したまま、無実を主張しさえしなければ有期刑にとどまる、と信じていた竹内は、死刑判決を受けたことによって目が覚めた。その自分のあまりにも悲惨な体験が、一雄の死刑判決に疑問を感じさせたようだ。ふたりは、ひとの罪を引き受けた行為で共通していた。竹内は一雄に、はやく無実を主張するように、と忠告した。

「弁護士は信じていないんだ」

一雄は吐《は》き捨《す》てるようにいった。竹内は穏やかな口調でさえぎった。

「それじゃ駄目だ、石川さんを助けるための弁護士なんだから」

それでも、一雄は納得しなかった。当時を振り返って、彼は「まったく聞く耳をもたなかった」という。一雄が弁護士たちを信用しなくなったのは、彼らがいっていたこととちがって裁判所へむかわず、狭山署の留置場からいったん保釈されたあと、すぐその場で再逮捕されたことによっている。

石川一雄の弁護士にたいする不信感は、生殺与奪《せいさつよだつ》の権《けん》を握っているのはおれたちだ、と権力をみせつけた警察の実力行使によるだけではなかった。

まだ逮捕されて十日ほどしかたっていないころのことだった。狭山署の留置場から取調室に連れだされた一雄は、「弁護士が会いにきている」といわれて、隣室にいれられた。そこに顔色の青黒い、五十がらみの眼鏡の男が、椅子に腰掛けて待っていた。

「わたしは、あなたの弁護を任《まか》されたものです。わたしたちは、石川クンの味方です。わたしたちは、依頼人の秘密は絶対に守りますから、なんでも話してください。よいことも悪いことも、石川クンのためになるようにはかるのが、わたしの役目です」

と優《やさ》しい声をだしていった。

それまでは、刑事たちにかこまれて、執拗《しつよう》に責めたてられていたのだが、その日はめずらしい面会人で、それも別室にふたりきりになったので、一雄はすこしホッとしていた。しかし、なにかを探りだそうという粘《ねば》っこさが、妙に気になった。

その弁護士と名乗る男はつぎのようにいった。

「中田善枝ちゃんが殺された当日、石川クンがもうひとつの被差別部落の友人である杉山といっしょに、通称『山学校』と呼ばれているあたりにいた、と届けたひとがいるんです。きみたちは善枝ちゃんと会う前にどのあたりにいたのですか。もしも殺しているなら、その対策もたてなくてはいけない。秘密は絶対に漏《も》らしませんから、話してください」

「おれは殺していない」

と一雄はつよい口調で拒絶した。

そのすこしまえ、狭山市長の「石川求助」と名乗る人物がやってきていた。五十歳ぐらい、背のたかい男で、面長《おもなが》、やさしい口調だった。

「あたくしは、石川クンとおなじ石川という苗字《みょうじ》で、名前は求助、狭山市の市長を務《つと》めています。石川クンが中田善枝さん殺しで逮捕され、いまだ自白していないようなことを新聞で読んだんですが、もしも殺していないのなら、あたしのほうからお父さんや家のひとたちによく話してあげましょう。あたしは市長ですから、石川クンの不利になるようなことはしません。だから、本当のことを話してくれませんか」

というようないい方だった。

「おれは自分の悪事は、ぜんぶ警察に話してしまった。それ以上はなにもしていない。まして、善枝さんなど殺していない」

と一雄は否定した。

石川求助は、「本当にやっていないのですか」と疑わしそうな表情をみせて帰っていった。あとになってからだが、一雄が主任弁護士になった中田直人にたずねると、五十がらみの眼鏡をかけた弁護士がいった形跡《けいせき》はないといい、後述する荻原佑介《おぎわらゆうすけ》が、狭山市の石川求助市長に問い合わせてみても、狭山署で石川一雄と面会した事実はない、とのことだった。

一雄は市長の名前も顔も知らなかった。その無知につけこんでの「怪人物」の出現だった。文字の読み書きができないだけで、知能がひくいと思われ、子ども騙《だま》しのような仕打ちを受ける。

ニセ弁護士の出現は、さらに一雄に弁護士そのものへの強い不信感を植えつけた。弁護士がくると、特別に別室へよばれるのも薄気味わるく感じさせた。大学を卒業した、育ちのいい弁護士たちよりは、「弁護士なんか嘘《うそ》つきだ。商売のためだ」「警察官は嘘をつくとクビになるんだ」といって感情をむきだしにする長谷部警視のほうが、一雄にとってははるかに身ぢかに感じられた。弁護士は、慎重なものいいしかしなかった。

刑事に嫌われている弁護士なんかと親しくならないで、じっと、自分の殻《から》のなかに籠《こ》もっていたほうがいい、との判断があった。弁護士が面会にきても、あまり会いたくない、と彼は刑務官にいっていた。敵を味方と思い、味方を敵と考えていた痛恨《つうこん》を、いま一雄は、「まるで虎に道を聞くようなものだった」と口惜《くや》しがる。

否認と単独犯行の供述をかわるがわるくりかえしていた竹内景助の混乱ぶりも、一雄の警察にたいする迎合《げいごう》のしかたとどこか似ていた。ふたりとも、ひとの気持ちを必要以上に忖度《そんたく》しやすい性格なのだ。犯行の証拠はなかった。それでも、自供が自分の道を完全に封鎖《ふうさ》した。竹内景助が、「狭山事件」の新聞や雑誌の切り抜きを手許《てもと》に置いていたのは、おなじ自由法曹団の弁護士たちが担当していた事件だからというだけではなかった。それよりも、虚偽《きょぎ》の自供をして罪を被《こうむ》った自分の体験から、証拠に矛盾があらわれていたにしても、一審判決まで自供を維持しつづけた一雄に、冤罪《えんざい》の可能性をつよく感じ取っていたからだった。

東京高裁に再審請求をしていた竹内は、いつも静かに暮らしていた。性格の弱さにつけこまれて嘘の自供をしたため、歯がみするような思いだったはずだが、その感情を一雄の前であらわすことはなかった。

死刑囚の拘置区内で、竹内と出会うようになった一雄は、竹内を尊敬するようになっていった。映画の日などはいっしょに並んで座った。竹内は感想をいうでもなく、黙って観ていた。彼が独房で昏倒《こんとう》する二日まえにも、一雄は竹内といっしょに風呂にはいっている。

再審開始を前にした竹内が、無念のうちに獄死したのは、一九六七(昭和四十二)年一月、脳腫瘍《のうしゅよう》の悪化による。詐病《さびょう》あつかいした刑務所側の対応がわるかったからだ。

そのころ、雑誌の編集者になっていたわたしは、彼の死の直後、妻・政《まさ》の手記(代筆だったが)を、雑誌『新評』(一九六七年四月号)に掲載した。しかしそのとき、竹内とおなじ境遇にあった石川一雄については、なにも知らなかった。

「竹内さんがよかったのは、いろいろな死刑囚をかばってくれたんです。たとえば、刑務所の窓は曇《くも》りガラスだった。外が見えない。それを素通しにさせたのも竹内さんです」

国鉄労組(国労)の活動家だった竹内は、獄中での待遇改善のため、民事訴訟や行政訴訟を起こしては、刑務所側に抵抗していた。囚人たちはその恩恵を受けていた。一雄がいっているのは、「青空裁判」といわれた、「独居房の窓改善」の裁判のことのようだ。竹内はそれ以外にも、通信や面会の自由のために、さまざまな提訴《ていそ》をしている。

右翼の闘士・荻原佑介の激励

控訴審がはじまる一ヵ月ほど前、一九六四(昭和三十九)年八月の、あるむし暑い日のことだった。見覚えのない男が面会にやってきた。面会室の金網のむこうに座っていた男は、小柄ながらはちきれそうな体軀《たいく》をして、両眼がつりあがるように鋭かった。五十二歳の荻原佑《おぎわらゆう》介《すけ》だった。

狭山市に部落解放同盟の支部が設立されたのは、一雄が逮捕されてから十一年もたった、二審判決の直前、一九七四(昭和四十九)年十月になってからだった。狭山地区での解放運動は、それまで取り残されていたが、埼玉県での水平社運動は、一雄の父親の富造に「世良田《せらた》事件」の記憶が鮮明だったように、水平社運動発祥《はっしょう》の地として、京都につぐふるい歴史を誇っていた。

狭山市からすぐの城下町・川越市の被差別部落に生まれた荻原佑介は、戦前の入間郡水平社で活動していたが、大正末期には、左右分裂した関東連盟の反共グループのほうに所属していた。

戦後は社共支持の解放同盟には参加せず、差別反対の個人運動を起こし、「同胞差別偏見撲滅《ぼくめつ》部落民完全解放自由民主党」という、いかにも長ったらしい党名のもとに、川越市長選をはじめとするさまざまな選挙に立候補する、泡沫候補《ほうまつこうほ》の常連となっていた。

それでも、もちまえの権力への反発と闘争心、それと差別されてきたものの直感から、新聞で報道された一雄の別件逮捕や代用監獄での取調べなどによる自供に疑問を抱き、浦和地裁での第一審がはじまる前に、県警本部長を相手どって「憲法・国家公務員法・警察法違反確認、謝罪広告掲載の訴え」を、おなじ浦和地裁に提起していた。

そればかりではない。同地裁の内田武文裁判長にたいして、石川被告は警察の拷問《ごうもん》によって「心神喪失《しんしんそうしつ》の生ける屍《しかばね》」となっている、との意見書をだし、一審判決が目前にせまったとき、こんどは東京高裁に、「人身保護・判決言渡し執行停止、身柄釈放の訴え」を起こして釈放を要求するなど、だれから頼まれたわけでもない、個人的な救済運動を果《か》敢《かん》におこなっていた。

面会室にあらわれた荻原は、自分も川越在の被差別部落に生まれたなどと自己紹介をし、捜査は被差別部落に集中した見込み捜査だと批判した。そのあと、急に語気鋭く、やってもいない犯罪なのに、なぜ自白を維持しているのか、是非、本当のことを話してくれ、と一雄に迫った。

逆立《さかだ》てた眉毛《まゆげ》の下の激しい眼の色に圧倒されて、一雄は、

「自分はやっていない。ただ、警察官との約束から認めることにした」

とつい弁護士にもいったことのない事実を告白した。ひとに強くいわれると、つい認めてしまう気弱な性格が、このときにもあらわれた。

荻原はそのあと、なんどかやってきて激励《げきれい》した。

「一雄、頭を下げるな、胸を張れ。頭を上げろ。頭を下げると認めたようにみえるんだ」

その言葉とおなじような文面の手紙を送ってきたり、自供した状況を尋《たず》ねたりした。それが一雄の精神を立て直すのに大きな影響を与えた。インテリで、紳士《しんし》的な共産党系の弁護士たちよりも、いい方の乱暴な、熱血漢の右翼の闘士のほうを彼は信頼したのだ。それは長谷部警部の呪縛《じゅばく》から解放されるための儀式でもあった。

毎日のように、荻原は石川家にやってきた。あたかも月光仮面のようにバイクに跨《また が》り、すさまじい爆音を轟《とどろ》かせながら、せまい路地に姿をあらわした。いつも酒臭くて大声でわめき、そこらじゅうに唾《つば》を吐き散らしては、六造たちを辟易《へきえき》させた。

バイクのうしろには、大きな日の丸の旗がくくりつけられていて、白地にはなにやら筆で文字が書き連ねてあった。いやでも人目を惹《ひ》くバイクが、まるで存在を誇示《こじ》するかのように、石川家の前にデーンと置かれていた。

荷台には大きな箱が据《す》えつけられ、なかからとりだされたマイクをわし掴《づか》みにした荻原は、

「部落大衆」とか、「差別偏見」とか、「デッチ上げ」とか、「無実」とか、聞きなれない言葉を、機関銃のように乱射した。

「部落ウンヌン」の演説を、六造は顔をしかめながら聞いていた。父親の実家もおなじ地域だから、まわりには親戚《しんせき》が多かった。

六造や一雄などが、「あんちゃん」「あんちゃん」と親しんでいた、家族同様だった母方の叔父まで、荻原が来るようになると石川家にはよりつかなくなった。それでも、一雄の釈放のために応援してくれるのだから、断るわけにはいかなかった。

荻原は石川家の玄関にたちあらわれるなり、大声で、

「きのう、一雄のところへいってきたぞ。胸を張れ、頭を上げろ、といってきたんだ。おれはいくたびに、そういってきかすんだ」

とまくしたてた。彼は家族の信頼をえて、刑事訴訟法第四十二条の「補佐人」になっていた。すでに死刑の判決を受けてしまった一雄の家族にしてみれば、「溺《おぼ》れるものは藁《わら》をもつかむ」心境だった。

そもそも、石川家が弁護団を選任したわけではなかった。そんな知識も資力もなかった。一雄が逮捕されたあとすぐ、思い悩んだ六造は、終ったばかりの市議選での当選ホヤホヤ、共産党の遠藤欣一の家に駆け込んだ。

六造には、地元の入間川地区から出た共産党議員なら、こんなときには相談に乗ってくれ

るにちがいないとの期待があった。それが見事にあたって、遠藤は党組織を通じて、「東京合同法律事務所」の紹介を受けた。

その結果、中田直人、橋本紀徳、石田享の三人が、弁護料など問題にせずに、この事件を引き受けてくれることになった。当時はまだ部落解放同盟と共産党とは蜜月《みつげつ》の時代にあった。

おなじころ、「菅原四丁目」ともうひとつの部落の区長から、解放同盟埼玉県連の委員長である野本武一《のもとたけいち》にたいして、警察の捜査は部落にたいするねらい撃ちだから、積極的にかかわってほしい、との要請《ようせい》がだされていた。菅原四丁目の区長だった石川一郎は、部落解放同盟に支援を要請したばかりでなく、町内会長名で埼玉新聞社に抗議文を提出した。

地元紙の「埼玉新聞」は、「石川の住む〝特殊地区〟には」とか、「環境のゆがみが生んだ犯罪、用意された悪の温床」とか、「さびれゆく基地の町のスラム地区」とか、この事件にたいして、まるで「歪《ゆが》んだ特殊地区」が生んだ犯罪のような、差別意識まるだしの記事を掲載していた(共同通信の配信だったが)。

町内会としてもこのまま見過ごすことはできない、と重立《おもだ》ったひとたちが、石川区長のところにやってきて、話し合ったすえの苦渋《くじゅう》の選択だった。

抗議文に「私は革新政党の政策に掲げられた〝部落解放〟についてさえ苦々《にがにが》しく考えている者であります」とあるように、そのころはまだ、運動などとはかかわりたくない、できるだけソッとしておいてもらいたい、寝た子を起こさないのがいちばんの平穏、という考えがつよかった。

第一審判決は死刑になった。なにしろ、被告本人が犯行を全面的に認めているのだから、弁護団は空まわりするだけである。富造は生真面目で、気が短い性格もあってか、息子が死刑の判決を受けた直後から、せまい家のなかを落ち着きもなく、くるくるまわって歩くようになった。

犯人が身代金を受け取るため、佐野屋の前に姿をあらわした夜、息子が家で寝ていたのは家族がいちばんよく知っていた。それでも、その息子は死刑である。リイは食事を摂《と》らなくなっていた。

「やっぱりね、共産党の弁護士の先生じゃ、ちょっと無理だったのね。あんまり、堅《かた》すぎたね。解放同盟もわかんねえことはあるけど、なんとか話をすればわかる。けど共産党の先生たちは、どうも話があわなかった。弁護士は一雄がお巡《まわ》りに傾《かたむ》いてしまって、むこう側(警察)のほうをむいちゃっている、というけど、当たり前だっていうんだ。弟はこんなていどの感覚だから、そういう風に一雄に話してみてください、といっても弁護士は相変わらず、自分たちのむずかしい言葉で、彼らの常識でいっちゃうんですよ。

それじゃ駄目だ、弟は世間のことをほんとに知らないんだから、なにいっても、右から左に抜けちゃうんだから、とよくいったんだけど。立派な先生たちなんですが。

話のしかたというのは、相手によるんだよね、それがわからない。まあ、一雄も世間を知らなさすぎたけど、先生たちは一雄を一般のひととおなじように扱っちゃうんですね。恥をさらすようだけど、一雄には、世間の常識はないんだ、一般のひととはちがうんだっていったんだけどね」

一雄の浪花節《なにわぶし》的な世界に、弁護士たちははいっていけなかった。共通の言葉をもてなかった、というのが六造の批判である。

その浪花節の世界の住民だった長谷部警視が、一雄を籠絡《ろうらく》できた。それをもういちどこっちの世界に奪還《だっかん》したのが、長谷部よりもさらに浪花節的な、右翼の荻原佑介だった。

一雄は荻原の「胸を張れ、頭を上げろ」との叱咤《しった》激励《げきれい》を受けて、眼が覚めたかのように、ようやく自分を取りもどした。

第六章　私は殺していない！

控訴審第一回公判で犯行を否認

東京高裁での第二審、すなわち控訴審第一回公判は、死刑判決から六ヵ月あと、一九六四(昭和三十九)年九月十日午後二時に開廷した。

この日の石川一雄被告は、いままでのように、ゴム草履《ぞうり》ばきにはちがいなかったが、白のワイシャツに黒のズボン、こざっぱりとした服装で被告席に座っていた。

久永正勝裁判長の型通りの人定質問にたいして、背筋をのばしたはっきりした声で、「石川一雄です」と答えた。これまでは、どこか借りてきた猫みたいに顔を伏《ふ》せ、ぼそぼそした語り口だったのが、その日はあたかもリングのコーナーで、ゴングがなるのを待ちかまえている挑戦者のように、やる気十分だった。

弁護団側は、「控訴趣意書」に書いた、「原判決の基本的誤り」や「本件捜査の違法性」「自白の信憑性《しんぴょうせい》」などの批判を、それぞれ三人の弁護士が分担して、一時間半にわたって朗読した。

といっても、被告本人はさっぱり争っていないのだから、冤罪《えんざい》を主張するほどには腰が定《さだ》まらず、つまりは死刑回避のために情状酌量《じょうじょうしゃくりょう》を訴えるしかない、という陳述《ちんじゅつ》だった。

裁判がはじまる前、中田直人弁護士は、思いつめたような表情をした一雄から、

「法廷でいいたいことがあるんです」

と相談されていた。

「そう、なに？」

と中田は水をむけたが、一雄はそれっきりなにもいわなかった。そのころの一雄は、聞かれたことをポツンポツンというだけで、自分のほうから、なにかを話しだすというのはめずらしいことだったので、中田は気にかかっていた。

「第一回公判では、被告に発言の権利はないんだけど、いいたいことがあればいいなさい」

中田はそう答えた。

これまでの法廷では、「我関《われかん》せず焉《えん》」を決め込んでいた被告は、こんどは発言の機会をねらっているかのように、しばしば腰を浮かしていた。

中田弁護士が最初の章「原判決の基本的誤り」を読み終えるやいなや、石川一雄は、待ちかまえていたようにいきなり右手を高く挙《あ》げ、被告席から、

「裁判長殿、ちょっとお願いがあります」

と大きく叫んで、直立不動《ちょくりつふどう》の姿勢になった。

「被告の発言は許されていない」

と久永裁判長が制した。それでも、やはり気になったのか、小声で、「なにをいいたいの」と反応した。そのあとのことについて、新聞記者はつぎのように書いている。

「ところが三弁護人の発言が終わると、石川は再び立ち上がり、久永裁判長や弁護側の

制止をふり切り、狂ったように『善枝ちゃんを殺していない』と起訴事実を全面的に否認、法廷は一時混乱と驚きで異様なフンイキにつつまれた。看守と弁護人に押し静められ、まもなく石川は平静になり、荒巻検事が控訴棄却を主張したあと、裁判長に『何かいいたいことがあるのか』といわれて再び立ち『また世の中に迷惑をかけるようだが、オレは善枝ちゃんを殺していない』とはっきりした口調で答えた。

裁判長は軽くうなずいただけで、それ以上くわしいやりとりはなかったが、これまで犯行を認めていた石川がいきなり犯行を全面的に否認したため、一審いらい石川の犯行については否定しなかった弁護側も意外といった表情」(「埼玉新聞」一九六四年九月十一日、朝刊)

ちなみにいえば、この記事の見出しは、

「善枝さん事件　控訴審はじまる

　石川犯行を否認

　　……〝全く突然〟と弁護人驚く」

というものだった。

「弁護人、これはどういうことなんですか」

久永裁判長は、憮然《ぶぜん》としていった。

「とりあえず、休廷にしてください」

中田主任弁護人は、そういうのが精いっぱいだった。

第一審の第一回公判でなら、突然、被告人がそれまでの自白を否認するのはさほどめずらしくない。被告人の裁判所にたいする密《ひそ》かな期待がこめられているからだ。しかし、第一審の判決がだされたあと、それも控訴審《こうそしん》にはいってから、いきなり、というのは異例である。

第一審の内田死刑判決は、「特段の事情なき限り」自白は信じうる、と判断していたのだが、その「特段の事情」がたちあらわれたのだ。

このように、だれひとりとして予想もしなかったどんでん返しで、第一回公判は混乱のうちに終った。それは、いわば一雄が「正義の味方」と信じていた裁判長への直訴《じきそ》だった。

控訴審の第一回公判は、弁護側と検事側とが、土俵の真ん中で形式的な仕切り直しをするように、手続きだけで終るのが通常である。その形式を破った石川一雄一世一代の異例の発言は、公判調書には記録されていない。

そのため、弁護団は四年もたってからだが、一九六八(昭和四十三)年九月二十四日の第二八回公判で、「公判調書の記載の正確性についての異議の申立」をおこない、その文書を証拠として残すことにした。そこでは、新聞で報じられた異常な状況が、生硬《せいこう》な法律用語にくるまれながらも、つぎのように記載されている。

各弁護人の控訴趣意の陳述後、被告人はみずから発言を求めた。裁判長は被告人にたいし、被告人は、控訴審においては、当然に発言することができないから、よく弁護人と相談するよう説示したところ、被告人は、お手数をかけて申し訳ないが、私は善枝さんを殺してはいない、このことは弁護士にも話していない旨《むね》供述した。

主任弁護人は、被告人の右供述は全《まった》く新しいものであるので、被告人と十分相談して更《あらた》めて意見を述べたい。なおその結果、本日なした事実取調請求につき追加、変更するかもしれない旨《むね》陳述した。


情状酌量をもとめる弁護団の主張は、被告の突然の叫びによってご破算となった。そのあと、中田たちは自転車に乗って、狭山市の現場をまわり、石川一雄の事件当日の実際の行動を確認していった。

一雄もようやく、弁護団を信頼するようになって、長谷部との「密約」について話しはじめた。逮捕されたころ、一雄はやっていないと主張はするものの、なにかをかばっているようで、中田にもどこか疑念が残っていたのだが、それは一雄自身、六造を疑っていたからだ、とこのときはじめて理解できたのだ。

次回の公判が、三回の現場検証の上申《じょうしん》をはさんで、十ヵ月後、翌年の七月中旬にまで延期されたのは、法廷を驚天動地《きょうてんどうち》の事態に陥《おとしい》れた後遺症《こういしょう》のあらわれである。

石川一雄本人は、第二審に提出した「陳述書」に、「裁判長殿、また世間を騒がせるようで申し訳ありませんが、私は中田善枝さんを殺してないのです。わたしは犯人ではありませんと発言した」と書いている。

獄中で出会い、彼のことを親身に心配してくれるようになった、竹内景助の助言があってもなお、石川一雄は自分の無実を弁護士に主張していなかった。それは弁護士よりも刑事を信頼するという、権力への精いっぱいの迎合《げいごう》だったが、弁護士にたいする無理解と頑迷《がんめい》さのあらわれでもあった。

そればかりではない。もしも弁護士に接見しているときに、長谷部との取引きの事実を暴《ばく》露《ろ》して、そこから脱却《だっきゃく》する決意を語ったとしても、どこかに洩《も》れて、その日のせっかくの「決起」が、不首尾《ふしゅび》に終る懸念《けねん》がつよかった。一雄を呪縛《じゅばく》しつづけてきた長谷部から脱却するには、そのような周到さが必要だった。

ところが、依頼人がようやく無実を主張しはじめたので、弁護士たちが張り切りはじめた途端、肝腎の依頼人が弁護団全員を解任する、という事態が発生した。これには共産党を蛇《だ》蝎《かつ》のごとくに嫌う、「補佐人」荻原の使嗾《しそう》があった。

荻原は弁護士たちが石川家を訪問しているときには、けっしてちかづかなかった。彼は一雄や父親にむかって、弁護士たちの無能さを口をきわめて罵《ののし》っていた。それに煽《あお》られて、ついに父親の富造が説得され、弁護士たちを解任した。

それは熱心に通ってくる荻原の情熱への義理立てでもあったが、親子ともども、弁護士についての理解がたりなかったからだ。父親から、弁護士を解任した、と聞かされた六造が、あたふたと刑務所にかけつけてきた。

「おれにひとことも相談しないで、勝手に解任してしまうやつがあるか！　中田弁護士たちを解任してしまうようならば、もうこれからはお前のことなど、かまってやらないぞ」

荻原に吹きこまれた父親が、勝手に解任した弁護団は、ほかならぬ六造が、当選したての遠藤欣一市議に頼みこんで、無報酬で引き受けてもらっていたものだった。その恩義に泥《どろ》を塗《ぬ》る行為である。解任から再選任まで十七日間、空白のドラマだった。

ふたたび選任されることになった弁護団が、まずまっさきに実行したのが、現場(実地)検証に被告人を立ち会わせるための「上申書」の提出だった。ところが、どうしたことか、東京高裁は、弁護団が三度も「上申書」を提出して要請したにもかかわらず、一度も被告を立ち会わせていない。

逮捕されたあとも、現場検証に被疑者本人を連れていくことはなかった。8ミリカメラで撮影した映像を、本人に確認させるという異例の措置《そち》がとられていた。「自供」を維持していた一審の裁判中でさえ、この「引き当たり」と呼ばれている、被告を現場に立ち会わせることをしなかった。これは異常である。

「殺害現場」といわれている人家にちかい山林で、どのように犯行をおこなったか、それを警察は被告に再現させようとしなかった。どうしたらいいのか、被疑者がとまどうのを警察が回避したいのはわかるとしても、公正な判断をすべき裁判所が実地検証を実施しなかったのは、事件の解明に積極的でなかった、との疑問をもたざるをえない。

十年で出すといった長谷部警部との密約

第二回公判は、翌一九六五(昭和四十)年七月十三日午後一時からだった。

その日と翌々日の十五日に、五時間におよぶ、弁護団からの被告人質問がおこなわれた。中田直人、石田享、あらたに選任された植木敏夫、宇津泰親《うつやすちか》、四人の弁護団は、自白は取調官の強制、脅迫、利益誘導《りえきゆうどう》にもとづくものである。自供内容は誘導強制によるものだから無効である、と論証しようと努《つと》めていた。

まず、主任弁護人の中田直人が質問した。

「あなたは中田善枝さんを殺しましたか」

「殺しません」

「昭和三八年五月一日、山学校と呼ばれているところがありますが、そっちのほうへ行ったことがありますか」

「ないです」

「五月一日より少し前、四月二八日頃、自分の家で脅迫状を書いたことがありますか」

「ありません」

「五月一日の夕方、中田栄作さんの家へ脅迫状を届けに行ったことがありますか」

「ありません」

「五月二日の夜、佐野屋の近くに行ったことがありますか」

「ありません」

「もちろん、死体を芋穴《いもあな》に吊したり死体を埋めたりしたことはないですね」

「はい」

石川一雄は、一審の法廷でのようにおどおどせず、ひとが変わったかのごとく、頭を上げてまっすぐに裁判長に眼をむけ、毅然《きぜん》とした態度で否認した。

弁護人は、別件逮捕の原因にされた、材木や鶏や茅泥棒《かやどろぼう》などをやったかどうかを確認するための質問を投げかけたあと、さっそく、どうして警察や検事や裁判官にたいして、善枝さん殺しを自分がやった、などと嘘《うそ》の自供をしたのか、と核心に迫《せま》った。これが狭山事件の最大の謎《なぞ》である。

「詳しいことはおいおい聞いていきますが、あなたは自分がやりもしないことを言ったわけですね」

「はい」

中田弁護人は、質問をつづけた。

「直接そういうことを言うようになった理由というのはね、……長谷部さんなんかが十年で出してやると言ったからですか」

「そうです。結局、俺は材木なんか盗んで、俺の近所の人が車一台盗んで八年だかくったんだね。それじゃ俺は十年ならいいと思ってね、三十五、六で出られると思って言ったわけですがね。そうしたら長谷部さんはわしらを信用しろと、弁護士さんとは違うんだと言ったから、俺は信用したわけです」

「普通の人の考えでは、警察の人が十年で出してやると言われてもね、人を殺したということを自白する以上はね、そう簡単に信用できないと思われるのだがね」

「俺はそういうことはわからなかったから、かまわず十年で出してくれるならいいと思ったです。で、お父ちゃんにも、お母ちゃんにも会わしてくれないからね、十年で出してくれるなら真面目になろうと思ったです。で、何回も念を押したんですけれどもね」

「あなたが自白するまでの間、長谷部さんは、あなたに今言ったような十年で出してやるというようなことを何度か言いましたか」

「ええ、言いました。狭山にいるとき日にちは幾日かわからないけれども」

「やったと言えば十年で出してやると言ったわけですか」

「どっちでもいいと言ったわけですね。手紙(脅迫状)出したでもいいし、殺したでもいいということでね」

「どっちでも言えば十年で出してやるということをですか」

「そのとき言いました」

つぎに十年で釈放するという取引きは、友好的な関係のもとでおこなわれたものかどうか、中田弁護人は、それをきいた。

「長谷部さん、あるいは、そのほかの警察官でもいいですが、おどかされたようなことがありませんか」

「あります」

「どういうことですか」

「狭山にいるときはね、長谷部さんなんかは幽霊《ゆうれい》とか、絵を書いて鋏《はさみ》で腕とか足とかをちょ(ん)ぎったものを見せたりね、俺達は刑事だから石川は殺していけても(埋《う》めても)わからないと言ったわけだね、狭山にいるときは」

「それは誰が言ったんですか」

「長谷部さんです。そのときはね、遠藤さんとね、諏訪部課長さんとね、それから眼鏡かけた人と大宮の斉藤さん、それだけいたです」

「君を殺していけてしまっても自分達は刑事だから……」

「君の親には逃げられたと言えばわからないぞと、だから、それだけは許してくれと言ったわけだね」

「あなたは、そういうことを聞いたとき、警察の人が本気でそういうことを言ったと思いましたか」

「ええ、俺は何も知らなかったからそう思ったです」

「怖かったですか」

「ええ。で、留置場にかえったときに入曽《いりそ》の知っているおまわりさんがいるので、長谷部さんがこんなことを言ったがと言ったらね、嘘《うそ》だろうと。で、夜なんかよく眠れないから注射なんかうってもらいました」

「あなたはそういうことを聞いてみたけれども、本当に殺されないかもわからないと思ったわけですか」

「ええ」

「さきほど、鋏《はさみ》で手や足を切ったものを見せたということを言いましたね、それは誰ですか」

「長谷部さんです」

「もう少し、具体的に話してくれませんか」

「結局、これが善枝さんだと、紙に絵を描いてね。で、善枝ちゃんの手とか足とか言ってね、こういうのが夜化《ば》けて出るとか、こう言ったわけですね。それで切って手に挟《はさ》んだり、足に挟んだりしたわけです」

「長谷部さんが十年で出してやると約束をしてくれるまでの間に、今言ったような警察の人におどかされたり、怖《こわ》い目にあわされた以外に、あなた自身の気持の上で大変ショックを感じたようなことはほかにありませんか」

「十年で出してくれればどうなってもいいと思ったわけです。だから、何回も頼んだわけですね、間違いないですかと。で、殺しもしないことを言ったわけです」

中田弁護人は質問を変え、一雄が弁護団に不信の感情をもつようになった経緯《いきさつ》についてたずねた。

「さきほど、長谷部さんが十年で出してやるから俺達のことを信用しろと、弁護士さんとは違うんだと言ったと言いましたね」

「ええ」

「あなた自身、自白する前に私達に対して何か特別の感情を持ったことがありませんか」

「あります。あのとき狭山でね、六月の十一日頃だと思うんだがね。中田先生に十八日に裁判があると言われてね、そのつもりでいたんだね。そうしたら、十八日になっても裁判がなかったからね。だから弁護士さんは嘘つきだと俺が長谷部さんに言ったわけですね。で、長谷部さんは弁護士さんなんかとわれわれは違うと。嘘を言ったら、われわれはすぐ首《くび》になると。だから、今度は長谷部さんなんかを信用したです」

「今のところを、もう少し詳しく聞いていきますが、あなたは六月十七日の日に狭山の警察から川越の警察の分室に移されたでしょう」
「ええ、移されました」
「分室へ移されるときには警察の人は何か説明しましたか」
「よくはわからなかったけれども……裁判へ行ってまた帰ってくるのかと思ったら、そのまま川越へ連れて行かれて、そのままになりました」
「警察の人は、あなたに一度帰っていいというようなことは言わなかったですか」
「よくそのときはわからなかったわけです」
「ともかく外へ出ろということを言われなかったですか」
「よくわからないです」
「そのときに善枝さん殺しで逮捕するということは言われたですか」
「言われたかもしれません」
「しかし、あなたは裁判に行くのかと思ったわけですか」
「ええ、そうです」
「裁判へ行くという話についてですがね、裁判所へ行くということは誰から聞いたんですか」
「中田弁護士さんです」
「私からですね」

「ええ、そうです」

「狭山の警察の中で聞いたわけでしょう」

「ええ、そうです」

「そのときね、私があなたについて保釈《ほしやく》の請求《せいきゅう》というのもしたし、勾留《こうりゅう》の取消《とりけし》ということもやったし、それから勾留理由開示ということがあって、それも裁判所に頼んでおいて、で、その最後の勾留理由開示というのが十八日の日に川越の裁判所で開かれることになった、そういう説明をしたことを憶《おぼ》えてますか」

「そういうことは東京(拘置所)へ来てからわかりましたが、そのときはわからなかったです」

「私自身は、そのとき、あなたに、もし保釈になれば裁判所は行かないことになる。しかし、保釈になっても、あなたはもう一度つかまるかもわからないということを言っておいたのですがね、憶えてませんか」

「よくわからないです」


中田弁護人は、再逮捕(タライ回し)もありうる状況だったことをあきらかにした。警察は、別件での逮捕直後から、善枝殺し一本で追及していたし、弁護士との接見さえ禁止していたので、中田にはこのまま引きさがるとは思えなかった。

「私達とあなたが警察の中で会う時間というのはいつも限られていましたね」
「ええ」
「どのくらいの時間だったですか」
「十分ぐらいです」
「裁判所へ行くということを聞いた時間は十分ぐらいだと思いますか」
「ええ」
「私が言ったことの中で、ともかくあなたは裁判所へ行って裁判があるんだということだけは頭に残っていたわけですか」
「ええ、そうです」
「十七日の日に川越の警察に連れて行かれて、そのまま、そこに留められたわけですね」
「ええ、そうです」
「あなたは裁判所へ行くつもりで出掛けたわけですね」
「ええ、そうです」
「結局、裁判所へ行かないんだということがわかって、私達が嘘《うそ》をついたというふうに考えたわけですか」
「そうです」
「私達に腹を立てましたか」
「ええ、腹を立てました」

「そのことを、警察官にも話したわけですか」

「ええ、検事さんにも警察の人にも話しました」

「弁護士は嘘《うそ》をついたということを言ったわけですね」

「ええ、そうです」

「警察の人も、あなたがそういう話をしてからは、お前の弁護士は嘘をつくということをあなたに言ったわけですか」

「ええ、そうです」

「弁護士と違って俺達は嘘をつかないと」

「嘘をつくと首になってしまうと、だから十年で出してやると言えば必ず十年で出してやる、間違いないと言いました」

「あなたは、本当に十年で出してくれるのかということを何度か確かめたわけですね」

「ええ、そうです。浦和(拘置所)へ行くときも聞いたです」

ここで主任弁護人は、執拗《しつよう》なまでに「十年の取引き」の状況を一雄に証言させて、裁判官の心証を固めることに腐心《ふしん》していた。

「さきほど、ちょっと何か自動車を盗んで八年だったというようなことをちょっと言ったんですがね、それは誰のことですか」

「それは、ちょっと言いたかないです。俺の家の近所だから」

「近所の人で、自動車を一台盗んで八年懲役《ちょうえき》にいっていた人がいるんですか」

「ええ、そうです」

「あなた自身、そういう人を知っていたわけですか」

「ええ、知っていました」

「そのことから、あなたは十年で出ればいいというふうに考えたわけですか」

「そうです」

「それは、どういうわけですか」

「結局、俺は車(は)盗《ぬす》まないけれども悪いことを九つぐらいしているわけですね。だからそのくらいで十年ならいいと思ったわけですね。そうしたら、三十五、六で出られると思ったわけです」

「そうすると、鶏を盗んだり茅《かや》を盗んだりしたことが、たくさんあって、で、近所の人の例からみると十年ぐらい入ってもあたり前だと考えたわけですか」

「ええ、そうです」

「警察の人は、あなたに窃盗《せっとう》や何かが九件もあれば、十年ぐらい入ってなければならないというようなことは」

「言ったです。それは大宮のね、眼鏡かけた、ちょっと名前わからないんだけれどもね、主任さんと言ってましたね。……長谷部さんと諏訪部さんのときに言ったです」

「十年」、それが一雄にとって、厳しい追及の前にぶら下げられた「救命ロープ」のように映っていた。このときの模様を石川一雄は、後日、わたしにつぎのように語っている。

ある日、取調べには加わっていない、一雄がはじめて顔を見る刑事がやってきた。

「課長(長谷部)、いま、狭山の関部長(巡査部長、長谷部より階級はひくい)から電話がありまして、こちらにくるそうです」

「それじゃ、われわれに話さなくても、関君に話してくれればおなじだから、そうしてくれないか。その代わり、かならず十年で出してやるからな。男の約束だよ」

長谷部は鷹揚《おうよう》にいった。善枝さんを殺したといってくれれば、十年で出してやる。約束する。石川君だって、九件も悪いことをしているんだから、十年は免《まぬが》れない。野球は刑務所にいったってできるし、そのあと、もし勤めるようになったにしても、字が書けないんだから、それより(刑務所で)大工さんにでもなれるように頼んでやるから、そうすれば出てきたとき、兄さんといっしょに仕事ができる。

そういわれると、いままでの材木泥棒などで、どうせ十年はいるなら、おなじことだ。このまま頑張っていたら、いつ出られるのかわからない。もしも、長谷部のいうように、殺されて埋《う》められてしまったら、との恐怖が一雄にはあった。

課長と呼ばれている長谷部は、部下たちがペコペコしている絶対的存在だった。弁護士は、裁判があるなどといっていたが、それもなしになってしまったし、だれも会いにきてくれない、と彼はひねくれた気持ちになっていた。

「三人でやった」と顔なじみの関巡査部長に話す

ついて、ふたたびおなじ日の石川一雄の証言である。

鬼瓦《おにがわら》のような顔に笑顔を浮べて、関巡査部長が取調室にはいってきた、そのあとのことに
「石川君、元気かい」

「長谷部さんはそこでね、関さんが入ってきてからね、今、出てしまうからね、話しづらかったら関さんに話してくれと言ってね、立とうとしたんだけれども、関さんがいいやと言ってそのままにしていたからね。で、少し経ったら関さんが私の手を握って泣いてしまったわけですね。話さなければ帰るぞとね。善枝ちゃんを殺したことを話さなければ俺が帰るぞと言って泣いてしまったわけですね。それから、長谷部さんがさっきの約束(は)間違いないと言って出て行ったわけですね」

「そうすると、関さん一人が残ったわけですか」

と、中田弁護人が確認した。

「ええ、それで三人でやったということを話してしまったわけです」

「関さんが一人で残ったら、すぐあなたはそう話したわけですか」

「少し経ってからです。また(長谷部が)行ってから(関が)泣いてしまったわけですね。話さないのかと言ってね。俺もね、泣きながら話してしまったわけです」

「何と言ったわけですか」

「泣きながら三人でお寺のところで殺したと言ったわけです」

「今から考えてみてね、そのときどういうつもりであゝいうことを言ったか、自分の気持がわかりますか。うまく説明できますか」

「わからないです。ただ十年で出してもらえばいいということです」

「そのときに三人でやったとまず言ったわけですね」

「はい、そうです」

「それから、どういうふうにやったかというようなことを聞かれましたか」

「聞かれたです」

「誰にですか」

「関さんにです」

「関さん一人だけですか」

「ええ、一人だけです」

「そのとき、あなたは関さんに入曽の男と入間川の男、二人に誘われて自分の何か女友達の誕生日だからというようなことで誘われて、そして山学校のそばで善枝さんをつかまえて、それから狭山精密のほうへ行く道に出てね、お寺の近くで殺したという趣旨《しゅし》のことを話したんですか」

「はい、そうです」

「そのときは、あなたは自分が殺したというような話はしてませんね」

「ええ、そうです」

「入曾の人だかにどこかに一時間ほど行っておってくれというようなことを言われて、帰ってきたら殺されていたんだというふうに言ったんですか」

「ええ、そうです」

「どうしてそういう話をしたんですか」

「どうしてと言って、俺は山田（養豚場）にいたときに豚の皮をむくんだね、そういうことは俺にはできないんだね。それで俺はおっかないと思ってね、だからね、そういうふうに言ったわけです」

「入曾の男だとか、入間川の男だというようなことを言い出したのはどうしてですか」

「ただ、何となくね、三人だと思ってね、三人といって。また遠いことを言うとわからなくなるからね、入曾と入間川と区別したわけです」

「あなたは、それまでの間にね、警察の人から、お前が殺したんだろうというふうにずっと調べられてきたわけでしょう」

「はい、そうです」

「警察の人はね、お前一人で殺したんだろうというふうに聞いていたんですか」

「そうじゃないんです」

「何人かでやったろうというふうに聞いていたわけですか」

「はあ、そうです」

「何人でやったんだというふうに」

「三人か四人で」


中田弁護人は、「共犯者の証言」について、さらにたずねた。


「自白する前に誰かからお前と一緒に善枝さんを殺したということを自白したやつがいるぞという話を聞いたことがありませんか」

「あります。それは東山(仮名)が言ったらしいんだね」

「誰がそういう話をしたんですか」

「長谷部さんだと思ったんですが、ちょっと名前がわからないですね」

「どういう話を聞きましたか」

「東山が、やったというんだね。五月一日に、善枝ちゃんをやったというんだね。だけど俺は知らないから知らないと言ったわけですね。しかし、東山がやったと言っているからね。お前が知らないと言っても、裁判へいってお前がやったことになるとね。だけどね、俺はね、やらないと言ったんだけれどもね、東山はそんな嘘をつく人じゃないというわけです」

「そうすると、東山があなたと一緒に善枝ちゃんをやったという意味のことを言ったわけですね」

「ええ」

「入間川の人とか入曽の人とかいうのを挙《あ》げて三人でやったというようになったのは、取調べの中で警察の人も三人か四人でやったろうというふうに聞いていたし、そういうこともあったでしょうか」

「そうです。最初三人で悪いことをしたんだね、署長に話すと言ったやつ（鉄パイプ泥棒について）、それとからめて言ったわけですね」

けっして誘導や強制ではない。自発的な自白である、ということを証明するための愁嘆場《しゅうたんば》だった。長谷部が強引に突っ込んで仕留《しと》めれば、いかにも自白の強要になる。ところが、顔なじみの関と会って、涙ながらに告白したとなれば、自然な感情の流露《りゅうろ》として、任意《にんい》の自供になる。正直にいえば、刑を軽くしてやる、というのは、「司法取引き」というまでもない、警察の常套手段《じょうとうしゅだん》である。

どうしたことか、長谷部は、あとを関に任せて、自分は取調室を出ていたことを認めたがらない。入間川の友人がおまんこをし、入曾の友人が殺したが、自分は自転車で一時間ほど走りまわっていた、と中田善枝殺しにかかわっていたことを最初に認めたのは、六月二十日に関源三が作成した、という供述調書である。

しかし、巡査部長の関が取調べをし、熊谷《くまがや》署から応援にきたばかりの、それもおなじ巡査部長の清水輝雄が立会人になって、調書を作成するというのは異例である。

奇妙なことに、清水巡査部長は、そのとき一回だけの立会人となっているのだが、石川一雄の記憶によると、彼は取調べに立ち会ってはいない、という。

つまり、立ち会っていない人間が署名している、という違法性のつよい調書で、その日、その場にいたはずの長谷部警視はおろか、取調主任の青木一夫警部、遠藤三警部補などの署名はない。

さらに不思議なのは、翌二十一日の「善枝ちゃんが死んじゃって」「入間川の奴」にいわれて、鞄《かばん》を捨てにいった、という供述調書は、関源三ひとりだけの署名で、立会人は一人もいない。これも違法である。

それにしても、鶏や材木泥棒などの刑罰《けいばつ》は、九件あわせたにせよ、せいぜい一年ないしは一年半の懲役刑が相当である。それを十年になると考えていた一雄の幼稚さと無知を笑うべきかどうか。長谷部はその無知に乗じたとはいえ、一雄の心の底に堆積《たいせき》されていた警察にたいする恐怖と迎合《げいごう》は、一雄だけのものではない。戦前からの歴史のなかで、尾骶骨《びていこつ》のように、庶民のこころのなかに残存している潜在意識《せんざいいしき》である。

長谷部はその九件のうえに、殺人罪をおまけにつけて、「十年」に仕立てあげた。それを受け入れたのは、警察は絶対的な力をもっている、と思いこまされていた一雄の世間知の狭さだった。どだい警察官が裁判所をさしおいて、量刑《りょうけい》を決定することなどできるはずもない。

「十年ですむといわれて、本当にうれしかったもんね、当時のわたしは」

と石川一雄はわたしに語った。三十五歳になるまえには刑務所から出てこられる、というのが、彼のやけっぱちな希望だった。

関巡査部長の署名のある調書は、六月二十日付と翌二十一日付の通学鞄《つうがくかばん》を捨てた場所を供述した短い一通との二通だけである。

ところが、その調書も、おなじ日にとられた青木一夫警部の調書(立会人・遠藤三警部補)で、

「おまわりさんが探したところ見つからないといわれましたので、なおよく考えてみたら私の思い違いであったと思います」

と訂正されている。それでそのあと、もう一度、鞄《かばん》を捨てた場所の略図を書かされている。三〇七ページの上図のように、きわめて曖昧《あいまい》な略図だったが、それでもこの図面によって鞄は発見され、彼の自供は物的証拠によって裏付けられたことになり、容疑は動かしがたいものとされた。

関巡査部長が一雄と「友人」だったからこそ、ごく自然に自供をひきだした、というのが

警察側のいい分である。関が投入されるすこし前、功を焦《あせ》った河本仁之検事が、自分勝手なストーリーを書いた調書を一雄に押しつけ、認めさせようとしたが拒否されて失敗していた。それを他山《たざん》の石《いし》として、埼玉県警は、かつて熊谷署で、「二重逮捕事件」(被告の自白どおりに、被害者の指輪が発見されたが、あとで真犯人があらわれたデッチ上げ事件)を起こして問題にされた、強腕《ごうわん》の清水利一警部を取調主任から更迭《こうてつ》して、温厚で説得型の青木一夫警部に代えていたほどである。

密室では「友人」として、涙を流しながら手を握ってくれた恩情交通係も、公判廷になると、木で鼻をくくったように、冷《ひや》やかだった。

関は中田弁護人の質問にたいして、石川が容疑者になっているとは、彼が逮捕されるまで知らなかった、と答えている。

捜査本部にははいっていなかったとはいえ、おなじ署の管轄《かんかつ》内で発生した大事件なのに、彼の監視区域でもある「菅原四丁目」の「友人」が、重大容疑者として捜査線上に浮かんでいるのを知らなかった、と法廷で証言するのは、いかにも不自然である。

「石川というのが逮捕されたと、あっ、そうかと、ただそれだけの感じきり、そのときは私、しませんでした」

よく知っている「友人」のはずなのに、「石川というのが」というのは、これまた欺瞞《ぎまんてき》的である。なにか捜査情報を流した、として疑われていたのならともかく、彼は容疑者の最初の自供をえた最大の功労者である。それが逮捕を「あっ、そうか」としか感じなかった、と強弁するのは、「ごく自然に会いにいって、ごく自然な状況で自白をひきだした」という警察側の不自然なストーリーに縛《しば》られ過ぎているから、と考えるしかない。

とにかく、自分は命令によって取調室に送り込まれた存在だった、という事実を隠したかったようだ。しかし、狭山署の竹内武雄署長は、あたかも、刺客《しかく》を放つかのように関を派遣《はけん》したのは、「わたしの判断です」と法廷で証言している。

石川一雄の自供は、全部まとめて十年、という長谷部との取引きに結びついている。顔馴《かおな》染《じ》みの関は、その取引きの押し売り役だった。

死刑を宣告されても動揺しなかったわけ

内田裁判長から「死刑」を宣告されても、まったく動揺しなかったのは、この「十年」があたかも霊験《れいげん》あらたかな護符《ごふ》のように、一雄の心に張りついていたからだった。長谷部は自供をえて殊勲《しゅくん》を飾ったが、一雄は、死刑宣告の意味をまったく理解できなかった。

浦和拘置所の担当区長の霜田杉蔵は、不思議な「死刑囚」について、つぎのように証言している。質問しているのは、中田弁護人である。

「当然、石川くんが死刑判決を受けた時にも、あなたの注意はそこに向けられたでしょうね」

「はい」

「石川くんの言葉や態度は、どんなものでしたか」

「先ほど申しましたとおり、石川くんは死刑の判決がありましても、さほど表面上は動《どう》揺《よう》しているふうには見えませんでした。内心はどうでありますか、それは判《わか》りませんが」

「内心は動揺していたが、表面は、その動揺をあらわさないでおこうと努力しているふうにも見えなかったんでしょう」

「そうです」

「つまり、判決の前とあとで態度などに変化はなかったということでしょう」

「と思います」(一九六八年九月二十四日、第二審、第二八回公判)

石川一雄は、そのときの気持ちについて、前回の公判(一九六八年九月十七日、第二七回公判)で、つぎのように証言している。訊《き》いているのは、やはり、中田弁護人である。

「あなたは、一審の判決のときに死刑になるとは思っていなかったわけですか」

「はい、そうです」

「一審判決で死刑だと言われたことは憶《おぼ》えていますね」

「はい、だから、死刑だと言われても(死刑になるとは)思ってなかったです。そしたらちょっと担当さん(看守、刑務官)の名前は忘れましたが、お前は何でもないか、頭おかしいだろうと言われたです。だから、自分でも笑っていたので、頭がおかしいという担当さんのほうがおかしいと思いました」

「あなたがあまりにこにこしていたんで、担当さんが、こわくないかという趣旨のことを聞いたわけですか」

「はい」

「それでもあなたは死刑になると思っていなかったですか」

「はい、そうです」

「こわくなかったですか」

「別にどうってことなかったです」

「聞かれた担当さんにもにこにこして話したんですか」

「そうです。多分、夜勤の担当さんだと思います」

「と、運動に出て、一緒にいる人から判決があった以上、お前は死刑だぞと言われたわけですね」

「ええ、そうです」

「それを聞いて少し心配になったわけですか、そうでもないの」

「別にどうってことなかったです。だからみんなに一応言われたので、区長さんに面接(を)つけて聞いてみたです」

「すると、みんなから言われた時でも、長谷部さんと約束した十年で出られると信じていたわけですね」

「そうです。だけど、区長さんに言ったら、運動に出たとき、おれに死刑だと言った人は、どこかへ転房《てんぼう》させられちゃったです」

「区長さんに言ったことをもう少し話してもらいたいんですけれども、東京(高裁)へ行きゃ大丈夫だということを言ったんですか」

「そうです。嘆願書も出してやると言ったんです」

「そのほかに一審の判決で、死刑になってもいいんだということは言わなかったですか。つまり(控訴して)東京へ行けば大丈夫だと」

「ええ、東京に行けば大丈夫だと言ったんです。それで控訴の理由も区長さんが書いてくれたんです」

「あなたは区長さんが書いてくれた控訴状を写したんですか」

「写したわけです」

「その控訴した時には、あなたの気持の中を聞くんだけれども、みんなが言うように、死刑になるのかもわからんというふうには、まだ思《と》っていなかったんですか」

「ええ、思っていません。だから、池田なんかに歌を作って書いて自分で殺してないことはわかってたから、歌も作ったです」

池田正雄(仮名)は、おなじ雑居房にいた窃盗犯《せっとうはん》である。浦和拘置所一階の雑居房、一七房の住人は、一雄と池田、それともうひとり、井上(仮名)との三人だった。

「善枝ちゃん殺しはさらりととけぬ」は、一雄の話をきいて、池田がつくった歌である。三番には、善枝ちゃんを殺していない、とあった。歌詞は池田が紙に書いたのだが、房内捜《ぼうないそう》検《けん》のとき、刑務官に没収《ぼっしゅう》されている。

法廷では、検事や裁判官ばかりか、弁護人まで、一雄が筆記したと考えていたが、当時の彼には替え歌を器用に書き取るなどできなかった。文字など、だれでもがすこしぐらいは書けると思う常識が、文字を奪われているものの苦悩と恐怖をさらに深めさせる。

中田は質問をつづけた。


「その歌を作ったのは、自分はやってないという意味のことをこめて作ったわけですね」

「『善枝ちゃん殺しはさらりととけぬ』と、そういうふうに歌ったです」

「歌詞は……」

「『おみつ殺しは』という、三波春夫の歌があるんです。その節で歌ったんです」

「三波春夫の歌の替歌《かえうた》で、善枝ちゃん殺しはさらりととけぬ、という歌を作ったんですね」

「はい、そうです」(中略)

「その歌の中であなたは自分でやってないと、はっきり言っているんですね」

「ええ、三ばんごろまでに」

「池田正雄なんかと、あなたがやってないんだという趣旨《しゅし》の歌を歌ったほかに、自分は無実なんだということについて、池田さんに話したことはありませんか」

「あります。もし死刑のまんまだったら、殺してないんだから、しゃばへ出てから見てろって言ったです。池田正雄にね。それから井上(同囚)にも言いました」

「一審判決を聞いてもあなたとしては死刑になるとは考えていなかったことは判《わか》ったんですが、それは、一《いっ》に長谷部さんとの約束があるからということなんですね」

「そうです」

「前にも一ぺん聞いたかと思うんですが、判決のある少し前に、私の記憶では二日程前だと思うんですが、私が浦和の拘置所へ会いに行ったことを憶《おぼ》えていませんか」

「ちょっと判《わか》らないです」

「あなたに会って、われわれとしてはいろいろやってみたけれども、あなたは今度の判決では死刑になりますよということを、私は言った記憶があるんですがね。あなたは、そのときやっぱりにこにこしてたんだ」

「ああ、そうですか」

「憶《おぼ》えていませんか」

「当時、私、弁護士さんをよく思っていなかったから判らなかったです」

「ぼくらの言うことを信用もしてなかったし、気にしなかったんですね」

「そうです」

「控訴したのも、ぼくらに相談なしにしたんですね」

「そうです」

「相談したのも、霜田区長さんということになりますか」

「はい、そうです」

「あなたは、区長なり、いつも顔を合わせる担当のほかに拘置所の人から、お前は本当に殺しているのか、いないのかと尋ねられたことがありますか」

「あります」

「だれからですか」

「それはちょっと名前は判りませんが、自分が革バンドをかけられた人だから、主任より上の人だと思います」

一雄の証言は意外な展開をみせた。浦和拘置所で懲罰《ちょうばつ》を受けて、四日間、革バンド(拘束帯)をかけられていた事実があきらかになった。「革バンド」は「革手錠《かわてじょう》」ともいい、腰に幅の太い革のベルトを締めさせられ、その前後に両手を固定させられる拘束具《こうそくぐ》である。釘《くぎ》を隠しもっていた、との疑いをかけられ、裸にされて点検されたが、結局、なにもなかった。それで、怒った一雄が刑務官を蹴《け》とばした、という。

「革バンドをかけられたというのは、何か懲罰を受けたんですか」

「そうです。自分が悪くないのを冬の夜、十二時ごろ、裸《はだか》にされたので、けっとばしたんです」

「同じ房の人から裸にされたのですか」

「そうじゃないです。その、善枝ちゃんを殺してないか、とか、聞きに来た人にです」

質問者が裁判長に変わった。

「だれをけとばしたのか」

「主任……ちょっと名前はわからないです」

「看守の主任ですか」

「ええ、そうです。それが釘を持ってたって、おれに言ったです。で、持ってないと言ったんです。そして、裸にして調べてもらってもいいと言ったんです。そして、裸にして、パンツも脱がされたです。それから、違う場所へ移されて、そして、ないって言ったんです。そして、謝まってくれと言ったんです。十二月で寒かったからね。それで謝まらなかったから、しゃくにさわったから、けとばしたんです」

質問者はふたたび、中田弁護人に変わった。

「そのことを理由にして懲罰を受けたんですね」

「そうです」

「その、あなたを裸にして釘を捜した人が、あなたに、お前はやってないかと聞いたのですか」

「そうです」

「いつごろですか」

「聞いたのは、接見禁止を解いてからだと思いますから、第一回公判が終ってからだと思います」

「そのときは、もちろん、先ほど言われた裸にされて調べられる前の話ですね」

「そうです。裸にされたのが十二月二十七日(一九六三年＝昭和三十八年)です」

「あなたは、そのときには何と答えたんですか」

「笑ったです。ご想像に任せますと言ったんです」


池田正雄には、記録魔的なところがあった。自分がやった窃盗事件をこまめにメモしていたのだが、そのメモを落して足がついた。いささか乗りやすい池田と一雄のふたりは、三波春夫の替え歌を歌っては、房内で気を紛《まぎ》らせていた。つぎは一雄のふたつ年下、池田の証言である(第二審、第二八回公判)。

「石川君に対する判決がどういう内容だったか知ってますか」

「知っています」

「どういう内容でした」

「死刑ということでした」

「死刑の判決が出たあとであなた、石川と接触《せっしょく》しているんだけれども石川君の態度はどんなようだったか」

「ええ、……まあ一口でこういうんだとは言いあらわせないですけれども、何か普通の人みたいだったです」(中略)

「死刑の判決で、時々ふさぎ込んだり、大変なやんでいたというようなことはなかったですか」

「まあ、そういうことはなかったですねえ」

「率直《そっちょく》にいってどういう気持を持ちましたか、石川君に対して」

「自分もその本人からまあいろいろなことを聞いたりしていたし、又《また》自分としても態度なんかみるとその……、こういう罪を犯したという感じがなかったです」

「死刑判決」。人間にとって、もっとも衝撃的《しょうげきてき》な判決の直後だったにもかかわらず、一雄は「普通の人みたいだった」というのは、常識の世界をはるかに超えている。さらに池田は、一雄は共犯者がいたとか、出たらあるひとからかねをもらうのだ、などといっていた、と陳《ちん》述《じゅっ》した。

その証言を被告人席で聞いていた一雄は、「三人共犯」というのは、米空軍ジョンソン基地から鉄パイプを盗んだときの話で、出所したらかねをもらうというのは、池田君の想像だと思う、と抗議した。

池田は、善枝ちゃん事件のこととばっかり思っていた、聞きちがいだった、と訂正した。石川一雄が警察にたいして、最後まで隠していた「三人共犯の鉄パイプ泥棒」が、いつのまにか三人共犯の「善枝ちゃん殺し」を想像させてしまったのは、一雄の妙に秘密めかしたものいいも災《わざわ》いしていた。鉄パイプ泥棒を隠していたのは、山田光男の長兄で、妻帯者だった山田鳥蔵(仮名)をかばってのことだった。

死刑判決を受けたあとも、石川一雄はごく冷静だった、との証言はめずらしいものではない。浦和拘置所で彼の担当係で、よくキャッチボールの相手をした森脇聰明は、

「雑居房にきてから、嬉しそうな顔してました」(一九六六年三月八日、第一四回公判)と語っている。中田弁護人が、

「雑居房になったのはいつからですか」

と重ねて問いかけると、森脇は、

「(死刑の)求刑後だと思います」

と答えた。淋《さび》しがり屋の一雄が独房を嫌っていたのはたしかだったにせよ、森脇は、雑居房に移される前からも「朗らかだった」と認めている。

「あなたに対して石川君は、裁判の結果についてあまり心配していない様子を見せていたのではありませんか」

との弁護人の質問に、森脇は、

「まあ、真剣に考えておった様子はなかったです」

と答えた。一雄の態度は、判決後も変わらなかった。彼の上司にあたる、安藤義祐教育部長もおなじ法廷で語っている。

「まあ、相当がっくりして御飯も食べなくて弱っているんじゃないかという心配を自分の仕事の性格上経験して知っているもんですから、そういう人が多いもんですから心配して行ったんですが、私が想像しているよりも平静であったという感じは今思い出しております」

「なぜかということについて、あなた自身、何か考えたことありますか」

と弁護人が聞いた。

「そこまでは私、考えませんです」

と安藤は答えた。一雄が死刑の判決を受けたあとも、「想像しているよりも平静であった」としたならば、よほど確信的な政治犯以外には前代未聞、不思議に思って当然のはずである。石川一雄は、自分の運命を達観《たっかん》していたわけではない。長谷部警視に下駄《げた》を預《あず》けておけばどうにかなる、と思っていただけだ。自分を罪に陥《おとしい》れようとしているものに、全面的に依存《いぞん》するという倒錯《とうさく》は、権力に攻撃されるよりは、優《やさ》しくされたほうが百倍も居心地がいいという、追いつめられた状況から生みだされている。

まもなく石川一雄は、自分の無知さ加減をふかく恨《うら》むようになる。その痛恨《つうこん》が、その後の学習意欲と必死の努力をひきだすことになるのだが、これまでの自分の存在のあり方にたいする悲しみについて、彼はのちにこう書いている。

私は自分の受けて来た警察での仕打ちや、中田善枝さん殺しの犯人に仕立てられた経緯《いきさつ》を苦しんで、苦しんだ末に理解し、警察の恐ろしさを知らされた時、そして、中田先生以下の弁護団に抱《いだ》いていた、私の間違った考えがわかった時、私はこの独房のなかで声をあげて泣きました。後から後からつのり来る口惜《くや》しさにあふれる涙は止まらず、これほどまでに見事に、警察のワナに陥《お》ち入《い》ってしまった自分の無知を恨《うら》みました。（石川一雄『獄中日記』）

雑居房や運動場仲間の口さがない警察批判や竹内景助の助言、荻原佑介の叱責《しっせき》などがあって、ようやく一雄は、長谷部警視など取調官に騙《だま》されていたことに気づかされた。取り返しのつかない失敗だった。彼は警察官への安易な迎合と依存が、自分の運命を変えてしまったことをはじめて知らされた。それも弁護士を裏切り、警察官を信頼するという、致命的な誤りだった。

無知はひとを殺す。独房での号泣《ごうきゅう》は、自分で学習し、自分の頭で考え、自分の脚《あし》で立つことを決意するための、ひとりだけの儀式《ぎしき》でもあった。

このあと、石川一雄は猛然《もうぜん》と文字を学びはじめる。獄中でしか文字を学ぶ時間と空間をもつことができなかったのは、なんとも傷《いた》ましい。

第七章　見送った死刑囚と文字の獲得

正田昭と松本二三夫のプロフィール

東京裁判でよく知られている、旧巣鴨《すがも》プリズンの処刑場は、構内の西北隅に、赤煉瓦《あかれんが》塀《べい》で囲まれてあった。ここでA級戦犯七名が処刑されたのは、一九四八(昭和二十三)年十二月二十三日だった。

占領軍の裁判とともに歴史に名を遺《のこ》すことになった「巣鴨プリズン」は、その十年後の一九五八(昭和三十三)年五月、最後のBC級戦犯を釈放して閉鎖《へいさ》され、十月、「東京拘置所」を移設させた。

石川一雄が、浦和拘置所の雑居房から、この東京拘置所の独房に移送されたのは、一九六四(昭和三十九)年四月末のことだった。自分が処刑されることなど考えもしない、どこか間の抜けた〝死刑囚〟は、職員と囚人たちに異様な印象をあたえていた。

死刑確定囚が収容されている区域が、「ゼロ番区」とよばれていたのは、彼らの収容番号の末尾が、ゼロ番だったからである。およそ八十人ほどの死刑囚が、処刑の日に戦《おの》のいていた。ただこのころは、東京拘置所にはすでに処刑台はなく、死刑確定囚は、宮城刑務所に押送《おうそう》され、絞首刑の執行《しっこう》はそこでおこなわれていた。

荒川放水路に面した葛飾《かつしか》区小菅《こすげ》に、未決の被告が収容される拘置所と刑が確定した受刑者が収監《しゅうかん》される刑務所の再建が終了したのは、一九七一(昭和四十六)年になってからである。このとき、あらたに絞首台《こうしゅだい》が完成している。

死刑囚の処遇はそのころ、各拘置所の所長の判断に任されており、東京拘置所では、一階と二階、東西の棟《むね》に分かれている死刑囚の独居房にもちろん房扉《ぼうひ》はあるのだが、日中は鍵がかけられていなかった。午前十時から午後三時までは、出入り自由。死刑囚同士の房舎への訪問は自由で、いつ運動場に出てもよかった。

いまではありえないことだが、自室で密造酒《どぶろく》をつくっている男さえいた。シベリア帰りの富山という男で、収容所で覚えた技術らしかった。彼の説明によると、差し入れされた餅《もち》を天日《てんぴ》で干したあと、水をやって日陰に置く。すると黴《かび》が生える。

その黴を削り取って、ブドウやイチジクなどと混ぜて瓶《びん》のなかに詰めておくと発酵《はっこう》するという。彼の舎房で一雄もお相伴《しょうばん》にあずかった。

富山の房扉の前を通り抜けるとき、かすかに酒糠《さけかす》の匂いがただよっていた。週一回の房内「捜検《そうけん》」でも、大目にみてもらっていたようだった。

獄死する前、風呂で会った竹内景助の胸は、洗濯板《せんたくいた》のように痩《や》せさらばえていた。彼以外の共産党員の被告が無罪となって釈放を勝ち取ったとき、党の機関紙「アカハタ」は「全員釈放」との大見出しを立てた。非党員だった竹内は、いわば党員釈放のための生け贄《いけにえ》のようだった。

「単独犯」の主張は、竹内としては、日本の革命のために共産党員たちを救う、ヒロイックな自己犠牲のつもりだったが、共産党のあまりにもあっけらかんとした仕打ちは、竹内に臍《ほぞ》を嚙《か》む無念だけを残させたようだ。

竹内のほかに、一雄が獄中で親しくしていたのは、やはりもの静かに暮らしていた正田《しょうだ》昭《あきら》だった。東京・新橋のバー「メッカ」に、金融ブローカーを誘いだし、ふたりの共犯者とともに殺害した。

この事件が、「メッカ殺人事件」として世間によく知られるようになったのは、主犯の正田が慶大生(実際は卒業生)だったことと、大学新卒の初任給が八千円のときに、四十万円もの大金を強奪《ごうだつ》したこと、事件発生の一九五三(昭和二十八)年七月から潜伏先《せんぷくさき》の京都で逮捕されるまで、ほぼ三ヵ月間におよぶ逃亡生活をめぐって、センセーショナルな報道がつづいたことなどによった。

いまのように、大学が大衆化されていなかったころの「慶大生」である。アカ電と呼ばれる、委託公衆電話がはじめて東京駅構内に姿をあらわし、民間テレビ局第一号の日本テレビが、本格放送をはじめたころだった。といったにしても、一九五三年は、アメリカ製の21インチ白黒受像機が二十五万五千円もして、日本での普及台数は三千台にすぎなかった。

伊東絹子がアメリカのミス・ユニバースのコンテストに三位入選、「八頭身」が流行語となった。生命保険会社の保有契約高が一兆円を突破し、大衆的なヒーローとなった力道山が、日本プロレスリング協会を設立して、プロレスブームがはじまりつつあった。

一方、朝鮮戦争は停戦となり、警察予備隊として発足した保安隊は自衛隊へと再編・強化され、朝鮮特需のあとの不況は、いまのように、人員整理を頻発《ひんぱつ》させていた。それでも世情は戦後の混乱期からようやく抜けだして、欲望社会にはいりはじめていた。「メッカ殺人事件」はその時代の幕あけの象徴的な事件だった。

正田昭は、よく整頓《せいとん》された房内に端座《たんざ》して、いつもかならず、なにやら書き物をしていた。便器の蓋《ふた》に腰かけ、流し台を机代わりにつかうのではなく、ノートを片手にもって書いているのが、ひらいているドアの内側にみえた。

一雄より十歳上の正田は、第一審で死刑判決を受けたあと、短編小説「サハラの水」を書いて「群像」新人賞に応募、最終選考に残された。その作品が「群像」に掲載されて、話題を呼んでいた。

そのころの学生だったわたしには、内向的な犯罪者として、正田に関心があったのだが、一雄は正田が小説を書いたり、手記を出版したりしていたことを知らなかった。彼はまだ、本を読めるほどに、文字を獲得していなかった。

正田はその後、獄中手記などを上梓《じょうし》していたが、一九六九(昭和四十四)年十二月九日早朝、処刑された。

死刑執行前の晩、正田は母親と面会している。どんな話をしたのかまでは語らなかったが、

「夕べ会ったよ」

と彼は一雄に告げた。

「だから、今日、逝《ゆ》くのを母親は知っているんです」

と、正田は一雄の手に両手を重ねていった。幼いころに、父親と死別していた正田にとって、母親は特別な存在だったのだ。「がんばりなさい」。それが一雄にかけた正田の最後の言葉だった。彼はまるで運動場に出ていくような軽やかな足どりで、仲間の房扉のまえを通りすぎていった。

一九七〇年代の半ばごろまでは、このような「集団処遇」がおこなわれていた。まだ「人間的」な扱いだったが、その後、華道《かどう》や茶道《さどう》、音楽会などの和《なご》やかな集まりはなくなり、親族への通知や最後の面会もなくなった。「事前通知」を受けて自殺する死刑囚もあらわれた。石川一雄がみていた時代は、過去のものとなったが、もうすこしつづけて書く。

処刑場にむかう前、処刑されるものは、一房から順番に、同囚たちに挨拶《あいさつ》をしてまわるのがしきたりである。

「お先にいって待っています」

と声をかけていくのだが、一雄の場合は、冤罪《えんざい》を訴えているのを知っているので、たいがいのひとは、

「がんばってね」

といって、去っていった。

死刑囚たちは、だれかの舎房のなかで車座《くるまざ》になっては、「俺は菊薫《きくかお》るころに逝《ゆ》きたい」とか「従容《しょうよう》として逝きたい」などと強がりをいいあっている。あるいは、「天国にいったらこんなことをしたい」というものがいれば、「お前はわるいことをしたんだから、天国なんかにいけるわけはないだろう」とまぜっ返されたりする。財田川《さいたがわ》事件の冤罪死刑囚だった、谷《たに》口繁義《ぐちしげよし》から聞いた話である。

生き抜くことは諦《あきら》めているから、「死んだら、海がみえる山のてっぺんに埋めて欲しい」と親への手紙に書いたりしていた。塀《へい》のなかにいて、外界を見渡せないまま死ななければならないのが、たまらないのだ。

安心して処刑場にいかせるために、仏教やキリスト教の教誨師《きょうかいし》がいる。死刑の執行は、判決確定の日から六ヵ月以内におこなう、と刑事訴訟法に定められている(第四百七十五条)のだが、よほどの事情がないかぎり、三年から五年ほどは生存させられている。死刑台にむかう通路で暴れたりしないように、よくよく教誨する期間のためであろう。

ゼロ番区の映画会で、一雄にとっていちばん印象的だったのは、鶴田浩二主演の「同期の桜」だった。これにはみんな泣いた。代わってやりたい、というものが多かったという。死を目前にして、自分の死に意味をもとめたい死刑囚たちが、自分のおかれている境遇《きょうぐう》にひきつけ、身を乗りだして観ていた。

死刑囚は、自分が殺されるのを納得するために生かされている人間である。納得するまで、教育がほどこされる。たしかに、特攻隊もまた、「大義」のために死地に赴《おもむ》かされたが、そこには自分を納得させるため、「英霊」にされる装置があった。

しかし、死刑囚はその反対に、正義執行の犠牲者として、みせしめとして殺される存在である。しかも、けっして執行が公開されることがないのは、その正義の行使が、現代の市民社会では、あまりにも酷《むご》い野蛮《やばん》なものだからである。

処刑場にむかう死刑囚たちは、拘置所所長が、房扉の前に静かにたって、

「お迎えにきました」

大きな声でいうと、

「はいっ」

待っていたかのように答えて、スッとたって出てくる、という。前の日に知らされていたからだ。

正義の生《い》け贄《にえ》は、各房の住人のひとりひとりと握手をしたあと、廊下をごくふつうの足どりで歩いていく。石川一雄の表現によれば、

「仏のように、涙ひとつ流さないで、静かに逝《い》くんです。ああいうひとたちを、死刑執行する必要はないんじゃないかな。もう本当に神様のようになっちゃってますから」

谷口繁義の話でも、「みな従容《しょうよう》として逝った」というのだが、しかし、処刑場の建物にはいって、ドアが閉められたあと、どのようなドラマがはじまったか、それは立ち会った拘置所所長、検事、刑務所職員、教誨師、監獄医のほかは、だれもみていない。

一雄の記憶では、四十六人ほど見送った死刑囚のなかで、暴れた男がただひとりだけいた。

女子高校生を殺した、という二十歳をちょっと過ぎたばかり、未成年のときの犯罪で死刑を宣告された、松本二三夫《まつもとふみお》だった。

「お迎えにきました」

と、このときも、いつもとおなじように、扉の前にたった刑務官が、それ以外にはどのようにもいいようのない言葉をかけた。が、松本は、

「死にたくない！」

大きく叫んで、ドアを抑えた。非常ベルが、一雄のいる四舎の二階にも響いてきた。ジーンと鳴っているのだが、驚くほどの大きな音響でなかったのは、不測《ふそく》の事態《じたい》を告げるベルは、刑務官たちが待機している部屋に設置されてあるからだ。

コンクリートの床を大勢が殺到《さっとう》する気配がして、ドアにしがみつくようにして暴れ、泣きわめいていた松本は抱きかかえられ、連れていかれた。あとは物音を押し殺したかのように、シーンと静まりかえっていた。

見送った永山則夫、若松善紀、小原保

東京・渋谷の銃砲店に立て籠《こ》もって、「ライフル魔」と呼ばれた片桐操《かたぎりみさお》も、未成年犯罪での死刑囚だった。彼は一雄のことを「兄貴、兄貴」と慕《した》っていた。十八歳になったばかりのとき、姉が散弾銃を買ってくれた、と一雄は聞いている。

一九六五(昭和四十)年七月、神奈川県座間《ざま》市でふたりの警官を殺傷、渋谷まで逃げ延び、銃砲店で店員を人質にとってライフル銃を乱射した。

逮捕されたあと、片桐は「スカッとした」と語っていた。七年後に処刑されているから、わずか二十五歳の人生だった。それでもやはり静かに逝《い》った、という。

本人にたいしては、前日に通告されているのだが、だれひとりとしてそれを他の囚人に教えなかった。いつも運動したり、雑談したりしている仲間だったから、余分な精神的な負担をかけないようにしているようだった。

しかし、はたして、みながみな従容《しょうよう》として逝くのだろうか。仲間の前を通過するときだけ、見栄《みえ》を張って、カラ元気をだしているのではないだろうか。やはり冤罪の死刑囚だった免田《めんだ》栄《さかえ》は、わたしの静かに逝くというのは本当ですか、との質問につよい反発を示した。

ある刑務官OBは、こう語っている。

「嫌な役割ですよ。それまでどんなに落ち着いているように見えた死刑囚でも、いざ刑場に連れていかれるとなると、体ががたがた震えだす。やっぱり怖いんですよ。死にたくないんですよ。当たり前ですよね。そんな人間を、われわれは連れていくわけです」(朝日新聞死刑制度取材班『死刑執行』)

この本によると、かつては絞首台までの十九段を昇らせ、踏み板のうえに立たせる「地上《ちじょう》絞架式《こうかしき》」だった。それでは死刑囚が怯《おび》えて抵抗すると執行が困難になるので、現行のように目隠しして歩いていく方式に変えられた。気づかないうちに踏み板のうえにたつと、踏み板が外され、勢いよく地階に落下する「地下絞架式」にされた、という。が、さほどのちがいは感じられない。

刑務官たちは、法務大臣の執行命令書があるかぎり、どんなに暴れようと死刑を執行しなければならない。だからこそ、静かに逝くよう時間をかけて教誨《きょうかい》するのだ。しかし、殺すために教育する、というほどひどい欺瞞《ぎまん》はない。

石川一雄の記憶のなかにある死刑囚で強烈な印象を残したのは、松本二三夫以外では、三人の共犯者が同時に執行されたときだった。共犯のふたりが並んで挨拶にきたことはあったが、さすがに三人いっしょというのはほかに例をみなかった。


「連続射殺魔」といわれた永山則夫は、事件当時、未成年者だった。一審の死刑判決が二審で無期懲役に減刑されたが、検事側が不服として上告、最高裁はそれを認めて差し戻した。この結果、東京高裁の差し戻し審では、ついに死刑に「昇格」させられた。未成年の犯罪者でも強引に死刑にされた、ひとつのケースである。

永山は、わたしが同郷の物書きだ、ということに親近感をもったようで、手紙をもらって文通がはじまり、小菅の東京拘置所に面会にいったことがある。いつもハガキは、「元気ですか。がんばってますか」と書きだされていた。

やがて、わたしの手紙がはいらなくなって、処刑の報道に接することになる。彼は処刑されるとき、大声をあげて抵抗した、と伝説のようにつたえられている。

永山則夫は、仲間たちには優《やさ》しかったが、刑務官にはことごとく悪態《あくたい》をついて反抗し、しょっちゅう懲罰《ちょうばつ》を食らっていた。お前たちにひとを指導する権限があるのか、お前たちは人間か、人間だったらその服を脱いでみろ、などと怒鳴っていた、とは石川一雄の思い出である。

わたしが友人の編集者といっしょに、東京拘置所で面会したときは、どこか落ち着きがなく、ひっきりなしに話しかけ、精神的に不安定だったように感じられた。そのころ彼は、膨《ぼう》大《だい》で難解な哲学ノートを書きつづけていた。

無期懲役刑に決まったはずなのに、意趣返《いしゅがえ》しというべき検事上告によって、死刑判決にどんでん返しにされた無念、それと三十年も拘置されている精神的な圧迫、それでも独房で学び、なん冊もの本を書いた営為によって、永山則夫は死刑囚としてきわだった存在になった。

永山は死刑囚が収容されている四舎二階から、あつかいにくい死刑囚が多くいる一階に移され、彼だけはひとりで運動場にだされていた。ふつうは、死刑囚は自分と気のあった仲間十人ほどで、ひろい運動場に出ることができたのだ。

ところが永山は、扇形のせまい運動場に、ひとりでだされていたから、たとえ十分だけ、運動時間をあたえられていたにしても、他人と対話することはない。月に一回、所長会食というのがあったり、映画やテレビをみせてくれたりするのだが、永山はそれからもはずされていた。

彼が社会を意識するようになるのには、この運動場での学生運動家との出会いによってだから、ほかの囚人から引き剝《は》がされた苦痛は大きいものがあったであろう。

永山は学生運動家との出会いによって、やがて『無知の涙』を執筆し、出版する。社会にたいしてあまりにも無知だったからこそ、その行き場のない怒りを、なんの恨《うら》みもないガードマンやタクシー運転手に叩きつけるようにして殺してしまった、という痛恨《つうこん》の想いが、無知の涙だった。

わたしは、彼が法廷で、裁判長の人定質問にたいして、出身校を、「東拘大《とうこうだい》」と誇らしげに語ったというエピソードに、胸を衝《つ》かれる想いにさせられた。東京拘置所は、石川一雄にとっても、「わたしの大学」のはずである。

永山則夫も、石川一雄ほどではなかったが、小、中学校では長期欠席だった。彼もまた一雄のように獄中で文字を獲得し、独学によって社会科学や哲学の本を読み、少年時代を題材にした痛切な小説「木橋」を書いて、わたしが選考委員をつとめていた、「新日本文学賞」に応募してきた。正田昭のように、自分の犯行をかかえて自己認識を深め、それを小説のかたちにしたのだった。

「ニヒリスト」として、アプレゲール世代を代表する正田昭の犯罪は、「自己破滅型」の極端な表現だったが、若松善紀《わかまつよしき》の「横須賀線爆破事件」は、事件名のおどろおどろしさにひきかえ、「吃音《きつおん》」に苦しむ孤独な青年の悲しい自己主張でしかなかった。

山形県の尾花沢《おばなざわ》市郊外の農村に育った若松にとって、四歳のころ、東京から彼の家の物置小屋に母娘《おやこ》ともども転がりこんできて、三年後に帰っていったM子は、忘れがたい女性だった。中卒後、大工となって修業し、やがて東京に出て再会、想いがかなって同棲《どうせい》するまでに漕《こ》ぎ着けた。

が、彼女を兄弟子に奪われる悲運に遭《あ》う。それでM子が利用していた横須賀線の列車の網棚に、手製の時限爆弾を仕掛けて爆発させる。愛のメッセージのつもりだったのであろう。

この爆発によって、乗客に死者一人、重傷者十二名の被害者をだす(一九六八年六月)。おりしも新左翼運動たけなわの時代、爆弾闘争などもあったし、そのあと、「草加次郎《そうかじろう》」と名乗る「爆発魔」の事件が東京の地下鉄銀座線で発生、未解決になっている。

若松善紀の犯罪は、まったく非政治的なもので、本人自身、その電車が終点の横須賀駅について、車庫にはいったあとで爆発すると信じていた。ところが、東京を出発した電車は、横須賀駅で折り返して、ふたたび東京駅にむかってきたのだ。手製の爆弾は、北鎌倉をすぎたところで爆発した。

本人自身にとっては、自分の奥深くに棲《す》んでいるM子にむけた、あたかもラブレターのような、言語障害者のメッセージだったが、ほかの爆弾犯へのみせしめもあってか、あたかも国家転覆罪《こっかてんぷくざい》なみの死罪とされる。

逮捕四ヵ月後の一九六九(昭和四十四)年三月に一審死刑判決、二年後の一九七一年には死刑確定、そして一九七五年末に処刑された。あまりにも早い処置だった。若松の最高裁へ宛てた「上告趣意書」は哀切《あいせつ》である。三十二歳の若さだった。

一審判決の前のころだと思うが、わたしは若松善紀の実家を訪問したことがある。天童市《てんどう》の空港からタクシーでたどり着いた先は、萱葺《かやぶ》き屋根の農家だった。母親と話し終えて帰るとき、彼女は山から採ってきたばかりの蕗《ふき》とそれを湯掻《ゆが》くための灰を、新聞紙に包んでわたしに手渡してくれた。

お土産《みやげ》だった。そのあと、わたしは公判を傍聴《ぼうちょう》したり、なん回か手紙のやりとりをしたが、やがて手紙がもどってきた。処刑されたのだった。

法廷で、国選老弁護人の弁論を聞いて、わたしは不満を感じていた。死刑判決をくつがえすために、さほど熱心なようには思えなかったのだ。若松はキリスト者としての洗礼を受け、短歌の道にすすんでいた。そのためもあったのかもしれないが、やはり静かに一雄の手を握って逝った。

教会の鐘きこえくる方角に殺《あや》めし街がありて昏《く》れゆく
生きのこる文鳥のためあたたかき陽は少しづつ部屋にさしこむ

ペンネーム、純多摩良樹の絶詠《ぜつえい》である。

一雄によれば、彼にはけっこう差し入れが多かった、という。わたしはそれをきいて、ホッとする想いだった。山形にいる、腰のまがった母親が送りつづけていたのであろうか。

狭山事件の発生よりもすこし前、一九六三(昭和三十八)年三月末、四歳の少年の誘拐事件として世間を騒がせたのが、「吉展ちゃん事件」である。二年三ヵ月後の一九六五年七月、窃盗事件で服役中の小原保(三十二歳)が犯行を自供、その自供どおり、誘拐現場のちかくのお寺の墓地で、村越吉展ちゃんの遺体が発見された。

処刑は、一九七一年十二月二十三日の早朝、宮城刑務所へ移監されての執行だった。

小原保もまた、若松善紀とおなじように短歌に精進《しょうじん》していた。一雄はよくいっしょに運動場にでて、おしゃべりをした。頭のいい男で、映画が大好きだった、という。その辞世の句。

明日の死を前にひたすら打ちつづく鼓動《こどう》を指に聴きつつ眠る

一雄も短歌をはじめるようになった。東京で短歌を教えていたという、五十すぎの大金《おおがね》に「つくってみなさい」とすすめられてのことだった。彼は三角関係の一方の女性を殺害して、死刑の判決を受けたのだが、いつも温厚で腰がひくく、とてもひとを殺せるような男にはみえなかった。中学生の娘がいて、よく面会にきていた。

死刑囚は時間を限定されて生きている存在である。しかし、一方では一日一日、自分が殺されるのを待つだけの存在だから、暇《ひま》をもて余しているようなところもあった。

それで死刑囚たちは、房内で車座《くるまざ》になったり、運動場の砂場に座りこんだりしながら、大金の話を聞いたり、添削《てんさく》を受けたりしていた。大金自身も去っていくときに、一雄にかけていった最後の言葉は、

「石川さん、がんばれや」

だった。一雄が触れあった死刑囚たちは、「相手が助けてくれ、といってたんだから、助けてやればよかったんだ」などと、犯行時の自分の激情を悔《く》やんだりしていた。それでいながら、自分が救われることがない現実を、自分に納得させようとしていた。

処刑は、長い時間をかけて、ようやく自分の死を納得したものを殺すのだから、二重の殺人ともいえる。それは被害者の死の恐怖よりも、さらに圧倒的に長い、日常的な、そして確実な死の恐怖である。近代社会で死刑制度が遺《のこ》されているのは、社会的後退といえる。死刑制度と戦争は、国家制度の最大の悪だ、とわたしは考えている。

一雄はほかの死刑囚たちを羨《うらや》ましく感じていた。どんな凶悪な罪を犯した人間であっても、一雄とはちがって、文字を読むことができたのだ。彼らが自由に読み書きしているのをみると、一雄には眩《まぶ》しいように感じられた。

自分は生きるだけで精いっぱいだった。その喪《うしな》われた時間が惜《お》しかった。羨ましいだけではすまなかった。このままここにいたら、彼らのように、ひとりずつ確実に殺されていく。断崖絶壁《だんがいぜっぺき》にたたされている自分の姿が、恐ろしいほど身にせまるのを感じていた。

文字を読み書きできなかったことが、自分の運命をひとに任《まか》せっきりにした。供述調書をつくらせ、それを自分で読むこともなく、投げやりにして、ろくに確認しなかった。その口惜しい想いがあった。

文字を読み書きできるようになって、自分自身で闘わなければ、死刑台へつづく道から脱出できない、との想いがつよまっていた。

熱心に文字を教えてくれた刑務官

文字の習得について、一雄はこう書いている。

別件逮捕された狭山署で、私は何かコピーでとってあるような文章を見せられ、「写して練習しろ」と言われ、横書きの文章を、何度も書き写していたことがあります。当時の私は、読み書きがまったくできませんので、なんの文章なのか内容もわからずに、言われるまま書き写していました。私は逮捕されてから、他人の「脅迫状」のコピーの文章を意味も内容もわからずに、まだろくに書けない字で、ただ書き写していたのです。

別件で逮捕される前にも、私の家に夜、警察官がやってきて、Iとかいう人が書いた見本を見せ、書く練習をさせられたことがあります。その通りに書こうとしたら、横からそうじゃなくこうだと指図《さしず》されながら、わら半紙に五、六枚書いて出したのです。

私は「東鳩」にいたとき、きまりきった早退届の文章すらろくに書けず、他人の文面を懸命《けんめい》になって引き写して書いたことがありました。逮捕されたあとでも、私はまるで選挙の投票のように、「脅迫状」のコピーの文章を、内容も意味もわからぬまま、一心に書き写す練習をしていたのでした。そのときはまだ「石川一夫」と自分の名前を書いていました。

私が、親からつけてもらった名前を正確に書けるようになったのは、別件逮捕され、再逮捕され、起訴されてからでした。拘置所からは一字まちがっても出ることができないので、正確に書くことを教えられ、昭和三八年九月の第一審公判のはじまる前になって、ようやく「石川一雄」と書けるようになったのです。(石川一雄『獄中日記』)

石川一雄にたいして、無実を訴えるようにすすめたのは、竹内景助であり、荻原佑介だった。第二審の第一回公判でいきなり否認したあと、一雄は担当(看守、刑務官)から、自分で文字を勉強し、手紙で本当のことを、だれか偉いひとに訴えたほうがはやい、といわれた。

その若い刑務官は大学を出たばかりで、死刑確定囚の担当にまわされてきた。死刑囚は処刑の日を待っているだけ、死の恐怖とたたかっている存在だから、ほかの囚人たちにくらべると、内心は別にしても、静かで、手がかからない。それに微罪《びざい》の囚人が出たり入ったりする雑居房とちがって、舎房への出入りがすくないので、刑務官には比較的時間があった。

彼が一雄に文字を教えてくれることになった。彼はそれまでの新聞記事、冤罪《えんざい》を主張するビラなどを手に入れて読んでいたようだった。

こうして、拘置所のなかで、三歳ほど年下の刑務官を相手に、一雄のはじめての系統的な学習がはじまった。そのあと、三人の刑務官が協力してくれた。彼らは自宅に捜査にきた警察官たちのように、彼を犯人に仕立てあげるために字を書かせたのとはちがって、無実を訴え、無罪判決への道を切り拓《ひら》くために指導した。

第二審の公判がはじまる前、浦和拘置所から東京拘置所へ移送されてきたとき、一雄の所持金は、わずか六十円でしかなかった。勉強するにしても、ノートや紙を購入《こうにゅう》するかねはなかった。それでその刑務官は囚人に支給するチリ紙を、一雄にまわしてくれるようになった。

チリ紙といっても、当時はワラ半紙のように固く、使用するときには揉《も》みほぐして柔らかくしていたほどだったから、表ばかりか、裏も筆記に耐えるほどだった。

ひとりあたり一日五枚の配給だった。所持金があるひとたちは、自分で柔らかなチリ紙を購入していた。だから、配給された分は返納され、庶務課に返されるのだが、刑務官はほかの囚人たちに配ったふりをして、その分をひそかに一雄の学習用として、三十枚、五十枚とまとめてくれた。

最初は、漢字の書き取りだった。漢字にはルビをふってくれた。ひとつの漢字をなんどもくりかえして筆記し、十日、二十日たってから、またおなじ字にもどる、というすすみ方だった。肉体労働なら、身体のリズムで体得できるのだが、ペンをもつと身体がこわばって、一時間前に覚えた字も忘れてしまう。壁にペンをたたきつけたい気持ちだった。

刑務官は、一雄が練習したチリ紙を回収し、官服のポケットにいれてもち帰った。彼が休みにはいる前の日になると、宿題として五十字ほど、あたらしい漢字を置いていった。

一九六五(昭和四十)年七月十三日にひらかれた、第二審第二回公判から、石川一雄は決然として長谷部警視など取調官を批判するようになる。嘘《うそ》の自白を強制された経過を、まるで憑《つ》き物《もの》が落ちたかのように敢然と暴露《ばくろ》した。

このころには、大学ノートに日記をつけ、手紙も自分で書けるようになっていた。第一回公判でいきなり否認して周囲を驚かせてから、ほぼ一年、必死の学習の成果である。

一九六五年九月六日(月)

午前一〇時頃から雨が降り出しました。私達は今日午前八時からの運動でしたので差し支えありませんでした。又、午後二時頃、熊本県玉名市温泉区福岡誤殺事件真相調査会代表、古川泰龍《ふるかわたいりゅう》さんから手紙を頂戴《ちょうだい》しました。用件は先月、この古川さんに事件の内容を詳しく書いて送ってくれと言われたのですが、中田先生に知らない人が来たらなるべく会わぬ様《よう》に言われて居るので、私としても中田先生に聞いて見なければ判《わか》らないと、この様に書いて返事を出したのです。そしたら我々は警察の廻し者ではないから大丈夫だから是非知らせてくれと書いてありましたが、出しませんでした。(石川一雄『獄中日記』)

僧侶《そうりょ》の古川泰龍は、福岡刑務所の教誨師《きょうかいし》を務めていたとき、強盗殺人事件である、「福岡事件」のふたりの被告と出会う。彼らの冤罪《えんざい》を信じて、死刑判決を取り消す再審請求運動に奔走《ほんそう》した。この結果、ひとりの被告は執行されたものの、残るひとりは無期に恩赦減刑《おんしゃげんけい》、仮釈放される。

連続殺人事件の犯人として悪名をとどろかせた西口彰《にしぐちあきら》が、詐欺《さぎ》を目的にして、弁護士になりすまし、古川の寺院を訪問したところ、十歳の娘に見破られて逮捕された。この事件によって、古川の運動はマスコミで注目されるようになる。

古川泰龍が死刑廃止の運動の一環《いっかん》として、川崎や成田のお寺をまわったときに、わたしも取材で同行したことがある。一九六八(昭和四十三)年ごろのことだったが、わたしは「狭山事件」について、それでもまだ無関心だった。古川ははやいころから、一雄の無実を信じていた。

このころのことだった。中田直人が妻に裁判資料を届けさせたことがあった。妻の美重子《みえこ》はいつも和服だった。和服姿の美重子が、法廷の右側、弁護人席に到着するまで、一雄はじいっと眼で追っていた。そのあと、一雄からやってきた手紙に、「先生の御内儀《おかみ》さんによろしく」と書かれてあった。覚えたてで、使ってみたかった漢字だったようだ。

たしかに、「御内儀」は、辞書には尊敬語として扱われているが、商家の妻以外にはあまり使わない。その異和感があって中田はよく覚えていた。それでも一雄の獄中からの手紙は、めきめきという表現どおり、進境いちじるしいものがあった。

本を読み、文字を書くことができるようになって、一雄の世界は、舎房から獄外へと急速にひろがっていった。それればかりではなく、心の内部もまた豊かにひろがっていったのだった。

文字を取得《しゅとく》出来た事で、心の炯眼《けいがん》(洞察力《どうさつりょく》)を養い、石川一雄という人間を作り替えてくれたのは紛《まぎ》れもない事実です。

というのは、社会に居た頃の私は読み書きが出来ない負い目もあって、自分をへんに捻《ひね》くれた人間にしてしまっていたような気がしてならないからです……読み書きが出来るようになったことだけで、こんなにも私の気持ちをゆたかにしたり、又それほど私の心の中を広々と開拓してくれようなんて考えてもみませんでした。(部落解放同盟発行『狭山差別裁判』一九九〇年二月号)

一雄は日記を書きはじめたころから、短歌もつくりだしていた。

　無実をば叫び続けて監房《かんぼう》に吾の真実いかに知らさむ

歌は無実を訴え、望郷の感情を詠《うた》ったものが多いが、つらいばかりではない、獄中にある自己の姿をも対象化させている。

　食事足りて獄舎にひとりまどろむはけものに似たる安らかさなり
　日も昏《く》れて点検済みし独房に蒲団《ふとん》のべれば心ほぐるる

これらの短歌には、文字を自分の手にすることができた、精神的なゆとりがあらわれている。といって、けっして長閑《のどか》な日々だけがつづいていたわけではない。

何故《なにゆえ》の焦《あせ》りなるのか独房に苛立《いらだ》ち続き歌集も閉じる

拘禁《こうきん》されている囚人たちは、刑務官を「先生」と呼ばされている。一雄の担当の先生は、たいがい彼の学習に協力的だった。漢字の書き取りをしてから、音訓表《おんくんひょう》でむずかしい漢字を読む練習をした。拘置所から借りた辞書は戦前のものだったので、彼がいま使用する漢字は旧字だったりする。五年ほどのあいだに、先生は五、六人ほど代わった。

一雄は東京拘置所で最初に出会った若い担当ばかりでなく、それぞれ歴代の担当を「命の恩人」といっている。おだてたり、励《はげ》ましたりして、彼を闇《やみ》の世界から光の世界へ導《みちび》きだしてくれた、との感謝からである。刑務所で文字を獲得して、世界が明るくみえるようになった、という非識字者はどれぐらいの数になるのだろうか。

「おなじ本を三回読め」という刑務官もいた。一回目はただ読むだけ、二回目であるていどわかって、三回目になると飽《あ》きる。飽きるということは、意味がわかってきたからだ、というのだった。一雄はバカ正直にそれを実行した。一字、一字、ゆっくり読んだ。本を読めるようになって、いちばん印象に残ったのが、尾崎秀実《おざきほつみ》の『愛情はふる星のごとく』だった。

朝日新聞の記者で、中国問題の専門家だった尾崎秀実は、敗戦の直前、ソ連のスパイのゾルゲとともに、「国防保安法」違反などで処刑された。スパイ罪である。尾崎は中国へ侵略した日本帝国主義内部にあって、その政策を変え、ソ連にたいする戦争開始を阻止《そし》するために、ヒットラー政権の在日ドイツ大使館で影響力のあった、ゾルゲに協力していた。もっとも危険な反戦活動だった。

逮捕されてから処刑されるまで、二年八ヵ月のあいだに、尾崎秀実が獄中から妻と娘に書き送った二百四十三通の手紙の一部が、戦後になって刊行されベストセラーになった。

一雄に感銘《かんめい》を与えたのは、留守宅にたいするこまごまとした生活の指示や遠慮《えんりょ》がちな本の差し入れの要望、妻や娘へのこまやかな愛情の表白《ひょうはく》であり、獄窓《ごくそう》から眺めた遠い空や小鳥の姿や萩や菊の花の描写だった。

尾崎もまた一雄の同囚たちのように、「しっかりした足どりでその場にのぞむ」との決意を手紙に書いている。しかし、一雄には無実の自分が執行されることはありえまい、との楽観もあった。

このころ、石川一雄は、自分の生活を、前掲の『獄中日記』で、つぎのように書いている。

一九六九年八月二八日(木)

裁判は何時《いつ》になったら再開されるであろうか。四月四日以降は何の通知も来ない(忘れずに必ず毎月来るのは勾留更新《こうりゅうこうしん》だけである)のみならず、先日(去る二三日)弁護人の橋本先生が面会に来ての話では「また裁判長が変ったから、一〇月頃になるだろう」等といっていたが、今度変れば五人目である。

東京拘置所へ来てから今日で五年と三ケ月余りになるが、一年に一人平均変ったことになる。こう裁判長が変ったのでは、真の裁判も出来ないのではあるまいか。

自分が悪い為《ため》に裁判が長引いているのであろうから、決して泣き事を並べているのではないし、また裁判を早く進行して貰《もら》いたく言うのではない。そりゃ、早期解決で、一日でも早く世間《シャバ》へ出たいのは山々《やまやま》である。が、国民の皆さんにまで迷惑をかけている只今《ただいま》では、そんな勝手な事を言っては罰《ばち》が当たる。

然《しか》し、裁判長がこうも度々《たびたび》変られたんでは、公正な裁判を期すのは無理のみならず、調書等でもあんなに沢山《たくさん》有るのに、裁判長が変る度に、始めから目を通さねば分らない事になるので、短期間では全部に目を通すのは、非常に困難で、どうしてもおろそかになって、公正な裁判が出きないのではないか、と心配するのである。

発信　封書一通(大阪)

裁判に期待するしかない。しかし、その裁判はなかなかはじまらず、裁判長が変わるだけだった。

同年一〇月一七日(金)

昨日付けで書き終った日記帳は本日郵送の手続きを取った。

独房の日課

(1)起床は四季を問わず午前七時(日、祭日は七時三〇分である)で、各独房に備え付けてあるラジオのベルによって寝起きし、そして七時三〇分の点呼《てんこ》までに布団は独房の片隅に四つ折にして置き、洗面等を済《す》ませて点呼を待つ。

点呼の時は独房の中央にズボン、上衣を着けて(真夏でも同じ)正座して、係の担当さんが「番号」と大きな声でいって「三九五三」(これが私の番号である)と大きな声で答える。何処《どこ》の刑務所、拘置所であっても名前は一切使わないとのことで、番号が名前の代りになって、私の番号は独房の扉の側に「三九五三」(これが石川一雄である)と記入してある。

点呼後は比較的自由(足を崩《くず》して読書等可)であり八時前後になると食事の時間になる。が、その前に雑役《ざつえき》(受刑者で、炊事《すいじ》、房の回りを掃除等する人)がお茶を配って回る。浦和拘置所に居る時は三度の食事は食べっぱなしで、食器類は一切自分で洗う事はなく皆《み》んな出す為《ため》に、三度の食事の度《たび》に食器が変って来るので不潔《ふけつ》である。が、当拘置所は、自分で洗う面倒くさい点もあるがその代り食器は全部手元へ置けるから清潔は保てる。

(2)日用品等は次の通り日別によって購入するのである。

月曜日　ちり紙その他多く。

火曜日　食料のみ購入日。

水曜日　切手・ハガキのみ購入日。

木曜日　食料のみ購入日。

金曜日　理髪券《りはつけん》のみ購入日。
土曜日　食料のみ購入日。
日、祭日は購入出来ない。その他の日用品は月曜日が購入日である。
(3)点呼後から午前九時頃までに係の担当さんが「何か願い出る事があるか」と回って来る。従ってその日によって(2)にあげてある様な物を願い出るのである。ただし、月、水、金と週に三回の診察日があるが、悪い時はその限りではない。
(4)発信は原則として一日置きに二通の週に六通内であるが、それでは私の場合「狭山事件」の真実を訴えるのみならず、返信さえ間に合わないので、上司にお願いして、毎日、二、三通の手紙を出させていただいているのである。聞く処《ところ》によると当拘置所には二千数百人も居るそうで、そんな中で、私は特別に取計《とりはから》っていただいているので感謝しなくてはならないが、何から何まで制限ずくめの自由のきかない獄であってみれば、手紙ぐらいは自由に出させて貰《もら》いたいものである。
(5)点呼午後四時四五分(点呼の要領は朝と同じ)仮就寝五時三〇分、就寝九時。
(6)ラジオ放送は主として娯楽もの(歌謡、落語等)で平日は午前一〇時から三〇分、正午から三〇分、午後一時半から三〇分、五時から就寝の九時まで、日、祭日は午前一〇時から三〇分がなく、その代り、零時一五分から三時三〇分迄《まで》である。他は平日と同じである。
(7)運動時間、一般は一日一回の二〇分前後であるが、我々死刑囚(私は無実の罪で死刑にされているのであるが、当所ではそんな事をいっても関係ない)は一日一回であるが、一時間もの長い時間を運動をさせてくれるので、私は独房に居る時は朝から午後五時頃まで、ペンを走らせているので、運動の一時間は十二分《じゅうにぶん》に体を動かせるからたすかる。
運動場ではブロック塀《べい》に囲まれた三坪余りの中で、三人でキャッチボール(布ボール)等をして体を動かせている。以上が獄中の日課であるが、早く世間《シャバ》へ出ておもいきり手足をのばしたい。
発信　ハガキ一通(兵庫)日記帳一冊(自宅)
来信　封書一通(東京)ハガキ二通(東京一、福岡一)

同年一〇月二一日(火)
今にも泣き出しそうな雲行きであったが、今日一日ぐらいはどうやらもちそうである。今、ペンを走らせている時刻は午後一時頃であるが、雨が落ちると、運動の中止は勿論《もちろん》の事、舎房からは一歩も出られないし、ひねもすじめじめした独房内は余計陰気《いんき》で忍び難い。
昼間であっても、電気は付けっぱなしでおいてくれるので、たすかるが、それでもなおかつ暗い。そんな中で、私は背を丸める様にしてペンを走らせて居るので、眼が悪くならない方がおかしい。それでは姿勢を正しくして書けば良いのにと思うかも知れないが、私たちが使う机台としているのは、取り付けになってる流し台と、水洗便所のふたへ腰掛けて書くようになっているので、姿勢を正しくしたら書けないのである。

運動の時間(約一時間)と三度の食事以外は、ほとんどペンを離さない。朝の八時頃から仮就寝の五時半頃までペンを握ったまま。時には許可をとって就寝の九時までペンを走らせねばならない。そんな日が週に四日はあるであろう。

小学校さえ満足に上がる事が出来なかった(家が貧しい故《ゆえ》に)私であるので、「狭山事件」の真相をどう綴《つづ》ったら国民の皆さんに理解《わか》っていただける事が出来るであろうか。余計時間を必要としなくてはならず、一通の手紙を書き上げるのに二、三時間もかかってしまうのである。「せめて中学でも出ていたら」と、自分の明き盲に腹立たしさを覚え、本当に情けなくなる。然《しか》し「俺《お》れよりも、もっともっと不幸な人がいるのではないか」と自分自身に言いきかせ、今では訴訟《そしょう》の合間《あいま》を縫《ぬ》って習字、勉学と一字でも身につけようと学んでいるのである。

来信　封書一通(東京)ハガキ一通(福岡)　　(石川一雄『獄中日記』)

石川一雄の物語は、学歴社会を超えた男の物語でもある。

第八章　不思議な「証拠物件」

長谷部警部との直接対決

石川一雄の怒りは、「無実の人間を苦しめ、死刑に陥《おとしい》れようとしている長谷部梅吉」(『獄中日記』)にたいして、まっすぐにむけられていた。その長谷部とあいまみえることになったのが、一九六五(昭和四十)年十一月九日、東京高裁でひらかれた、控訴審第八回公判廷だった。もしも、公判の前日、弁護団から絶対に我慢《がまん》していてくれ、とくどいほどに念を押されていた。もしも、かりに悪態《あくたい》をついたり、飛びかかったりなんかしたなら、この裁判はおしまいですから、と。そのとき長谷部は六十二歳、定年になったあとは、県の警察学校の講師になっていた。

長谷部は、法廷横、検事席うしろの出入り口から入廷したのだが、のっしのっしと大股《おおまた》で歩くかつての尊大《そんだい》さはどこにもなく、あたかも人目をさけるかのように、ちょこまかした歩き方だった。彼は、証人台のうしろに控《ひか》え、食い入るような視線をそそいでいた一雄のほうには、けっして目をむけようとはしなかった。

「良心に従って真実を述べ、何事も隠さず、又何事も付け加えないことを誓《ちか》います」

証人宣誓を終えた長谷部にたいして、宇津泰親《うつやすちか》弁護人が、さっそく尋問《じんもん》にはいった。

「あなたは、昭和三十八年五月一日当時、どこの警察署に勤めて、どういう地位でしたか」

事件発生当時にさかのぼり、捜査状況から尋問する手法である。身代金を受け取りにきた犯人を逃す失態《しったい》のあと、足跡を石膏《せっこう》に取らせたり、石川家から押収《おうしゅう》した地下足袋を一雄に履《は》かせて歩かせたりした状況を証言させたあと、

「善枝さんを殺したことを言うならば、十年で出してやると、そういうことを言ったことがありませんか」

と鋒先《ほこさき》を転じた。が、

「ありません」

との返事しかださせていない。追及のしかたが甘かったのだ。


第八回公判から十六日たった、十一月二十五日の第九回公判で、こんどは中田主任弁護人が、長谷部元警視を尋問した。長谷部は、二度目の出廷だった。中田は、一雄の最初の自供では三人による共犯事件だったのに、あとで単独犯行に変わった「自白の変遷《へんせん》」について言及したあと、つぎのように質問した。

「証人は、被告人に対して、脅迫状を書いたことでもいいし、殺したことでもいいし、どっちかやったと認めれば一〇年で出してやると約束したことは、ないか」

長谷部は、前回とおなじように否定した。

「そんな約束をしたことは、ありません」

我慢しきれなくなったように、一雄が被告席に立って、長谷部の首筋にむけて言葉を投げ

つけた。

「自白する前のことについて尋《たず》ねるが、証人らに調べられておるとき、関さんが来たことを覚えているか」

「覚えています」

「(五月)二三日の最初の自白のとき」

「関部長が来たのは、その一回だけではないと思います」

「三回ですが、その前に証人が、石川君何時《いつ》まで強情張《ごうじょう》っているんだ、もう善枝ちゃんを殺したことにきまっているんだ。ここらで話したらどうだい。話さなくたって、どっちみち九件もやっているんだから一〇年はつとめるんだ。殺したと言えば一〇年で出してやると言うので、俺が真実に一〇年もつとめるのかと言ったら、証人は、石川君だってうちにいる頃、単車を盗んだ人が八年もつとめていると言っていたではないか。一〇年は当り前だろうと言ったことを覚えているか」

「そんなことを言った覚えはありません」

「一〇年で出してやると言ったことはないというのか」

「ありません」

「証人が、俺のところへ手紙をよこした。それには、おとっつぁんも字が上手《じょうず》になったと言って喜ぶだろうから、もっと上手になって、おとっつぁんを喜ばせてやってくれと書いてあったではないか。だから俺は証人が、一〇年で出してくれるから、出るまでにもっと上手になって、おとっつぁんを喜ばせてやれということだと受取ったのであって、死刑になるならおとっつぁんを喜ばせることにはならないではないか。あの手紙は何のためにくれたのか」

「それは、石川を励《はげ》ますためです。その手紙は、現在ここに持ってきております。それは石川から川越警察署宛に私の名を書いて送って来た手紙で、その内容は、狭山や川越署ではえらいお世話になりました、私は云々《うんぬん》と前非《ぜんぴ》を悔いたものでした。

私はその手紙によって、字も上手になったし、おとうさんのところなどへできるだけ便《たより》を出して安心させてやりなさいという趣旨の励ましの手紙を石川に出したわけです」

「俺は死刑の判決を受けてから、房で皆に聞いてみたら、警察で言われたことは嘘《うそ》だ、死刑になると言うので、そのことを区長に話したら、区長はそんなことはない、俺も嘆願書を出してやると言ってくれましたが、その次の日、死刑になると言った男は転房になってしまった。

俺は、死刑になると皆から言われても、証人から手紙も来ているし、一〇年で出られると言われた事を信用して頑張って来ておるのであるが、証人はそう言ったことを真実に覚えてないのか」

「私はそんなことを言いません。石川が善枝ちゃん殺しの容疑で逮捕されたその当時の取調主任官が、石川を取調べておりますが、石川は自供しない。そこで私は、この事件は証拠も少ないし、面倒である。この事件の取調主任官は熊谷《くまがや》(埼玉県)の二重犯人逮捕事件の責任者であったから、若《も》しこの事件が裁判所へ行った場合、こういう取調主任官が調べたんだから無理があったんではなかろうかと思われてはいけないから、この際、取調主任官をかえたらいいだろう、静岡県の二俣《ふたまた》、幸浦《さちうら》事件が夫々《それぞれ》、最高裁判所でくずれているので、上司にそのことを話して、結局、取調主任官をかえてもらったわけです。

そういうことを上司に上申《じょうしん》した私が、石川に、一〇年で出られるとか、真実のことを言わなければどうのというようなことは言う筈《はず》がありませんし、言ったことはありません」

いまや攻守の立場が変わった。こっぴどく追及され、ついに死刑台に追い上げられた男が、かつて権勢《けんせい》を誇《ほこ》っていて、いまはみる影もない県警刑事部長に鋭い質問を浴びせかけた。法廷の外の空気はすでに秋を感じさせていたが、長谷部はしきりに首筋をハンカチで拭《ぬぐ》っていた。「ふざけんな」と自分の内側に突き上げてくる声を必死に抑《おさ》えていた石川一雄は、身体中が熱くなっていくのを感じていた。

当時の取調主任官は、そのすこし前、「熊谷二重逮捕事件」で証拠のデッチ上げをして発覚した清水利一警部だった。

長谷部のいう「幸浦事件」とは、狭山事件が発生した年の七月、十五年ぶりに最高裁で無実が証明された殺人事件で、静岡県警が、発見された死体を隠しておいて容疑者を自白に誘導し、その自白によって、はじめて死体を発見したように工作した。

「二俣《ふたまた》事件」は、やはり静岡県の二俣町で一九五〇(昭和二十五)年一月に発生した一家四人殺害事件で、捜査を担当した刑事が拷問《ごうもん》で自供させた事実を証言して、やり直し裁判で無罪となった。

日本の警察は、戦後になっても、戦前の捜査方法をそのままもちこみ、体質的に変わっていなかった。

埼玉県警は、「熊谷二重逮捕事件」とおなじ警部が取調主任官では、裁判所にたいしての心証がわるいとして、青木一夫警部に交代させた。その交代を上司に具申《ぐしん》した自分のようなものが、違法性のつよい取引きなどするわけはない、というのが長谷部警視の弁明だった。

中田主任弁護人が、そのあとの尋問《じんもん》を引き取った。

「ところで、この事件は証拠がないので面倒《めんどう》だと(事件発生当時)言われたが」

「証拠がないのではなく、少ないからです」

長谷部はそう答えた。が、この事件に関していえば、証拠が少ないなどという必要はなかった。容疑者の自供にもとづいた捜索の結果、被害者の所持品である鞄《かばん》(六月二十一日)、万年筆(六月二十六日)、腕時計(七月二日)が発見されている。まして、万年筆は一雄の自宅から押収《おうしゅう》されているし、筆跡鑑定《ひっせきかんてい》で裏づけられた脅迫状《きょうはくじょう》もある。それに全面的に犯行を認める自供もあるというのだから、捜査当局にとってはなんの問題もなかったはずだ。

「被告人を逮捕して取調べるに当って、どの程度の証拠をもっていたのか」

「私は捜査の最高責任者ではないのでわかりません」

これも奇妙ないい方だった。たしかに青木警部が取調主任官だが、彼より階級が上(警視)の長谷部が取調べの中心人物であり、だからこそ自供させた殊勲者《しゅくんしゃ》として、本人自身、堂々と新聞のインタビュー記事に登場していた。ところが法廷では自分はちがう、と逃げをうちはじめている。冤罪《えんざい》事件《じけん》の裁判によくみられるパターンである。中田弁護士は重ねて訊《き》いた。

「証人自身はどういう風に理解したのか」

万年筆をめぐる長谷部警部との攻防

証拠の信憑性《しんぴょうせい》についての質問である。

「脅迫状の筆跡《ひっせき》、スコップの出場所、そのスコップは石川が元働いていた山田光男のところから盗まれているということ、そのスコップを使って死体を埋没《まいぼつ》したとみられること、そのスコップのあった付近には、非常にうるさい犬がいて、顔なじみのものでなければそのスコップを取りに入れない状況にあり、そこへ行っても騒がれない状況にあったこと、また石川は当時働いていなかったということ等《など》でした」

長谷部はしどろもどろになって答えた。愚《ぐ》にもつかない答弁だった。脅迫状の筆跡以外に挙げた証拠とは、スコップのことだけでしかない。これで有罪を維持できるような物件ではない。それに一雄がそのとき、はたらいていないことが、どうして証拠になるのか。

さらに重要なのは、もっとも重大な証拠であるはずの万年筆についても、鞄についても、さらには腕時計についてさえ、長谷部はいっさい触れようとはしなかった。その「証拠」に関してはバツがわるくて、眼をそむけている意識が透《す》けてみえる。

一九六五(昭和四十)年十二月十四日にひらかれた第十回公判もまた、長谷部梅吉にたいする尋問である。検事がいくつかの事実を確認したあと、前回につづいて、石川一雄が尋問した。

「証人は俺が狭山署にいるときと川越分室に移された直後、石川を殺して木の根っこにでも埋《い》けちゃおうか、我々は警察官だから、石川をそうしても信用されるんだと言ったことを覚えているか」

「記憶ありません」

「そのとき遠藤、山下、斉藤もいたが、どうか」

「記憶ありません」

「山下了一が毛虫にかぶれたことがあったが覚えているか」

「山下が病気になったことは知っていますが、毛虫にかぶれたということは知りません」

「山下が病気になったのは、俺が川越分室に行った翌日の一九日ではないか」

「そうです。休んだのは一九日からです」

「山下が病気で休む前頃、証人がそう言ったのであるが、どうか」

「そういうことはありません」

「俺が川越分室に行ってから、証人が医者を呼んだことがあるが記憶しているか」

「覚えています」

「それは何時《いつ》頃か」

「川越分室に移ってから四、五日か一週間位《くらい》経ってからと記憶しています」

「そのとき証人は、どうせ殺してしまうんだから、飯なんか食わなくっても同じだと言った。そして次の日、関に打明ける前に、証人が何時《いつ》まで強情張《ごうじょう》っているんだ、このままで行ったって一〇年はつとめるんだと言うから、俺が真実ですかと聞いたら、石川は九件もやっているんだ。単車を盗んだ人だって八年もつとめているんだというから、やったと言ったって同じではないか、我々に話してくれ、我々は弁護士みたいに嘘は言わないと言ったことを覚えているか」

「そういうことを言った覚えはありません」

「それから時計の件であるが、石川は家にあがるとき、どっちからあがったかと言うから、風呂場の方からあがったと言ったら、風呂場の方には万年筆があったのではないか、どこに置いたのかと言うので、俺は知らないと言ったら、剃刀《かみそり》があったところかと言うから、そこに剃刀があったでしょうと言ったら、鴨居《かもい》かと言われた。当時、俺は鴨居がどういうものかわからなかったので、鴨居ってどこですかと聞いたら、こゝ(こ)にある障子《しょうじ》の上のところを言うんだと言って、部屋の障子の上の鴨居を指示したが、そのときのことを覚えているか」

「鴨居の点は、石川が自供してからどういうところかということで、見取図を書かせたが、うまく書けず、障子の上の敷居《しきい》だと言って部屋の鴨居を指差したので、障子の上にあるあれは敷居ではなく鴨居だと言ったことはあります」

「俺が三人で殺したと言ったことがあるか」

「一度位《くらい》あったと記憶しています」

「一度ではなく三日間あるんだが覚えていないか」

「そう言われてみると、一度ではないような気もします」

「そのとき証人は、時計は鴨居のところから出たと言ったが、どうか」

「そんなことはありません」

「その日は二四日頃であるが、どうか」

「日は何日にしても、時計が発見できないときに、私が時計が鴨居のところから出たということを言ったというようなことはありません」

「当時、俺は五円の剃刀を風呂場の上に置いたので、それではそれが出たところには剃刀が二〇本位あったでしょうと言ったら、証人は自分が探しに行ったんではないから、そんなことは知らない。それでは石川そこを書いてくれ、誰か家の者にわからないように持って来られる人がいるかと言うから、俺の友達ではないが弟・清の友達で『タダオ』という人がいると言ったら、証人は、それではその人に持ってきてもらおうと言うので、俺がそのようにして下さいと言った。なおそのとき、関もいたのであるが、そういうことを記憶していないか」

「記憶ありません」

「先程《さきほど》から俺が時計と言ったのは、万年筆の間違いであるから訂正するが、当時はその万年筆のことをペンと言っていた。それでその場にいた関が『タダオ』という人はどこの人かというので、俺が関さんの家の前の人ですと言ったら、関があんあの家の人か、それでは長谷部さん、そのようにしてみましょうと言った。なお、そのとき遠藤はいたが、青木はいなかったと思うが、そういうことを覚えているか」

「記憶ありません」

「それは二三日か二四日頃の朝であるが、真実に覚えてないのか」

「覚えありません」


久永正勝裁判長が身を乗り出すようにして、長谷部に問いただした。


「二三日か二四日頃の朝、ペンが鴨居の上にあったということや剃刀が同じところに置いてあるという話から、それを持ってきてもらうというような問答があったかどうか」

「記憶ありません」

「六月二四日付青木一夫作成の被告人の供述調書の中に、万年筆が鴨居に今でもある筈《はず》だという趣旨《しゅし》の記載がある。これは証人らの方からそういうことを言って、それが被告人

の供述になったのかどうか

「私の方から万年筆が鴨居にあると言ったことはありません」

石川一雄は腕時計を鴨居のうえに置いた、といった。が、しかし、それは彼のいいまちがいだった。そのあと、「時計と言ったのは、万年筆の間違い」だったと気づいて訂正した、という。が、これは奇妙な勘違いである。殺人を犯し、その被害者から盗ってきた生々《なまなま》しい物体、わざわざ自分の家までもって帰って、鴨居のうえに隠した万年筆を、時計といいまちがえるなどありえない。

ということは、その物体に触った感触が、彼の記憶のなかにない、という事実を示している。実際の体験を欠如《けつじょ》した、抽象的な架空《かくう》の議論は、肉体労働だけで生きてきた一雄には、もっとも苦手のものだったはずだ。

警察側が証拠として挙げている被害者の万年筆については、主任弁護人の長谷部にたいする前回の反対尋問でも追及されている。万年筆は、それまで、石川家の便所のなかから井戸の底、天井裏まで、それぞれ十二人と十四人の刑事たちで前後二回、二時間ずつかけて、徹底しておこなわれた家宅捜索《かたくそうさく》でも発見されていなかった。バラックづくりの四部屋、外側にお勝手のついたちいさな家だから、さほど捜索に手間を食うというものではない。

ところが、「万年筆は鴨居のうえから出たのか」という一雄の驚きが自供とされ、三回目の家宅捜索がおこなわれた。すると、奇跡のように、それまで二回の捜索では発見できなかった勝手口の鴨居のうえに、万年筆が載っているのが発見された(二九三ページ参照)。

このとき、捜索にいった小島朝政警部は、一雄が書いた鴨居の位置を示した図面を忘れて帰っている。その図面は家族から弁護人を経由して検事にとどけられたのだが、加害者と被害者をむすびつける、もっとも重要な証拠を置いた場所を示す、容疑者自筆の図面(これ自体が重要な証拠だ)が、捜査官からは軽くあつかわれていたのだ。

捜査官には、「図面」などなんら重要視されていなかった事実に、万年筆と図面との関係がうすかったことが示されている。

それればかりではない。弁護団から返却されたその略図は、調書に添付されることなく、事件の一件資料とは無関係なものとして、別個に、県警の捜査課次席の机のなかにしまわれていたのだった。つまり事件解決にむすびついた重要な証拠としての扱《あつか》いを受けていなかった。これは奇態《きたい》である。

中田弁護人は、当時の捜査官たちの信じがたい失態を長谷部にいわせたあと、

「三回目の捜索の前に、捜査首脳の方で関源三に命じて、被告人の家へ行かせたことはないか」

と追及した。

「それは、私が言ったような気がするのですが、石川が下着が汚れたから取替えてくれというので、関部長が石川の家の近くにおるということで、私の部下が、関部長が来たときに頼んでやったことがあったように記憶しています」

関巡査部長が石川家にいった、という事実を確認させて、中田弁護人は長谷部に切りこんだ。

「関部長に、被告人の家へ行ってもらった頃には、警察では、後に発見されたという万年筆を既《すで》に手に入れていたのではないか」

石川家に下着を取りにいったという口実を使って、一雄の友人を自称するこの巡査部長が、勝手口の鴨居のうえに万年筆をひそかに置いてきたのではないか、との暗示だった。

こういう誘導尋問には、検事が即座に立ち上がって、「異議あり」と抗議するのがふつうである。ところが、どうしたことか、検事は沈黙《ちんもく》した。長谷部は検事の援護《えんご》がないまま、ちいさな声で、

「そういうことはありません」

と否認した。

三回目の捜索で突然出てきた万年筆

三回目の家宅捜索は、六月二十六日午後三時十分から二十分程度でしかなかった。それまでの二回にわたる捜索は、十名以上の陣容で二時間以上もかけていたのだから、もう調べるところはないはずだ。それにその日の「差押えすべき物」として、ボールペン、帳面など、いくつかくっつけてあったにしても、本命は鴨居にある万年筆である。

ということもあって、その日は将田政二警視、小島朝政警部と警察主事の小沼二郎の三人だけの捜索だった。六造の鼻先に「捜索差押許可状」を示すと、六造は、

「いいですよ、どうぞみてください。なんべんでも」

と鼻白《はなじろ》んでいった。小島警部が、

「いっしょに立ち会って捜索してほしい」

と言葉を重ねると、

「いいですよ、いっしょにみますよ」

乗り気のうすい六造が案内した。

「この辺に一雄君が何か置いてあるというが、捜してくれませんか」

勝手口にさしかかったとき、小島警部がいって、「同出入口上方付近を示すと」(「捜索差押調書」)、六造は、

「いくら捜したってなにもありゃしないよ」

と、ひとり言をいいながら、敷居の上を西側の方から右手をいれて捜したところ、中央鴨居のうえに至ったとき、

「あ、あったこんな物が」

といいながら、「やや驚きの表情でピンク色の万年筆一本を指先で摑《つか》みだして本職に差出したので、これを差押えた」と「捜索差押調書」に書かれている。

「右手をいれて捜したところ中央鴨居の上に至ったとき」とあるので、鴨居の奥行きはか

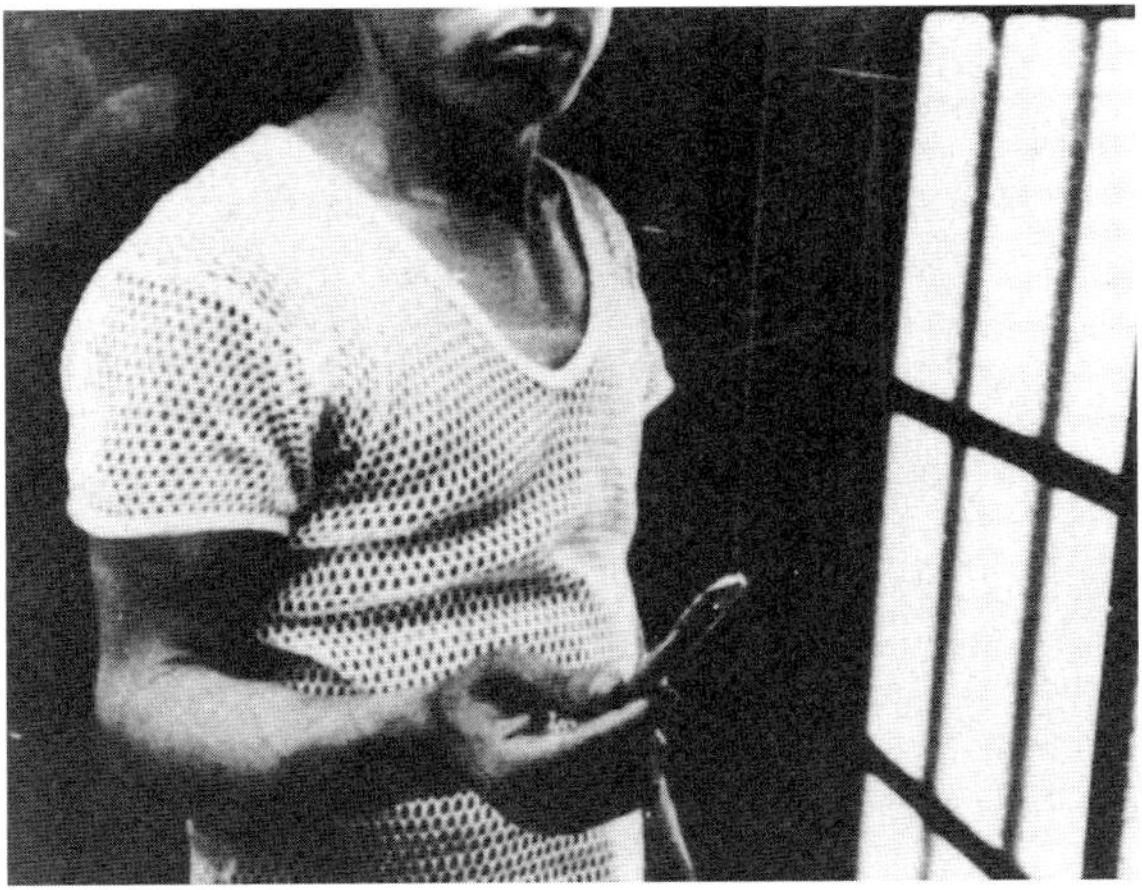

三度目の家宅捜索で鴨居の上から発見された万年筆．兄の六造が素手で取るようにいわれ，写真を撮られた．

なり深い、との印象になる。が、これはフィクションというもので、実際は、奥行きは八・五センチ、高さが一七五・九センチしかないのだから、すこし離れれば置かれてあるものがみえる位置にあった。

その二日まえ、一雄からいつも剃刀を置いてある場所を聞きだして、見取り図を描かせたのが、この勝手口の鴨居だった。

六造は、その日の捜索を思いだすと、いまでも興奮した口調になる。

「見たらみえたんだよ、万年筆が。そんな馬鹿な、いままでなかったんですよ。あわてて置いたように、斜《はす》になってんです。キチンと置かれてないんです。こう、斜になっていて、『ちょっとまって』って、おまわりにいったんだ。『なんで三回目に出たんだ』って。

したら、『一雄がワラ半紙に、ちゃんと描いたんだ、二ヵ所、鉛筆でなっ、そのどっちかにあるんだ』っていうんだ。やんなっちゃった。それで『ふざけんな』といったんだよ。いままで来たのと、(刑事は)おなじメンバーでしょう、それでも、『そこはおれみなかったよ、たしか』ってとぼけちゃって、背のちっちゃいおまわりなんだ。脚立《きゃたつ》あんでしょう、(前回の捜索のとき)あれに乗っかってみてたんだから、見えなかったなんてないんだ、(鴨居は)こんな狭いとこでしょう。あたしがつくったんだから。その鴨居の奥行きは、七センチか八センチぐらいしかないでしょう。そいだから、斜に置いたんでしょうね。

『こんな馬鹿な』と食ってかかったら、『図面通りでたんだから、しょうがねえじゃないか』ってこうですよ。で、『お兄さん、いいから、ちょっと取ってください』。そんで俺は、左、左手でとんべと思ったら、『いやそうじゃない、右手でもってこっちむいてください』。そいで、おまわりが写真を撮ったんだよ」

メッシュの丸首シャツを着た六造が、右手に女物のパイロットスーパー万年筆をつまんで、カメラにむけている写真が残されている。もっとも重要な物的証拠を押収する瞬間に、だれかに素手で触《さわ》らせる捜索などありえない。

とにかく、二度にわたる徹底捜索によってでさえ、なにも発見できなかった鴨居のうえか

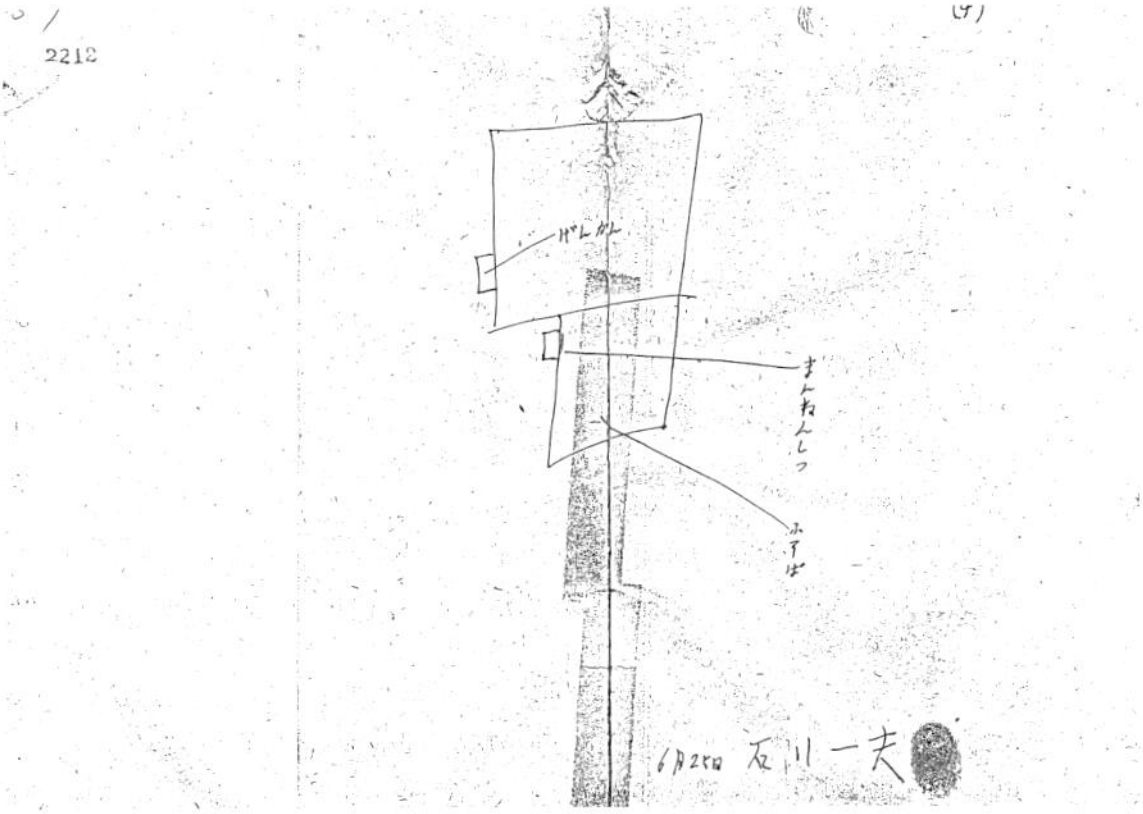

6月25日付の検事調書の図面．簡単な自白と図面だけで，「まんねんしつ」は翌26日に発見された．

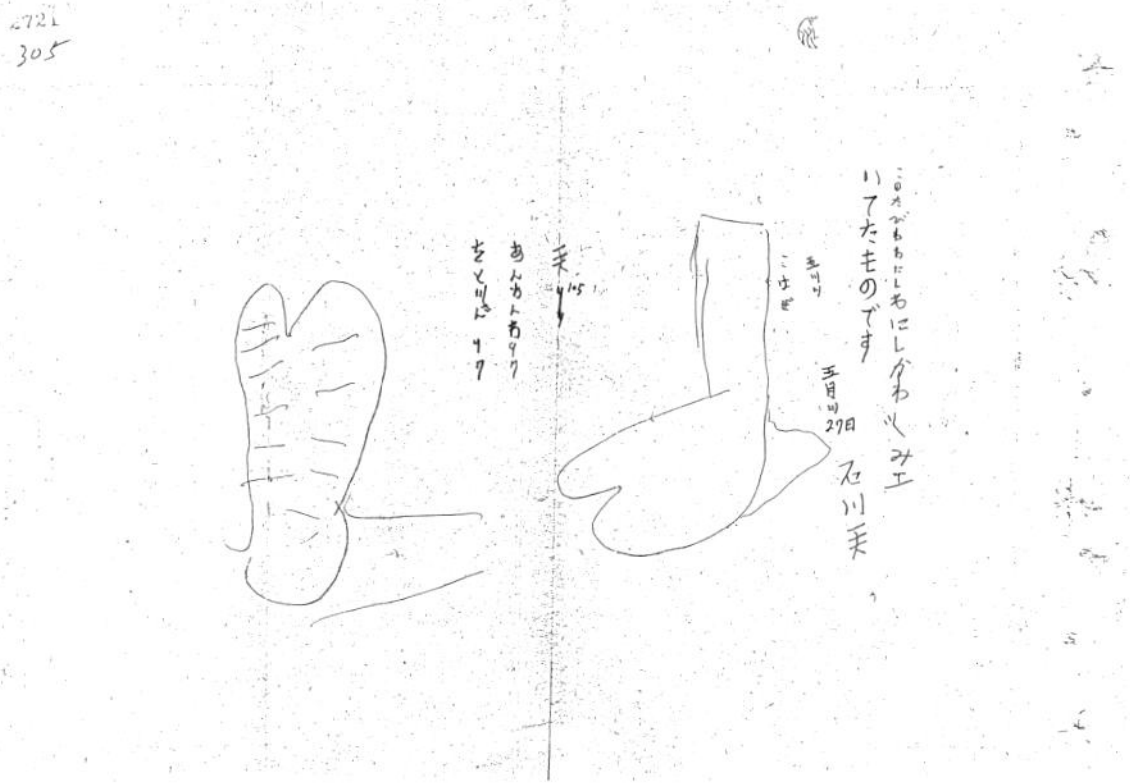

5月27日に描いた地下足袋．「このたびはわたしはにしかわぐみへはいていったものです」の意味．

ら、突如として決め手ともいうべき証拠が発見されたのは、いかにも不自然である。だからこそ、警官だけで発見したのではなく、家族立ち会いのもとに発見した、というストーリーが必要だった。しかも、肝腎の万年筆は、被害者のものとは、特定されていない。

撮影することだけに頭がいっぱいだった捜査官たちには、指紋がつかないように証拠を保全する必要性など、さっぱり意識になかった。写真は万年筆を中心にすえた構図だから、発見者の六造の顔は口許《くちもと》までしかはいっていない。目の表情はみえないのだが、それでも、まだ二十七歳だった六造の、憮然《ぶぜん》とした、ややとんがらせた唇《くちびる》がみえる。

長谷部に屈していた一雄にとって、こまかな話はもうどうでもいいことであって、いわれるまま、いつもカミソリを置いてある鴨居の場所を図に描いた。と、そこから本当に万年筆が出てきた、と聞かされた。それでますます「犯人はあんちゃんだ」と確信するようになった。というのも、その前に六造の地下足袋が押収され、犯人が身代金を取りにあらわれた現場の足跡と一致する、と聞かされていたからだ。

問題の鴨居は、ネズミの通り道になっていて、ネズミ穴に直結していた。それで彼らの往来を妨ぐため、いつもボロ裂《き》れが詰められていた。二回目の家宅捜索では、遠慮会釈《えんりょえしゃく》もなく刑事がボロをひきだしてなかを覗《のぞ》きこみ、「わっ、臭《く》せえ」の声とともに、ボロを詰めなおした。そのあとになって、その穴のそばから万年筆が発見されたというのだから、いかにも不自然である。

それまでの二度にわたる捜索は、下駄箱の内部から仏壇下の戸棚、勝手場出入り口から物置きにいたるまで、徹底的におこなわれ、その現場写真が残されてある。もし鴨居の写真が保存されてあるなら、そこにはなにも写《うつ》っていないはずだ。

しかし、そのようなことよりも、字を書く習慣などまったくなかった男が、どうして万年筆を、それもピンク色で細身の女性用のものを、後生大事《ごしょうだいじ》に自宅にもち帰り、人目につきやすい、幅のせまい鴨居のうえなどに置いたのだろうか。

たしかにこのころ世間には、進学祝いなどに万年筆を贈る習慣があって、万年筆は貴重なものだった。とはいえ、失礼を省《かえり》みずにいえば、だれも字を書くことなどなかった石川家のひとびとには、万年筆にたいする格別の思いいれなどはなく、弟妹《ていまい》の筆記用具は鉛筆かボールペンでことたりた。検事や裁判官の家庭のように、知的なシンボルとして、万年筆を子女に買い与えるような文化的な風習はなかった。

あるいは、捜査官には、盗品故買《とうひんこばい》のイメージがあったかもしれない。どうせ貧乏人のことなのだから、売ってかねに換えようとして隠匿《いんとく》しておくというものだ。しかし、営利誘拐犯が、人質を殺したあと、所持品の女物万年筆を質にいれ、わずかなかねと引き替えに危険を買うと考えるほうが、奇想天外というものである。というのも、この容疑者は、万年筆よりははるかに金目になるはずの腕時計さえ、惜《お》しげもなく道端に捨てた、といっているからだ。

二ヵ月たって路上にあらわれた腕時計

最初の自供は、かねに困っている男の常識的な行動として、腕にまきつけるには抵抗がある女物の腕時計を、田無《たなし》市(現、西東京市)の質屋である「叶屋《かのうや》」に入れたというものだった。ところがすでに質屋や古物商などの聞き込みを終えていた刑事がそれを否定した。長谷部梅吉にたいして、一雄は法廷でつぎのように質問した。

「時計のことについて尋ねるが、時計の件は六月二六、七日頃の木曜日に取調べを受けたときに、図面を書いたと記憶している。そのときの取調官が誰か、今覚えていないが、善枝ちゃんの腕時計をどこへ捨てたと言うので、俺が田無の質屋に入れたと言ったら、我々はとっくに調べてある、黙っていたってわかっているんだ、どこへ捨てたというのか、と言うので、田中(地名)へ捨てたと言って図面を書いたら、その翌日、知らない刑事が証人のところへ来て、課長、時計がみつかりましたと言って時計を出した。そのとき俺が、それではみせてくれと言って、その時計を手にとり、これが善枝ちゃんの腕時計ですかと言って自分の腕にはめてみたら、ぴったり合ったので、善枝ちゃんは案外腕が太かったんだなと言ったら、傍《そば》にいた遠藤さんが、石川が殺したのではないか、殺した本人が知らないなんていうと笑われるぞと言って、皆で笑ったことがあったが、そういうことを覚えているか」

「石川に時計をみせたことは覚えているが、石川の腕にその時計をはめさせた覚えはありません」(一九六五年十一月二十五日、第二審、第九回公判)

より高価な時計を路上に捨てた男が、なぜそれより安い万年筆を家にもち帰ったのか。一雄は腕時計をもっていなかった。まして筆記用具としての万年筆にはなんら愛着がなかった。としたなら、万年筆を路上に捨て、時計を鴨居に隠すのがごくふつうの行動のはずだ。

取調室にいた容疑者は、さし示された被害者の時計を手にとって、

「これが善枝ちゃんの時計ですか」

感に堪《た》えないような声をだし、腕にはめながら、

「善枝ちゃんは案外腕が太かったんだな」

と感心した。刑事たちが、

「殺した本人が知らないなんていうと笑われるぞ」

といって大笑いする。すでに本人が自供しているのだから、刑事たちにとって、事実などもはやどうでもいい、あとはどう判断するか、それは裁判官の責任というものなのだ。

刑事の追及をうけて、腕時計は「田中」に捨てた、といって一雄は図面を描いた。と、そのちかくから、本当に発見されたのだ。留置場にいた一雄は知らなかったが、その地図を手にした捜査官が、二日にわたって捜索したのだが、ついにみつけることができなかったはず

なのだが……。

七十八歳の小川松五郎は、足の鍛錬《たんれん》をかねながら、若いころから世話になっていた家の茶畑を見まわるのを日課にしていた。一九六三(昭和三十八)年七月二日、彼は刑事が二日間にわたる捜索を終えたあとの砂利道を、たまたま杖《つえ》をつきながら歩いていた。と、道端の茶株の根元に、なにやらキラッと光るものがあった。

なん日かまえ、茶畑の持ち主の子守りばあさんが、「あそこに時計かなんかうっちゃったんだとよ」と捜索にきていた警官隊のほうに顎《あご》を伸ばしながら、小川に教えてくれたのを彼は気にもとめずに聞いていたのだが、光るものがみえたので、杖《つえ》の先でビニールの袋状のものをどかしてみた。

と、女物の腕時計のようだった。小川は、これは善枝ちゃん事件に関係がある、と直感した。それでも、もしかしておもちゃの時計なんかだと、耄碌《もうろく》した年寄りの妄言《たわごと》とされ、人騒がせに終って大恥をかく、と考え直して、しゃがんでちょっとつまんでみた。それで本物と確認、その足で駐在所に届けた。

警官たちが探していたからといって、自分でも探してみようなどと考えたわけではない。ただ、茶株の根っこをみて歩くのが、二十三年間もここの茶畑ではたらき、いまは製茶工場の庇《ひさし》を借りて住んでいる老人の、長年にわたる習慣だった。事件発生から、すでに二ヵ月たっていた。

時計の発見場所は、一雄の自供とはちがって、路上というより道端《みちばた》だった。といっても略図の箇所《かしょ》からわずか七メートルほどしか離れていない。そんなせまい範囲にあっても、二日にわたる捜索でみつからず、あたかも「民間人」の発見者を待っているかのようだった。万年筆の第一発見者にされたのも、警察官ではなく、民間人の六造だった。そこには、なにかの作為《さくい》をうち消したい、警察官の心理がつよく反映されている。

官製のストーリーを、第三者としての「民間人」によって補強したいのは、自分たちが作成した調書に、ゆるがぬ証拠として、署名、指印させる取調べのパターンそのものである。

事件発生のあと、県警と狭山署は、被害者が所持していた、「女持腕時計シチズンコニー6型」(側《がわ》番号C6803　2050678)と「牛革製ダレス鞄」を「特別重要品触《ふれ》」として、写真入りポスターにして、各所に張りだした。

ところが、小川松五郎が発見した腕時計は、おなじシチズンの女性用でも、両側の耳の部分がやや大きくひろがった「シチズンペット」型で、側《がわ》番号は6606　1085481、型も番号もちがう、まったくの別物だった。

これは中田弁護士の自宅に配達された匿名《とくめい》の手紙によって知らされた事実だった。中田は「警察内部からの手紙」と推測している。たった一行の「内部告発」である。

それればかりではない。ソフトボール部のキャプテンだった被害者は、よく発達した体軀《たいく》をしていて、けっして華奢《きゃしゃ》ではなかったが、発見された腕時計の革バンドの穴は、被害者の姉の登美恵の証言によって、被害者の手首まわりよりも、ひとつぶん大きくなっていた。

容疑者の自供にもとづいて発見された、とされる腕時計が、被害者の父親が保存していた「保証書」を手がかりにして、側番号が特定された「特別重要品触」とちがうとしたなら、それだけでも「自供」はいい加減なものだったということになる。

似ているからといって証拠に採用するのは、いかにも杜撰《ずさん》である。あるいは、警察がまったくの別物を公開手配して、犯人を逮捕しようとしていたとしたなら、木に登って藪《やぶ》に釣り糸を垂らす酔狂《すいきょう》である。

ところが、一審の内田武文裁判長は、警察側の「品触れがまちがっていた」とする弁明に依拠《いきょ》して、

「……(発見された時計の)側番号が、品触れのものと異なっていたとしても、それはむしろ品触れ自体が誤っていたとみるべきであるし、まして品触れの側番号と異なる点を捉《とら》えて直《ただ》ちに右時計の発見経過を疑わしいものとするのは、些《いささ》か的はずれの感がある」

ときめつけている。屁理屈である。たとえていえば、犯罪をおかした犯人自身が、法律自体がまちがっている、と主張するようなものだ。犯行を証明する「証拠」が、まったく別のものだったからといって、それをデッチ上げというのはいささか的はずれである、というのは、詭弁というものであろう。

まして容疑者が、六月二十四日に被害者の所持品を捨てた場所を告白し、図面まで書いて場所を特定しても、捜査当局はただちに駆けつけることなく、五日たってから捜索に出かけ、ついに発見できなかった。これについての内田裁判長の判断は、

「強《あなが》ち不自然でなく、もとより何等かの都合《つごう》で、自供の五日後に至って現場付近の捜索に赴《おもむ》いたとしても、それ自体右時計の発見経過に疑いを投げかけるべきものではあるまい」もっとも有力な証拠を発見できる自供をえても、その確保に目の色を変えて殺到しない警察など、「不自然」そのものである。

ということは、自供があったにしても、その自供がいい加減なものだったことを、自供させた取調官自体がいちばんよく知っていたから、と考えたほうが自然である。だからこそ、あわてて飛びだすことなどせず、五日間も放置しておいたのだ。

石川一雄は、犯行現場や鞄などが発見された地点から「全《まった》くかけはなれた」路上に、それも念のいったことに、「道のまんなか」に時計を捨てた、と供述し「もう通行人がひろっているだろう」とつけくわえた。曖昧《あいまい》かつなげやりな自供だった。

ところが、捨てたという五月十一日から五十日以上もたってから、時計はその付近から奇跡的に発見された。裁判官はそれにも不思議を感じていない。

判決文で裁判長は、腕時計をひろった何者かが、事件に関係するものと気づいて、ひろった地点ちかくにもどしておいた「と考えられる余地もある」と推理している。だが、「余地」によって、ひとりの人間を死刑にするのには、さすがに気がとがめたようで、

「しかし、だからといって、腕時計を捨てた地点に関する被告人の自供内容に真実性がないということではもちろんないし、右腕時計発見の経過に捜査機関の作為《さくい》が介在《かいざい》したということでもない」

と、これまた弁明につとめている。万年筆についてもやはり、「捜査機関に作為があったかの如《ごと》くに見るのは決して当を得たものではない」とあえて強調し、弁護側が主張する「捜査機関の作為」について、裁判官がいかに気に病んでいたか、を示している。

発見された鞄にも不自然さが

もうひとつの重要な物証は、事件直後、時計とならんで、「特別重要品触《ふれ》」として写真入りで手配された、牛革製「ダレス鞄《かばん》」である。ダレスとは米国のCIA長官だったアレン・ダレスのことで、いつも彼が小脇《こわき》に抱えていたことから、この名がついた。

それは、オードリー・ヘップバーンが、映画「ローマの休日」で履いていたサンダルが日本で大量に生産され、いまでも「ヘップサンダル」に名をとどめているようなもので、被害者は兄・裕一の「ダレス鞄」を通学用に使っていた。

この鞄は最初の自供(六月二十一日)では、自転車の荷台にゴム紐《ひも》でくくりつけられていたのを、

「自転車からおろして鞄ごと山の中へおっぽうっちゃったんだ」

というものだった。

「自転車の紐も鞄と一緒におっぽうっちゃったんだ」

ともいっていたのだが、山狩りによってゴム紐と教科書はすでに発見されていたにもかか

わらず、この自供によっても、鞄は発見されなかった。

そのあと、おなじ日の「午後五時頃」と、異例なことにも、時間を特定したあらたな調書がつくられ、「午前中、鞄を捨てた場所について話しましたが」「なおよく考えてみたら私の思い違いであったと思います」と自供を訂正させている。

「本は鞄から出して、鞄だけその土をかっぱいたところへ放り出し、そのそばにあったわら一束位《くらい》をかけて置きました」とあらたな記述がなされている。

鞄を捨てた場所を説明した略図も、一回目のものよりはもっともらしく、何本かの線が書き加えられている。

さらに念のいったことには、その日につくられた三回目の「供述調書」の存在である。第二回目の調書は、午後五時頃に取り調べた、とあるのだが、そのあとの三回目の調書は、優に一日分に相当する量である。供述書は速記ではなく、筆記したあと、「録取し読み聞かせ」るのが常だから、けっこう時間がかかる。

取調べの終った時間は記録されていないが、第二回は「午後五時頃」に終っているのだから、そのあとすぐ第三回目をはじめるにしても、尋問するほうにも、されるほうにも超人的なエネルギーが必要とされ、物理的にはとうてい不可能と考えられる。

さらに不思議なのは、一日に三回書いたことにされている略図は、一回ごとに詳細になっていることである。しかし、それでもなお、不確かな線によって、ついに投棄した場所が特定されたのは、あまりにも不自然である。

これらの謎めいた線画だけで捜索を開始し、それまで、横一列にならんですすむ消防団の徹底した山狩りによっても発見されなかった鞄を、草に覆われた深さ五五センチある溝《みぞ》のなかに、二、三〜六、七センチ積《つ》もった土の下から発見するのだから、日本の警察はなんと優秀なことか。

問題の鞄についての自白がめまぐるしく変遷するのは、容疑者本人が犯行内容に無知なことを示唆《しさ》している、とも考えられたはずだ。しかし、裁判官は、

「精神的に興奮しており、しかも薄暗いなかで急いでなされたことであるから、その間の記憶自体が多少不正確となり、或《あるい》は事実の一部を見落すことも考えられ、これを理由に被告人自身が、右教科書類、鞄類を溝内に埋没したことまでも否定することはできない」

と、妙にものわかりのいいところをみせている。しかし、「土をゴム長靴でかっぱき、鞄をそのうえに放りだし、わら一束位をかけて置いた」との自供と、五五センチほどの深さがある溝の底土のなかに埋まっていた状況とは、あまりにかけはなれている。

この奇跡的な発見の栄誉《えいよ》に輝いたのは、またしても野球仲間の関源三だった。

石川一雄は、最初の自供でこの鞄について、「皮のこげ茶色で、チャックだかバンドだか良くわからなかった」と語っている。しかし、裁判官のいうように、たとえあたりが薄暗くなっていたにしても、鞄のなかから教科書をとりだし、べつの場所に捨てているのだから、チャックを引いた感触は残っているはずだ。

そのあと、「その外《ほか》に何がはいっていたかは考えておきます」と弁明していたのだが、そ

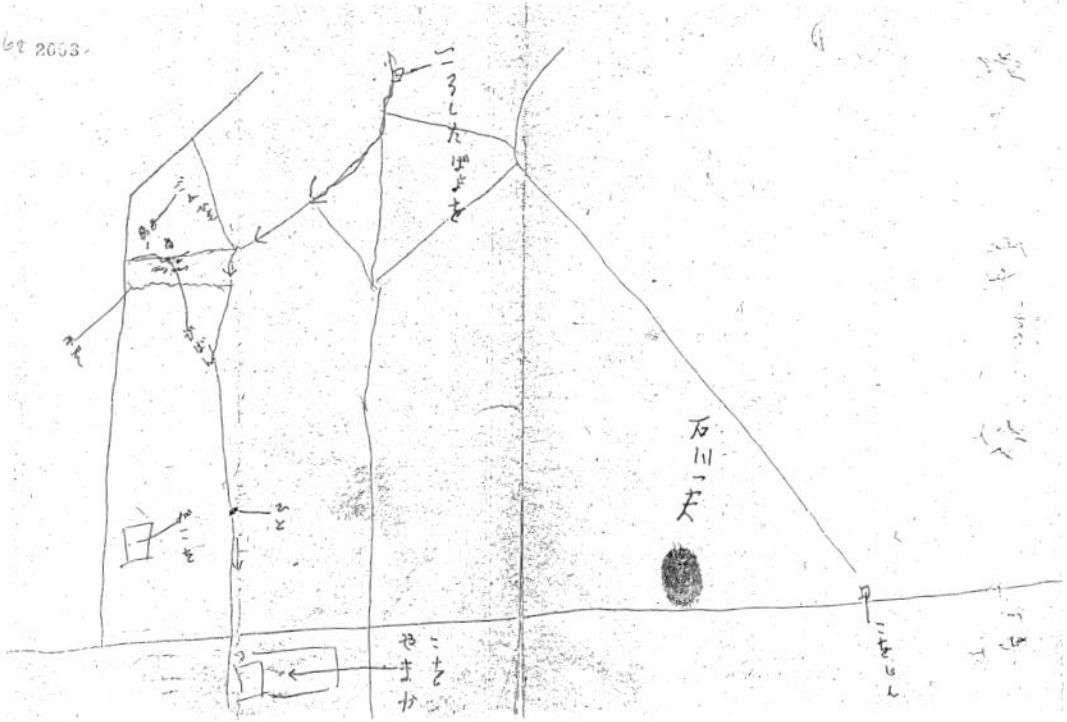

6月21日に書いた地図．この地図で鞄が発見されたのは不思議といえる．「がこを」はがっこう．「やまかこを」はやまがっこうの意味．

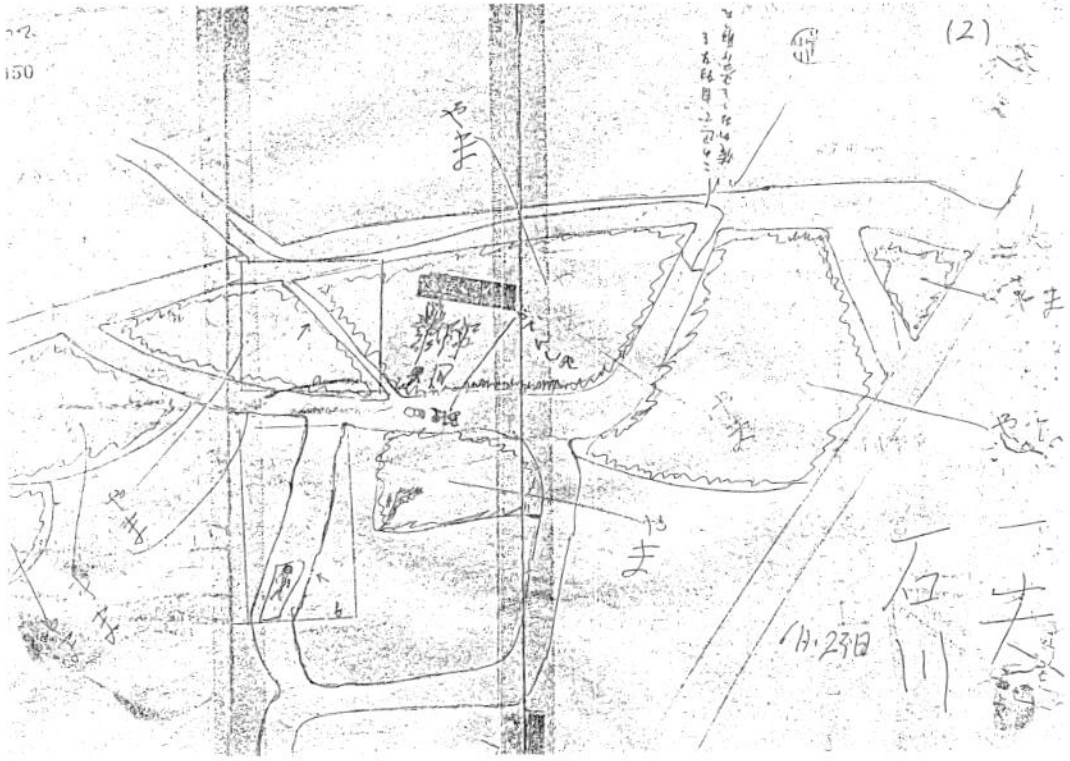

6月23日に書いた地図．取調官の筆が入って6月21日のものよりはずっと詳細になっている．

れから八日もたってからの取調べで、チャックをあけ、鉛筆や万年筆がはいっていた筆入れをとりだしたことを思いだしている。そのなかにいっしょにはいっていた万年筆は、自宅の鴨居に隠したほどに愛着があるものだから、これが鞄のなかにはいっていたのを忘れることなどありえない。

「チャックだかバンドだか良くわからない」との自供は、被害者の鞄をみたことも、触ったこともないことを示していないか。

六月二十一日午後六時四十分、雑木林のはずれを走っている溝のなかから鞄が掘りだされるとき、立会人にされたのが、その場所からすこしはなれた小麦畑で麦刈りをしていた、宮崎国雄(仮名)である。三十五歳で、はたらきざかりの彼は、五月二十五日にも教科書を発見している。

そこは雑木林の反対側、鞄の発見場所から百三十メートルはなれた桑畑で、このとき宮崎は蚕《かいこ》にたべさせる桑《くわ》の木を伐採《ばっさい》していた。おかめと呼ばれている丸刃の鍬《くわ》で、雑木林と桑畑とのあいだに横たわっている溝の土を、畑のほうにむけて掻《か》きあげていると、鍬の刃に当たる物体があった。

よくみると辞書だった。それから、三冊ぐらいの教科書を掘りだしたのだが、まだ溝に沿ってなん冊かならんでいるのに気がつき、善枝さん殺しに関係があるかもしれない、と感じた。それでも、伐採したばかりの桑の葉がしおれないうちに、と考えて家にはこびこんだあと、警察に届けていた。

こんどの鞄の場合は、麦刈りの最中だった。警察官がむこうからやってきた。午後六時半をすぎていた。眼鏡をかけた清水利一警部だった。

「証拠品を捜したいから立ち会ってもらいたい」

百メートルほど先のほり(と宮崎がいうのだが)にいってみたが、なにもなかったので帰った。小麦の束を耕耘機のうしろの荷車に積みはじめて二、三分すると、こんどは第二駐在所の巡査がむかえにきた。

またおなじ場所へもどってみると、四、五人ほどいて、ちょうど、鞄が発見されたところだった。溝の中に、鞄の横の角が、握《にぎ》り拳《こぶし》ほどの大きさであらわれていた。捜査官が棒状のものを溝につっこんで鞄をとりだすまえに、宮崎は「証人になってもらいたい」といわれ、応諾《おうだく》した。すると彼の名前を書いた札を、鞄のそばにおいて写真を撮った。

鞄が発見される以前に、かなりの水量の雨水が流下したことがあった。それでも放りだされただけなのに流失することもなく、鞄は四十日にもわたっておなじ位置に沈んでいたのだ。

宮崎が駐在巡査に案内されて発見現場に駆けつけたとき、肝腎の鞄はまだ握《にぎ》り拳《こぶし》ほどしか姿をあらわしていなかった。としたなら、どうして、警察官たちはそれを鞄と認識できたのだろうか。このとき、現場にいた「民間人」は、駐在巡査といっしょに彼を迎えにきた「パン屋の倅《せがれ》」と、ちかくの畑にいた農民だけだった。そのあと、宮崎がその畑の所有者を現場に呼んできた。

関巡査部長が、石川一雄に鞄の捨て場所の略図を描かせたのは、「六月二十一日の午後三時半頃」(一九六三年十一月十三日、第一審、第五回公判での証言)、四人の警察官とともに、川越署分室を出発したのは、「四時頃」という。

ところが、「なおよく考えてみたら私の思い違いであったと思います」といって、一雄が鞄の捨て場所を訂正する自供がはじまったのは、「午後五時頃」からだった。とすると、関巡査の一行は、一雄が自供を訂正する前に、すでにあらたな略図を手に入れて出発していたことになる。川越署分室で供述調書が書き終えたころ、狭山の現場では鞄が発見されていた。この時間差は大きな矛盾である。

このようにして〝発見〟された鞄の五日後、こんどは万年筆が発見された。それぞれに立会人がつけられている。被害者のダレス鞄について、もうひとつ疑問をいえば、事件発生の翌日、被害者の父親である中田栄作が、捜査官にたいして、

「鞄は薄茶色の一見革製に見えるチャック付きと申しましたが、これは学生用のものでなく、家にあった旅行鞄」

と証言していることである。

「一見革製に見える」とは、革製ではないということである。ところが発見された鞄は革製だった。この事実を考えあわせると、重大な疑問に突き当たる。発見されたダレス鞄は、はたして被害者がもっていた鞄とおなじものだったのか、どうか。

曖昧《あいまい》な事件当夜の目撃者の証言

靴について、おなじ日(六月二十一日)に、三回も供述調書を取られた石川一雄は、その日の三回目の取調べで、中田家に「脅迫状」をもっていくために、そのちかくの農家で、中田家の場所を教えてもらった、と自供した。急につけくわえられた重大な告白である。

脅迫状をはこぶのに、脅迫する相手の家を知らない。ジーパンの尻ポケットに脅迫状を突っこんだ一雄は、雨のなかを傘《かさ》もささず自転車を走らせ、一軒の農家にはいっていく。すでにひとりの女性を殺害したあとに、被害者の家のそばの住民に、わざわざ自分の顔をさらしにいくというのは、犯罪者の心理としてはとうてい考えられない行動である。

一雄は、つぎのように供述している(一九六三年六月二十一日、供述調書)。

「……その家はガラス戸がしめてあったと思いますが、雨戸があったかどうか覚えて居りません。私はその家の外で、

『今晩わ(は)』

と云ったら、家の中からこの小父さん位《くらい》の人が出て来ました。この時、被疑者は立会の遠藤警部補を指した……。その時、その家の外燈はついていたような気もするし、その時つけたような気もします。私はその人が戸をあけたので、

『中田栄作さんて家は何処《どこ》ですか』

と尋ねたら、

『四軒目だ』

と教えてくれました。御礼は言わなかったかも知れません」

傘《かさ》もなく頭からずぶ濡《ぬ》れの男が、暗闇《くらやみ》のなかからいきなり農家の庭先にたったら、ひとを驚かせるのに十分である。

「一般人の協力を得られず」とこのころの記事に書かれている。石川一雄を別件で逮捕しながらも、本件の「恐喝容疑」(脅迫状)については、肝腎の自供をひきだしていない警察に、力強い援軍があらわれた。中田家のそばに住んでいた内山幸一(仮名)である。

内山は、事件発生から一ヵ月以上もたち、容疑者が逮捕されてからでさえ、十日以上もすぎた六月四日になって、五月一日午後七時半ごろ、

「中田栄作さんのうちはどこです」

と自分の家にたずねてきた男がいた、と警察官に証言した。警察にとって、待望の「目撃者」の出現である。しかし、この登場はどこにも報道されていない。重大秘密を握る男は、

「菅原四丁目の人たちは団結して大勢で押し掛けてくることがあります」

といって、届けたことを秘密にしてほしい、とつよく要請していたという。それでも、目撃者があらわれたという決定的事実は、匿名《とくめい》にしてでも、特報に価するはずである。

堀兼地区では、事件発生後、なんの根拠もなく、「犯人は菅原四丁目方面」と噂《うわさ》されていた。内山はそれまで刑事たちがなんどか聞き込みにきていたにもかかわらず、この重大な証

言をしていなかった。

それでいながら、まだ、容疑者と面通《めんどお》ししていない段階から、「四丁目の人たちは押し掛けてくる」などと心配していた。そこに堀兼地区のひとたちの思い込みと恐怖の感情、偏見と差別の意識がよくあらわれている。

この夜のことについて、「今晩は」と声をかけられたという内山幸一は、ほぼ五ヵ月たったあとの浦和地裁法廷で、石川の自供内容とほぼおなじことを語った。そして、狭山署のミラーつきの面通し室で首実検をした結果、暗闇《くらやみ》からあらわれた男と取り調べられている男とは、

「大体顔かたちで似てると思いましたね」

と証言している。尋問役の原正主任検事に、

「今ちょっとうしろを見てね、石川を見て下さい」

といわれて、内山はうしろの被告席に座っている一雄をみて、

「そうです、そうです、この人です」

と断定した。

弁護側は反対尋問の番になって、石田享副主任弁護人が、「犬がいるのに吠《ほ》えなかったのか」とまず追及した。と、内山は「めったに吠えない犬だ」とかわした。変な男がたずねてきた、ということをすぐ警察に届けたんですか、それともすぐには届けなかったですか、と石田が突っこんだ。

「十日、二十日くらいたってからでしょうか……長くなって忘れちゃってどうも」

と内山が答えた。六十歳。まだ耄碌《もうろく》している年ではない。それも異常な事件にかかわってのことである。不審な男がいきなりやってきて、中田家の場所を尋ねた。そのあと、ほかならぬ、自分が教えた家に惨事《さんじ》が発生していれば、警察に届けないではいられないはずだ。あるいは、自分が教えたとの自責《じせき》の念に苛《さいな》まれるかもしれず、捜査に協力すべきか、協力せずに沈黙を押し通すか、苦悶《くもん》の日々を送るはずだ。

ところが、届け出が遅くなった理由を問いただされた内山証人は、

「なにしろ百姓のことで何もわからないので」

と口を噤《つぐ》んでしまった。

それから、二年半たった一九六六(昭和四十一)年五月三十一日、東京高裁でひらかれていた第二審法廷(第一七回公判)で、中田主任弁護人が石川被告を指さして、内山にたずねた。

「証人は、そこにいる人に前に会ったことがあるか」

内山は、

「ありません」

と答えた。

「証人は、昭和三八年五月一日晩、証人のところへ人が尋ねて来たということについて原審で証言されておるが、今弁護人が指示した人はその人ではないわけか」

「古いことではっきりしたことはわかりません」

「証人は、今までそこにいる人に会ったことはないのではないか」

「前に述べたとおりで細かいことはわかりません」

ただひとり、犯人と遭遇《そうぐう》することができた、もっとも貴重な目撃証人である内山幸一は、「忘れました」「わかりません」「覚えていません」をくりかえすだけだった。

弁護側も攻めあぐねていた。

「五月一日、証人のところへ中田栄作の家を尋ねに来た人があったということは真実にあったことか」

「真実にあったことです」

「五月一日晩に見たとか、聞いたとかいうことを証人は実際には見たり聞いたりしたことはなかったが、警察の人に何か弱身があって言ったのではないか」

そう考えるしかない質問だった。内山は、

「そういうことはありません」

とだけ答えた。

当時、中田家には表札はかかっていなかった。それぞれの家は道から奥にひっこんでいて、隣りの家とはひろい庭によって隔絶《かくぜつ》されている。ふるい農家の集落である赤坂地区には中田姓が多く、郵便がよく誤配《ごはい》されるほどだった。

昼間であっても、一度、道を聞いただけで目的の家に到達するのは、むずかしい。その日はすでにまっ暗になっていた。にもかかわらず、内山以外に、道を聞かれた家はない。

内山は「なぜ一ヵ月もたってから」このような重大な事実を述べるようになったのか、と法廷で追及されても、

「申し上げてあるわけだと思いますが、何ももう長くなって」

とか、

「なんつっていいかな……なんとも考えておらんので、ちょいと」

とか、蚊《か》の泣くような小声で、弁明するだけだった。

「警察に届ける前、ただ恐ろしかったのです」

と彼はおなじことをくりかえしていうだけだった。

「警察になにか弱みがあったのではないか」

弁護士は匙《さじ》を投げたようにいいきった。内山はそういうことはありません、と答えるだけだった。

「内山証言」とは、逮捕者が「被差別部落」から出たことにたいする、堀兼地区のひとたちの安心感と憎悪《ぞうお》がつくりだした、幻想《げんそう》だったのかもしれない。被害者の兄・裕一でさえ、一雄の逮捕を聞いて、新聞記者に、

「おなじ村の、おなじ部落の人でなくてよかった」

といったほどだった。旧堀兼村赤坂部落の人でなくてよかった、という意味である。

「内山証言」とは、石川一雄の行動の軌跡《きせき》の証明ではなく、むしろ逆に、この証言にあわ

せて、一雄の「供述調書」が作成された、と考えると理解しやすくなる。鞄、万年筆、腕時計、そして目撃者、それぞれに疑惑が深い。

自供図面につけられていた筆圧痕《ひつあつこん》

一審は、被告自身なにも争わず、すべてを認めるだけだった。供述調書の作成は、赤子《あかご》の手をひねるように、どうにでもなった。刑事たちも、容疑者がなんでも認めてくれる安心感があった分だけ、捜査も杜撰《ずさん》になった。死刑台に送ってしまえば、あとはなにも問題にならなかったはずだ。

が、番狂わせだったのは、あろうことか、非識字者の石川一雄が獄中で文字を学んで、自分の裁判を凝視《みつ》めなおし、ひろい世界を感じるようになったことだった。生きるための必死の学習が、獄中ではじまっていた。以下は『獄中日記』の引用である。

一九六九年四月二五日(金)

最近また眼が痛みだした。以前もこのような事になったので十分気を付けていたのだが、以前にもましてヒドクなった。私は決して悪い姿勢で書物《かきもの》をしているわけではないのだが、目脂《めやに》が出て来て、見えなくなってしまう。幾度も瞬《まばた》きをするとしばらくはいいのだが五分と書物《かきもの》は続けていられないで涙が出てくる。

癒《よ》くなるまで一切書物《かきもの》は止めようかと思うが、私が筆を止めると代りに訴えてくれる人がいないのでペンは休ませられない。医務室へ行って見(診)て貰《もら》ったのだがようとして原因が解らない。ただ「夜遅く(当拘置所の書物は午後三時以後は許可されないのであるが、私は無実の罪を晴らす理由を話して、とくにお願いして午後八時頃まで書かせていただいているのである)まで書いているのが原因ではないか。このまま書き続けると余計悪化してしまうからしばらく休んだ方がいい」等と医務の先生に言われた。現在、眼薬を貰《もら》っているのだが一向《いっこう》に癒《よ》くなる気配なし、今のようでは潰《つぶ》れて仕舞《しま》うのではないかと心配で恐い。

だが私が書かねば返信も出来ないのみならず、多くの人に狭山事件の真相を知って貰《もら》う事も出来ない。今、私がおかれている立場を思うとペンは離せないが、しかしこれ以上悪くなって見えなくなったのではそれこそ取返しのつかぬことになりかねないので十日間程《ほど》様子を見せていただく事にした。今、こうして書いて居ても涙が出て、眼をこすりながら書いている状態である。家に知らせようと思ったのだがそんな事をしては余計心配をかけることになるので知らすことはできない。家には知らせず、返信も出来ないのでは多くの皆さんに申し訳ないがどうぞ勘弁して下さい。癒《よ》くなりましたらまた一生懸命にペンを走らせます。

おなじころ、つぎのようにも書いている。

獄中の日曜日は静かな上に静かで、看守が巡回《じゅんかい》する足音まできこえてくる。小さな覗《のぞ》き穴《あな》(視察口《しさつこう》)のフタをあけては、独房囚を覗《のぞ》いてゆく。私達が何かよからぬ事でもしているのじゃないか、と巡回しているのであろうが、独房には悪戯《わるさ》するような物は何一つない。房内に在《あ》るのは、布団、食器類のみである。それでも一〇分間隔で巡回している。とくに日曜日は、本担《ほんたん》(私達の係り)が休みなので、臨時の担当さんが来るので、二、三分おきに巡回してくる。絶えず監視されて居る人間ほど惨《みじ》めなものはない。全《まった》くやりきれない。

私が居る独房からは、世間《シャバ》が見える。夜などは、色とりどりのネオンの花が、一斉《いっせい》に咲きほこったようでとてもきれいである。私は時々、獄窓《ごくそう》から眺《なが》めては涙を落とす。「あのネオンはバーであろうか」等とあらぬ想像にかきたてられては泣き濡《ぬ》れる。私も男だ。無性に女が恋しくなる。時には気が狂いそうになる。無実の罪に陥《おとしい》れ、長い年月、女気の無い、このような中にほうり込まれたら誰でもおかしくなる。女が恋しい。

しかし、私は、中田善枝さんを殺していないのであるから、裁判が長引こうとも死刑はぜったいにないし、青春を踏みにじられた私は、二度と戻れないが、しかし、私には明日があり、女が恋しいが今は無実の罪を晴らすため全力でぶつかろう。

高いコンクリートの塀《へい》で、子供の姿は見えないが、今日は日曜日なので、塀をとう(お)して《》キャッキャャッと騒ぐ子供の声がきこえてくる。何をしているのであろうか。楽しそうに弾《はず》んだこえがきこえてくる。

ふと、私の小さい頃が思い出される。私の家は貧農であったために、欲しい物があっても何一つ買って貰《もら》えず、毎日ボロをまとっていたが、それでも元気いっぱい飛び回っていた頃が思い出されて悲しくなって、しばし泣き濡《ぬ》れた。(一九六九年四月二十日)

といって、けっして、泣いていたばかりではない。


今日から、プロ野球もペナントレースに入った。私も、長い裁判に負けないように、全力投球して頑張らなくては。

さあ、真実一路に驀進《ばくしん》しよう。(同年四月十二日)

一雄の向日的な性格が、よくあらわれている。

「連続射殺魔」といわれた永山則夫が逮捕されたのは、四月七日だが、その記述はない。このころ、ベトナムでは、軍事力で圧倒的なはずの米軍は、北ベトナム軍の攻勢に押され、和平にむけて動かざるをえなくなっていた。

前年の一九六八(昭和四十三)年、パリでの学生たちの叛乱《はんらん》(五月革命)を受けて、日本でも大学闘争が全国化していた。東京拘置所には、学生運動の逮捕者たちがはいってきて、彼は「無実の被告」として英雄にまつりあげられかかったが、部落解放同盟の支援を受けるようになっていた一雄は乗らなかった。一方、孤立《こりつ》していた永山則夫は、獄中で出会った学生たちから大きな影響を受けるようになる。

このころ、三十歳になったわたしは、勤めていたちいさな雑誌社を辞め、なんのあてもないまま、フリーライターになっていた。一雄が塀のむこうの子どもの声をきいて涙ぐんでいたとき、わたしは、長崎県対馬《つしま》の鉱山地帯の埃《ほこり》っぽい山道を歩きまわっていた。

控訴審の公判は、一九六七(昭和四十二)年十月一日の第二九回まですすんでいた。最終弁論を準備していた主任弁護人の中田直人は、犯行現場などを描《か》いた石川一雄の自供図面を検討していたとき、彼が描いた線に沿って、鉄筆状《てっぴつじょう》のものでつけられた溝《みぞ》があるのに気がついた。このあらたに発見された「筆圧痕《ひつあつこん》」が、最終弁論を中断させた。

十一月十四日の第三〇回公判では、被告への尋問によって、あらかじめつけられていた筆圧痕をなぞって、現場を示す図面が描かれたことが明らかにされた。

第二審のひとつの重大な争点が、「筆圧痕」の解釈をめぐるものとなった。筆圧痕とは、紙を二枚重ねて鉛筆でつよく書いたときに、下の紙にできる溝のことである。鞄を発見する端緒《たんしょ》となった略図(図面)は、一回目と二回目のものとは、まるで別人が描いたかのように、まったくちがうタッチになっている。

一回目はただ道らしきものが、二本の並行《へいこう》する曲線で描かれただけで、なんの意味も示されていないが、二回目からは、道は一本の線に変わり、全体性がややあらわれている。

地図の作成は、地形を抽象化する訓練がなければ描けない。鉛筆をもつ生活から隔絶《かくぜつ》され、「がっこう」を「がこを」と書くことしかできなかった当時の被告が、二日後の六月二十三日の日付が記入されてある、タッチもしっかりした殺人現場の見取図など描けるわけはない(三〇七ページ参照)。

そこには、警察官の筆跡らしい文字も認められ、合作であることがあきらかだが、それでも本人が作成したとされた。「石川一夫」の署名のあるほかの略図からも、取調官が先に書いた下書きの線、「筆圧痕」が発見されている。

石川被告は、取調べを受けているときに、その筆圧痕をなぞって図面を描かされた、と法廷で主張し、自白が誘導、強制されたものであることをあきらかにした。これにたいして警察側は、「カーボン紙で地図の写しを取ったために、あとから筆圧痕がついた」と反論、裁判所もそれを認めた。

このころはコピー機がなかったので、カーボン紙を下に敷いて写しを取ることはありえないわけではない。しかし、重要な証拠に傷をつけて平気でいるというのは、あまりに不自然である。

しかし、その後、写しをとるためについた、と警察側が主張する筆圧痕よりも、さらに先につけられた、より薄い筆圧痕の存在が、弁護団によって発見された。弁護人側は、一雄が書いた鉛筆線の前後の関係を解明する科学的分析を提唱し、いまも再鑑定をもとめつづけている。

第九章　東京高裁・寺尾判決

そんなの聞きたくない！

東京拘置所は、東武伊勢崎線《いせさきせん》で荒川の鉄橋を渡り終ってすぐである。高架駅として待ちかまえている小菅《こすげ》駅の右手下に、厚い壁に囲まれてひっそりとひろがっている。軒のひくい民家が密集するなかに、町工場が点在する下町特有の風景をたち割るように、殺伐《さつばつ》としたちいさな窓をならべたコンクリートの建物が、横に長く延びていた(現在は高層ビルに変貌《へんぼう》した)。

そのひとつひとつの窓に、囚人たちが寝起きしているのだが、それらの殺風景な建物を従えるかのように、敷地の真ん中に屹立《きつりつ》しているのが監視塔《かんしとう》である。高い壁で護《まも》られたその塔の頭部に、丸い時計がふたつ、目玉のように並んで塡《つ》めこまれ、その両側に、あたかも両耳のように、ガラス張りの監視所が取りつけられている。

だから、目と耳を強調してデフォルメされたこのロボット状の塔は、ややとぼけたデザインながらも、二十四時間、ここに押しこめられている収容者たちに、まばたきもせず監視し、聞き耳をたてているぞ、との冷酷《れいこく》なアピールを送っているかのようでもあり、押送バスの往《ゆ》き還《かえ》りの窓越しに見上げる収容者たちには、けっして飛びたつことのできない鳥の姿のようにもみえる。

一九七四(昭和四十九)年十月三十一日、石川一雄を乗せた護送用《ごそうよう》バスは、監視塔の下から正門にむかう、ゆっくりとカーブしただらだら坂を降りていった。門から外界に出ると、荒川に架かる橋を渡って一路都心にむかった。東京高裁での、第二審判決がだされようとしていた。

この日、東京高裁では、狭山事件の判決公判以外の、予定されていた民事、刑事事件ともにすべての審理は中止となっていた。二日前、新左翼系の学生たちが、石川被告の無罪判決を叫んで長官室に乱入したとばっちりである。

石川被告の無罪判決を期待する声が日に日にたかまっていたときだけに、学生たちの乱入は、そのあとの寺尾正二裁判長殴打事件《おうだじけん》とともに、セクトの自己誇示以外、裁判にとってなんの意味もない、むしろ支援運動に暴力性と恐怖のイメージを付与した、致命的な蛮行《ばんこう》だった。これが「狭山事件」の大いなる不幸である。

東京高裁のむかい側にある日比谷公園には、無罪判決を期待した部落解放同盟をはじめ、支援団体およそ一万三千人のひとびとが集まっていた。事件発生から十一年半たって、この裁判を支援する労組や市民団体、学者や著述家たちは、急速にふえていた。

弁護団から指摘された「筆圧痕《ひつあつこん》」の存在をめぐって、鑑定人選びや鑑定作業が長びき、一九六七年十一月の第三〇回公判のあと、一九七〇年の四月まで、公判は二年半ほど休廷状態になっていた。裁判長も、久永正勝、津田正良、井波七郎と変わった。

一九七三(昭和四十八)年十一月から、寺尾正二裁判長のもとで審理が再開され、一ヵ月前、第八一回公判で石川被告の最終意見陳述を終えて、結審していた。

この日の集会は、無罪判決がだされたあと、日比谷公園から渋谷区の代々木公園までデモ行進、釈放された石川一雄を迎え、「狭山事件勝利報告集会」がひらかれる予定だった。高裁とその隣りの地裁では、警備の職員がいつもの数倍にふやされ、出入りは厳重《げんじゅう》にチェックされていた。機動隊員を乗せたカマボコ車が数台、遠巻きにしてじっと待機していた。石川一雄は、両手錠をされて乗せられてきた押送バスの窓から、日比谷公園のまわりのものものしい光景を、まるで他人事のように眺めていた。朝、舎房からだされるまえに、

「自分の荷物をまとめておきなさい」

と担当者にいわれていた。

「だれが引き取りにきても、わかるように」

無罪判決がだされたにしても、ふつうならいったんは拘置所に帰されるのだが、そのあとに集会も準備されていたので、一雄はその場で釈放されるはずだった。

押送バスが、東京高裁の中庭に到着すると、ステップの下に廷吏《ていり》たちが手をつないで警固し、被告のとおり道をつくる。その人垣のあいだから、法廷の裏口にむかう小柄な「死刑囚」の姿が、放列を敷いた新聞社のカメラマンによってとらえられている。夕刊の写真だった。それをみて、わたしは息を呑《の》んだ。

救援運動のなかで、「無実の石川青年」と呼ばれていた被告は、額《ひたい》が大きくうしろに後退し、背中を丸めた、五十歳もなかば過ぎ、疲れきった中年男のような姿であった。ロイド眼

鏡とチェック模様のはいった薄茶色の冬物のジャケットが、よけい年寄り臭くしていたのかもしれない。

彼はわたしより七ヵ月ほど歳下だから、まだ三十四歳でしかなかった。その急速な老化が、十一年半におよぶ獄中生活の秋霜烈日《しゅうそうれつじつ》を、あらためて感じさせた。この日の驚愕《きょうがく》と痛憤《つうふん》が、わたしに石川一雄の半生を書かせるバネとなった。

このころ、わたしは、トヨタ自動車のコンベア労働に従事したルポルタージュ、『自動車絶望工場』を上梓《じょうし》したあとで、さまざまな労働現場の取材をはじめていた。「狭山事件」には、一般的な関心はあったが、それ以上のものではなかった。が、おなじ齢の男の老け《ふ》こんだ姿に無惨《むざん》を感じて、名状しがたい想いに捉《とら》われた。死刑を宣告された第一審判決からでさえ、すでに十年と七ヵ月がたっていた。

石川一雄が東京高裁に到着したのは、午前九時半だった。開廷は十時である。それまで被告は、裁判所の地下にある「仮監《かりかん》」で待機、十時すこしまえ、入廷《にゅうてい》して手錠、腰縄《こしなわ》をはずされ、被告席に着いた。満員の傍聴席には、無罪判決の期待が漲《みなぎ》っていた。

太縁《ふとぶち》の眼鏡をかけた、やや厳《いか》つい顔の寺尾正二裁判長が、石川被告に視線を投じて声をかけた。

「被告人は前に」

それから、「判決のまえに」と前置きしていった。判決文を読み上げると、一日半はかかる。判決内容は多岐《たき》にわたるので、要旨《ようし》では中途半端になる、それで骨子《こっし》を述べることにする、とよく透る、大きな声でいった。

「これから判決をいい渡すので、腰をかけてしっかりと聞きなさい」

それでも、石川一雄は直立不動、両手をまえに組んで立っていた。

「主文をいい渡す。原判決を破棄する」

期待どおりだった。控訴が認められた。しかし、裁判長はすかさずつけ加えていった。

「被告人を無期懲役《むきちょうえき》に処する」

予想外のどんでん返しだった。廷内は凍《こお》りついたようにシーンとした。あっけにとられた一瞬の静寂《せいじゃく》だった。それを破って、石川一雄が叫んだ。

「そんなの聞きたくない！」

「原判決破棄、無罪」の判決しか彼の念頭になかった。今日で冤罪《えんざい》が晴れる、と信じきっていた。

「聞きたくなければ座ってもよい。たっていても結構です」

寺尾裁判長は冷たくいい放ち、ゆっくりと判決骨子を読みすすめた。一雄にはなにも聞き取れなかった。ここで暴《あば》れたら負けだ、と彼は自分にいい聞かせていた。


一応自白を離れて客観的な証拠物や鑑定結果を検討した結果、犯行と被告の結びつきが肯定でき、自白に合致する事実があることが判明し、また客観性に富む第三者の証言と自白が一致している。自白の食い違いは、捜査のまずさによるものと判断され、自白の任意《にんい》性《せい》に疑いがあるとは認められない。しかし、殺害が偶発的な犯行と認められるなどの事情を考慮すると、原判決が被告人を死刑としたのは重すぎて不当と判断されるので、当裁判所は、これを破棄して無期懲役に処するのが相当と結論した。


弁護人席から、抗議の声があがった。

「上田鑑定はどうなったんだ」

「裁判長、それはペテンだ」

弁護人席ばかりか、傍聴席も総立ちになっていた。

「こんなの裁判じゃない」

「デタラメ裁判だ」

怒号にかぶせるように、寺尾裁判長は「閉廷します」と宣告して立ち上がると、陪席裁判《ばいせきさいばん》官《かん》を従え、あっというまに、うしろの扉のなかに姿を消した。上田政雄鑑定とは、被害者の胃の内容物から死亡時刻を割りだして、自供の矛盾《むじゅん》をあきらかにした新証拠だった。


「被告の父親富造さんが、退廷しようとする裁判官らめがけて突進しようとした。守衛にさえぎられた。『こんな裁判があってたまるか。いままで何をしてきたんだ』――富造さんはくちびるをひきつらせ、体全体でこみ上げる怒りをぶちまけた」(「埼玉新聞」一九七四年十一月一日)

開廷から十分たらず。傍聴者たちが不満の声をあげているあいだに、一雄は手錠《てじょう》をかけられ、腰縄《こしなわ》をうたれ、刑務官に囲まれて、たちまちにして法廷からひきだされた。彼には、父親の抗議の声は聞こえていなかった。

東京拘置所に帰る押送バスは、白バイに先導されていた。いままでになかったことである。裁判所への往復はいつもおなじ道だったが、このときはじめてコースを変えた。なにかを懼《おそ》れているようだった。

その日、十月三十一日の夕刊で、「朝日新聞」は、つぎのような「解説」を掲載した。

「……これだけ疑問点が出され、しかも審議が長びいた裁判で、『肩すかし』的な決着をつけることが妥当といえるかどうかはきわめて疑問だ。寺尾裁判長らは、二年前に審理を引き継いだあと、自らは証拠調べをほとんど行わず、証人調べは一人として行わなかった。有罪判決の背景としては、石川被告の自白が捜査段階にとどまらず、一審公判廷まで維持されたことが大きく影響したと見られるが、寺尾裁判長の審理の場合もいかにも結論を急いだという感はまぬがれない」

事件発生のころ、一雄を極悪人《ごくあくにん》あつかいしていた新聞にも、変化がみえはじめていた。部落解放同盟ばかりでなく、労働組合や学者、文化人などの公正裁判を訴える運動がひろがっていたからだ。

無罪か、そうでなければ、原審維持の死刑、その日の判決は、無罪か死刑かのふたつのいずれかしか考えられなかった。ところが、意表をついた、たして二で割る「減刑」判決は、寺尾裁判長の逃げといえるものだった。

情状酌量によって無期懲役にする、というのは、これまで展開された根本的な裁判批判を受け止めることなく、一審の判断に追随《ついずい》して弁護団の主張を却下《きゃっか》し、死刑を回避する〝温情〞で取り繕《つくろ》ってみせただけだ。

だれも情状酌量など、期待していなかった。「朝日新聞」は、「肩すかし」と書いたが、この判決は真実の追究に肩すかしを食わせ、「誤りはない」という司法の権威の維持を優先させたものだった。

一審で死刑判決をだしてから二年たって、内田武文裁判長は、東京高裁の判事に昇進していた。新聞記者に質問されて、彼は「一審の判決と同じ方向の判決で、私としても納得できる」と語った。いったん決められた裁判所の「方向」は、やみくもに墨守《ぼくしゅ》されただけだ。

寺尾正二裁判長は、一九六七(昭和四十二)年の「日韓条約反対デモ」で逮捕、起訴された学生たちにたいして、都の「公安条例」を適用したのは、憲法違反に相当するとして、「無罪判決」をだしたことで知られていた。そのこともあって、良識的な裁判官として弁護団側につよい期待感があった。

まして、被差別部落の歴史についても勉強し、狭山事件に関する著書もなん冊か読破した、と法廷で語っていた。とすれば、石川家の生活ともいえない極貧《ごくひん》状態を理解し、長兄・六造の鳶《とび》の請負業が、郊外の建築ブームに乗って、ようやく貧困から脱出する手だてをつかんだ、その長兄の身代わりになって罪を引き受け、家族を守ろうとした被告の悲しい倒錯《とうさく》に、寄り添うことができるはずだった。

一雄が、自分の兄を犯人と思いこんだのは、六造の地下足袋と足跡とが一致していた、と取調官に聞かされていたことによる。中田弁護士が一雄と最初に接見したころ、否認はするものの、泣きながら、あんちゃんとか、地下足袋がとか、気がかりな言葉を洩《も》らしていたのは、六造をかばってのことだった。

だれが犯罪者になってもおかしくないほどの極貧が、かつてあった。だからといって、だれもが犯罪者になるわけではない。しかし、それでも、兄の地下足袋を「証拠」にされて、もしかして、六造が犯人かもしれない、との疑念を一雄にあたえたのは、貧困の悲しみが基盤にあったからだ。

その貧困は、社会的な差別によって意識的につくりだされ、放置され、再生産されてきた。定年によって退官した井波七郎裁判長の後任として、判決の二年前にこの事件を担当するようになった寺尾裁判長の学習とは、秀才によくみられるように、被差別部落民の声に直接耳を傾けることなどしない、本を読んだだけ、通《とお》り一遍《いっぺん》のものでしかなかった。

石川一雄もまた、裁判長が部落問題や狭山事件批判の本を読んだ、と聞いて、自分のことを理解してくれる、との期待をふくらませていた。が、寺尾裁判長は、現場検証をおこなうこともなく、あらたな証人や証拠調べの要請をすべて却下して、机の上で判決文を書いた。

寺尾判決の論理的矛盾点

寺尾判決について、どのように書いたらいいのか、実はわたしは困惑している。判決文を引用し、それにたいする疑問を書きつらねるだけでも、膨大《ぼうだい》な量になってしまうからである。それで、わたし自身がもっとも重要だと思う二、三点だけに留《とど》めることにした。

寺尾判決と第一審の内田判決との、もっとも大きなちがいとは、寺尾判決が、「被告人に有利な諸般の情状を考量すると、原判決が臨《のぞ》むに死刑をもってしたのは、刑の量定重きに過ぎて妥当でない」として、死刑判決を破棄し、無期懲役に減刑したことである。しかし、情状を考量するといいながらも、

犯行の重大さから死刑になるかもしれないことを十分意識しており、それなればこそ、最初は頑強に犯行を否認していたところ、再逮捕後の六月二〇日には事態やむなしと観念して員(司法警察員の略)関源三に嘘の三人犯行を自供するに至ったのであるが、これも何とかして死刑だけは免《まぬが》れたいと考えたからである。(寺尾判決)

と、寺尾は一雄にたいしてきわめて冷やかである。なんとかして死刑を免れたいと考えていた、だから嘘の自供をした、というのが被告にたいする裁判官の解釈であるならば、むし

ろ心証はわるくなっているはずで、情状酌量の余地はない。
石川被告が取調室で、「教えて下さい」といって、関巡査部長に死体発掘の状況を教えてもらった事実は、裁判官の解釈では、こうなる。
「(関に聞くなど)一見不思議な行動に出たのも、関に依存してなんとか死刑だけは免れたいと考え、暗に答え方につき同人に相談をもちかけたと解する余地がある」(同前)
しかし、法廷で一雄はつぎのように証言していた(一九六八年八月二十七日、第二六回公判)。

「どう殺して、どういうふうにしたか、ということは私にはわからないから自分では述べられないので、関さんが来たときは関さんに教わりますが、関さんが来ないときは長谷部さんにすがる以外にないから、長谷部さんがその都度《つど》いろいろ教えてくれました。具体的にどういうことといっても今は思い出せません」

それを受けて、中田主任弁護人が質問した。

「ひのきの木の下で、しばらく考えていたということが自白調書に書いてあるが、それは教えてくれたことですか、それとも自分が考え出したことですか」
「自分で考えたです」

「そして、どういうことをいったのですか」
「長谷部さんが、五時ごろ縄を取りにいったのではないかといいました。（善枝さんを）つかまえたのが三時ごろだったか三時半ごろだったか、ちょっとわからないですが、何しろ殺してから五時ごろまで、一時間ぐらい空間があったと思います。その間どこにいたといわれ、どこにいたということもいえないで、考えていた。それから縄を取りにいったといったら、それでいいといわれました」

取調官に教えてもらいながら供述することが、はたして死刑を免れることにつながるのか。必要以上に従順だった、というのは、取調官にとっては絶好だとしても、まったく独立した存在のはずである裁判官にとって、「情状酌量」の条件になるわけはない。むしろ被疑者は、犯行を自供することによって、一歩一歩、死刑のほうへたぐり寄せられていくはずである。ところが、被疑者は取調官にしたがって苦しまぎれにストーリーをひねりだしたにしても、それは非体験の架空《かくう》の話であって実感はないのだから、死刑に結びつくとは考えにくい。

「内山幸一という人のところに寄って善枝さんの家を尋ねたという自白がありますね」
と中田弁護人は、重ねてきいた。

「そういう自白をしているときに警察から、あなたの述べているところと違うところがあると教えられたことがありますか」

「あります」

「どういう点ですか」

「当時、雨が降っていて脅迫状を届けるときビニールを頭に載せていたです」

「といったのですね」

「ええ。そうしたら内山さんのいうのには、ビニールの風呂敷はかぶっていなかったということだといわれました。それから、内山さん方を尋ねるとき自転車を置いといたとか持って行ったとかいったです」

「内山さんを尋ねるとき自転車を、どこに置いたというのですか」

「道路に置いて行ったとかいいました」

「内山さんのところまでは自転車に乗って行ったということは自白しているのでしょう」

「そうです。内山さんの家は道路から、はいったところにあって、家にはいるのに自転車を道路に止めてはいったとか中まで持ってはいったとかいわれたです。そうしたら、そうでないといわれました」

「内山さん方にはいるとき、自転車を道路に置いて行ったといったか、持ってはいったといったか覚えていないけれども、ともかく、あなたのいったこととは逆だというふうにいわれたのですか」

「そうです」

「ビニールの点はどうなったのですか」

「ビニールもかぶっていなかったと、内山さんがいったというので、おれもかぶっていなかったと口裏《くちうら》を合わせたと思います」

苦しまぎれ、その場しのぎに、いったん「やった」と屈服してしまえば、あとは取調官にしたがっていたほうが楽である。大筋を認めた、と取調官は安心しながらも、またもとにもどって元《もと》の木阿弥《もくあみ》にならないように、急いでストーリーを固めようとする。

それにたいして、被疑者の側も「やっていなかった」と否定して、また責められる苦しさには、もうもどりたくないので、とにかく、辻褄《つじつま》があうまで、自供の内容を修整させられても耐えている。一雄は最初の自供の日から一週間ほどは、朝八時から夜十二時すぎまで取り調べられ、一日に三通もの供述調書を作成されていた。

そのほとんどは、供述調書の末尾に、決まり文句として、「右の通り録取《ろくしゅ》して読み聞かせたところ誤《あやま》りのないことを申し立て署名指印《しょめいしいん》した」とあるようには、読み聞かせられていなかった。法廷でも証言したように、「自分のいったことだし、あるいはいってもらったことだから、読んでもらわなくてもいいといったです」というのが実際だった。

自供における「秘密の暴露《ばくろ》」とは、真犯人しか知らない事実が、たくまずして自供のなかにあらわれることをさしている。が、ほかの冤罪者とおなじように、一雄の場合も、捜査からえられた証拠や状況からとらえられた情報や知識が取調室であたえられ、それが供述した内容として調書に記録されている。
いったん屈服してしまえば、もはや自分にとってはどうでもいいことなのだ。迎合的な供述は、臨場感を欠き、つぎのように、「無知の暴露」があらわれる。
はじめて、一雄が「自分が殺した」と自供したのは、一九六三年六月二十三日だった。その日の供述調書には、つぎのように書かれている。

「私は五月一日の午後四時頃かと思いますが、入間川の山学校のところで善枝ちゃんに話しかけて、山の中につれこみました。つれこんだ場所や、どんな風にしてつれこんだかは後で話しますが、場所は倉さんが首っつりをした山です。それから無理に(善枝ちゃんの)両手を後手にしばっておまんこをしました。その時さわいだので、善枝ちゃんの首をしめ、殺してしまいました。それから手紙を書いて、五月一日の夜、善枝ちゃんの家へ自転車といっしょに届けました。その帰りに、山田豚屋の豚小舎から、シャベルを盗んで来て、穴を掘って善枝ちゃんの死体を埋めました」

山とはいっても、まわりを畑に囲まれた雑木林のことで、日中のことだから、もしも騒がれたら、畑で作業しているひとたちから、十分に聞き咎《とが》められる距離である。

脅迫状など書くことはできない

ところが、このおなじ二十三日の、もう一通の供述調書には、「キャー」と大きな声をだしたので、「騒ぐんじゃぁない」といったが、キャーキャー騒ぎ、「助けてー」と叫んだので、「騒ぐと殺すぞ」と脅《おど》したことも書かれてある。

まるで、できそこないのテレビドラマのような情景である。タオルで絞殺《こうさつ》した、との自供は、あとで手で扼殺《やくさつ》した、と変わったのだが、死因にかかわる重大な自供が、かんたんに変遷することに裁判官が疑問を感じないのは、怠慢《たいまん》というよりは欺瞞《ぎまん》といえる。

はたして、「山の中」が殺害現場だったかどうか、それすら検証によっても特定されていない。それはともかく、「キャー」と大きな声をだし、「キャーキャー騒いだ」のに、そのとき、二十メートルほどしかはなれていない畑で農作業をしていた農民は、その声を聞いていなかった。

この重大なO証言の捜査報告書を、検察官は裁判所に提出していなかった。その事実は、一九八一年十月に、検察官への証拠開示請求によって、はじめてあきらかになった。

石川一雄は、「首をしめ、殺してしまいました。それから手紙を書いて」と供述している。しかし、手で絞め殺したあとは、力がはいっていた手の震《ふる》えはひどくて、手紙など書ける状態ではないはずだ。それでなくても、平がなを書くのがようやくのことで、漢字を書く練習をしたことのない人間が、漢字まじり、達意の脅迫状を書くほどに筆慣《ふでな》れているはずはない。

それで、そのあとの供述では、前に書いてあった脅迫状を流用した、と訂正された。しかし、たとえ時間があったにしても、あれほど文意の明快な脅迫状を書くのには、かなりの学力が必要とされるし、殺害後、「鞄の中を探って筆入れの中にあった万年筆を取り出し、……杉か檜《ひのき》の下で雨を避けて脅迫状を訂正」(判決文)するなど、当時の一雄の能力ではかんたんにできるものではない。

警察が殺人事件と誘拐事件とをごっちゃにしてしまったのは、捜査を混乱させる真犯人の作為にまんまと引っかかったからだが、その判断ミスは、吉展ちゃん事件の張り込みで失敗していた警察の後遺症《こういしょう》ともいうべきものだった。

吉展ちゃん事件のあと、それをマネした誘拐《ゆうかい》事件がいくつか発生していた。その背景もあって、殺人事件を誘拐事件に偽装《ぎそう》した犯人に、振りまわされたのである。

「昨日も聞かれました中田さんの家え《へ》手紙を書いて持って行ったのは私では有《あ》りません。私は字はよく書けないし読めませんから、そんな事はできません」(一九六三年五月二十五日付、供述調書)

別件で逮捕されていた石川一雄は、逮捕の翌々日、きっぱりと本件の殺人と脅迫の容疑を否認していた。

「字はよく書けないし読めませんから、そんな事(脅迫状を書くなど)はできません」

これほど明快な証明はない。ところが捜査当局は、それを信じなかった。字を書けないといったって、このていどの脅迫状なら書けるだろうと考える。このていどの脅迫状を書くのは、よほど知能のひくい奴だ、とする常識的な判断を下したのだった。

それが被差別部落に生まれ育って、極貧のうちに学校へ通うことができなかった一雄にたいする、捜査陣の理解力の限界だった。

非識字は石川一雄ひとりだけの問題ではない。石川家および菅原四丁目、さらには被差別部落全体にかかわる問題だった。もっている者は、もっていない者の痛みを理解できないように、文字を読める者は、文字を読めない者の痛みを共有できない。相手を理解しようともしないのが差別意識であり、刑事も検事も判事も、当時の一雄には脅迫状さえ書くことができないとは考えられなかった。その差別への無痛覚がストレートに犯人視にむすびついたのだ。

寺尾判決には、つぎのように書かれている。

> 六・二〇(六月二十日付)員(司法警察員の略)関調書の三人犯行説は、同一人格内部の精神の葛藤《かっとう》を、入間川の男とか入曽の男とかと擬《ぎ》人化《じんか》して表現したものと見ることができ、供述内容自体からして極《きわ》めて不自然な部分が認められる。なかでも、兇行後の火急《かきゅう》の際に、字の書けない被告人が字をよく知っている名前も言えない入曽の友達から字を教えてもらって脅迫状を書いたという箇所は、極《きわ》めて不自然で、供述自体からして偽《いつわ》りであることが明らかで、むしろ、捜査官としてはこれこそ単独犯を自供する前触れとみるのが相当であ

ろう。（なお、関係証拠によると、被告人はその際関源三と手を取り合って涙ながらに三人犯行を告白したということであるが、そのような状況のもとで初めて犯行を自供するような場合にすら、人間は虚偽と計算と擬態《ぎたい》を織り混ぜるものであるということを見せつけられるのは、人生の悲哀であるが、このような人間性を直視することなしには真実に迫ることはできないと考える）。

「字の書けない被告人が、脅迫状を書いた」というのが、この事件のもっとも「不自然」なところである。裁判長が「字を教えてもらって脅迫状を書いたという箇所は、極めて不自然」というのは、こんなていどの脅迫状なら、ひとに頼らなくても自分で書けたはずだ、との認識をあらわしている。

しかし、当時の一雄の能力では、漢字を教えてくれる男がもしもいたとしても、そもそも手紙を書くことなどできなかった、と気づくべきだったのだ。

もしも石川一雄の単独犯行だとしたなら、文章など生まれてこの方書いたことがない男が、ひとりで脅迫状を書いたことになり、つまりは、被告人は、自分の能力ではとうてい実行できない犯罪を犯したことになる。

ところが、寺尾裁判長は、そのように考えることができず、一雄の訴えからただ、被告人の「虚偽と計算と擬態《ぎたい》」をひきだすだけでしかなかった。それでいて「人間性を直視することなしには真実に迫ることはできない」などとお説教を垂《た》れてしめくくっている。

寺尾裁判長は、自分の美文に酔《よ》っているだけだ。判決文の前段でいうように、もしも、「この心的過程は、窮極《きゅうきょく》的には、裁判官の全人格的能力による合理的洞察《どうさつ》の作用にほかならないのである」ほどに、真実にむかおうとする真摯《しんし》さと「洞察」力があったなら、「狭山事件」はそのときで解決されていた。判決文としてはきわめて異例、かつ傲慢《ごうまん》に、自分を「人間通」として自画自賛して終ることなどできなかったはずだ。

もしも、彼よりすこしでも冷静な裁判官だったなら、被告を「虚偽と計算と擬態」といい募《つの》ったりはせずに、自供に追いこまれたあと、辻褄《つじつま》あわせに周章狼狽《しゅうしょうろうばい》している被告人の苦衷《くちゅう》をすこしは忖度《そんたく》できたはずだ。それが「人間通」の裁判官というものなのだ。

「脅迫状」の恐ろしさ

五月二十五日付の調書(否認調書)に書かれた署名は、「石川一夫」(一雄)であり、事件のあった日の行動を書いた略図に添えられた説明で、たとえば、「コるふばくねと」とは「ゴルフバックネット」の意で、ゴルフ場のネットのことである。

「100くめとるぐらいるはなれている」(100メートルぐらいはなれている)ともある。100の下の「く」は、１００＝「ひゃく」に送りがなの「く」を振った表記のしかたで、「ぐ」の濁点は、「く」の内側にではなく、「ぐ」と外側につけられていて、小学生以下の学習の未熟《みじゅく》さをしめしている。

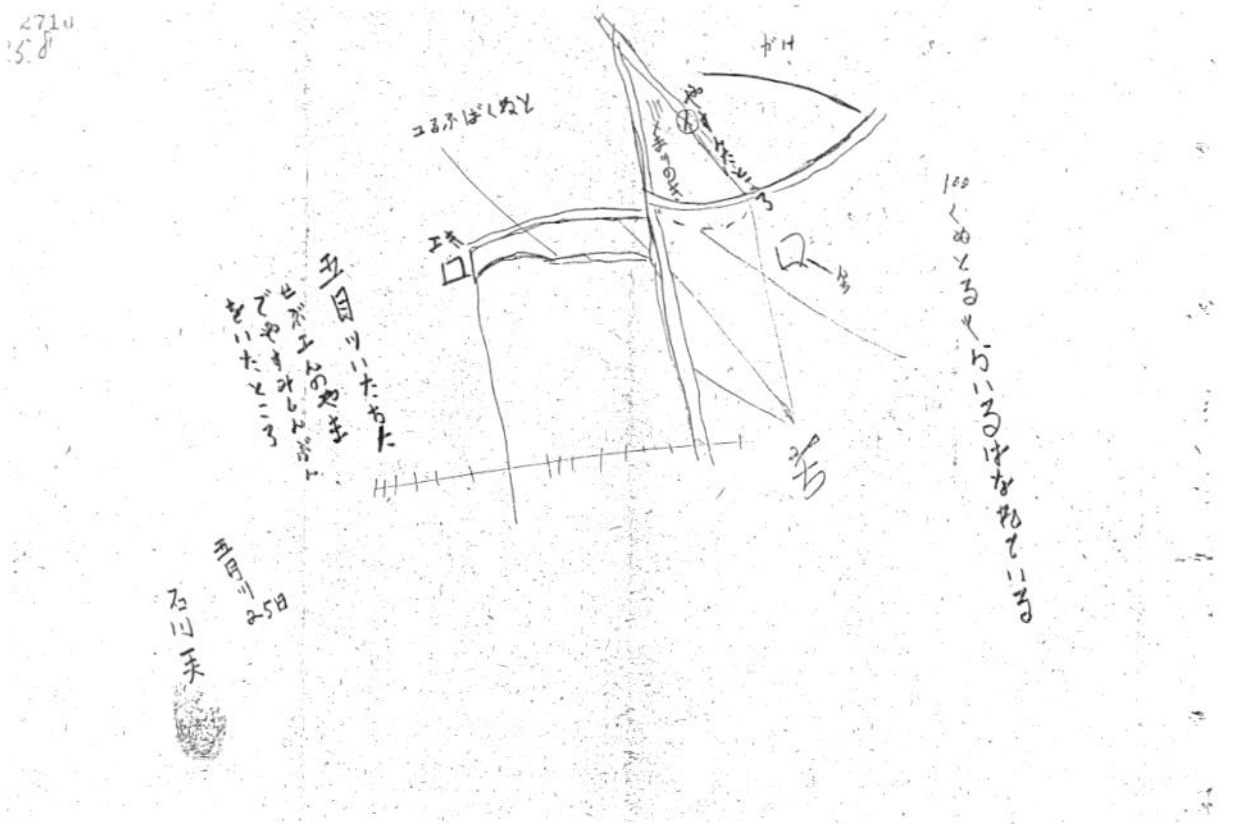

逮捕直後(5 月 25 日)に書いた略図と説明文.「五月一日に西武園の山で休み，新聞をおいたところ」の意味．脅迫状に使われていた漢字の「西武園」は書けていない．自分の「一雄」さえ書けていないことがわかる．

「くらい」の下の「る」は、まったく不用な一字である。この字となんども睨《にら》めっこをして、わたしがようやく判読できるようになったのは、五月二十七日付の調書に添付された地下足袋の説明である(二九五ページ参照)。

「このたびわ(この足袋は)わにしわ(わたしは)にしかわ〳〵み(西川組)エ(へ)(は＝欠)いてた(履いて行った)ものです」との意味である。

「五ツツ」は、こはぜが「五つ」の意味で、左の、「あんちんわ９７」「をとツさん９７」は「あんちゃんは9文7分」「おとうさん9文7分」の意味なのだ。

「五月ツ27日」とあるのは、「五月27日」で、「100く」とおなじように、

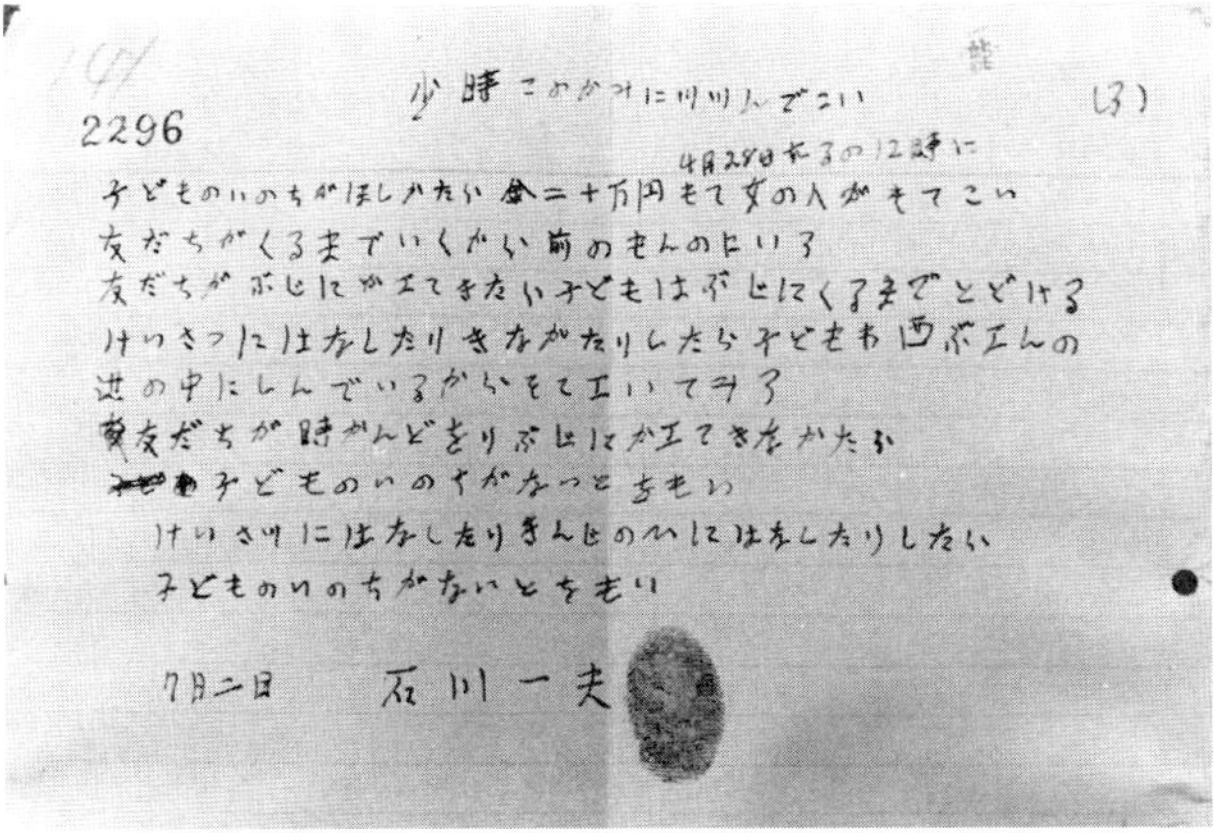

狭山署の留置場にいたとき，脅迫状を写しとる練習をさせられていた．これはその後，逮捕から40日目(7月2日)の取調べで書かされたもの．脅迫状に漢字で書かれた「刑札」「西武園」は書けていない．

五月に送りがなの「ツ」を振ったもの。「コるふばくねと」「せぶエん」(西武園)「やすみしんぶんを(敷《し》)いたところ」などによくあらわれているように、平がなと片かなの使い分けや、よりこまかな筆記能力としての濁音《だくおん》、拗促音《ようそくおん》が正しく表記できていない。

こうしてみると、日本語を自在に読み書きするのには、それなりの訓練が必要なことがよく理解できる。実際に「脅迫状」を書いた人物のように、拗促音を使い、変体かなを駆《く》使《し》し、平明な文章を書き、もっとも重要な箇所を大きな字で強調するなど(八ページ、脅迫状の写真参照)、当時の一雄には到底《とうてい》できる技《わざ》ではなかった。

字を書けない男が、脅迫状を書こうなどと発想するわけがないのは、吃音者《きつおんしゃ》が電話で脅迫しようなどと考えたりはしない、あるいは、泳げない人間が、ロープを身体に巻きつけて、海に落ちたボールを拾おうなどと思いもしないのとまったくおなじことで、その深いコンプレックスを理解しようとしないのは、「識字者」の特権意識ともいえる。

脅迫状の、いかにもわざとらしい誤用《ごよう》を整理して、つぎのように書き直してみると、文意は率直《そっちょく》、明快であって、むしろ達意の文章といえる。

この紙に包んで来い

子供の命が欲しかったら五月二日の夜12時に、金二十万円、女の人がもって佐野屋の門のところにいろ。友だちが車でいくから、その人にわたせ。時が一分でもおくれたら子供の命がないとおもい(え)。――警察に話したら子供は死。

もし車でいった友だちが時間どおり無事に帰って来《き》なかったら、子供は西武園の池の中に死んでいるからそこへいってみろ。もし車でいった友だちが時間どおり無事に帰って来たら子供は1時間後に車で無事に届ける。

くりかえす　警察に話すな。

近所の人にも話すな
　子供死んでしまう。
もし金をとりにいって、ちがう人がいたら
そのまま帰って来て、子供は殺してやる。

文意は整っているし、運筆《うんぴつ》は滑《なめ》らかで、句点もキチンと打たれている。そのころでは珍しい横書きなのだが、それにも慣れているようで、横にまっすぐに伸びていて、行が上がったり、下がったりする乱れはない。

驚嘆《きょうたん》すべきなのは、行の終りとともに文節が終っていて、あたかも韻《いん》を踏むように、命令形を強調している。これは文章を意志通り、自在に書ける、かなりたかい能力を証明している。

ところが、頭の硬い警察官たちは、万葉かな(変体かな)を誤用と考え、偽装《ぎそう》された金釘《かなくぎ》流《りゅう》に翻弄《ほんろう》されて、「知能程度が低い」と判断した。

六月二十二日、二通目の脅迫状の封筒についての一雄の供述では、

「それから私がその封筒ののりのついているところを舌《した》でなめてはって封をしたように思いますがはっきり覚えて居りません」

これはだれでもやる動作だから、なにも語っていないことにひとしい。

「封筒の表か裏を書きなおした記憶はないか」

と取調官が、証拠の封筒の宛名が書き直されていることを追及した。しかし、一雄は、

「ありませんが、よく考えてみます」

脅迫状の封筒を緘《と》じたことを自白したのなら、宛名を書き直したことを否認する理由はなにもない。その事実こそ「秘密の暴露」のはずだ。石川一雄にとっては、宛名が書き直されているなど、想像に絶することだった。だから、「ありません」と即座に否定した。

そのあと、「よく考えてみろ」といわれ、「はい、よく考えてみます」といった経過が、「ありませんが、よく考えてみます」との供述調書によくあらわれている。

「それで君はこの娘が中田栄作の娘ということが何時《いつ》わかったか」

「私がこの娘の自転車を停めてこの山のところに来る時、歩きながらきいたのです。いやきいたと思うのです」

これは六月二十三日付の供述調書だが、ここにも、なんら具体的な事実があらわれていない。相手の名前もわからずに誘拐《ゆうかい》した、というのだが、はじめて顔を合わせた女子高校生を、それも気の強いソフトボールのキャプテンを、拳銃《けんじゅう》も刃物もなく、雑木林に連れ込むなど至難の技である。

それでさえ不自然なのだが、自転車を押した女性を先に歩かせながら、これから身代金を要求しようとしているのに、「お前の名前はなんていうんだ」「住所はどこだ」「父親の名前は」などとあらたまって聞くなど、荒唐無稽《こうとうむけい》というしかない。

二十一日は二通、二十二日が二通、二十三日は二通と、おなじ作成者(青木一夫、遠藤三)

による複数の調書が存在している。自供調書にはかならず「秘密の暴露」がふくまれるものだとしたなら、なんのリアリティも感じられない自供調書は、「無知の暴露」といっていい。取調室の密室で、取り調べるものと、取り調べられるものとの共同作業として、調書のページが徒《いたず》らにふえていったにしても、容疑者は、どうせやっていないことだから、と自分の気持ちを処理している。そして、思う。「裁判官なら判《わか》ってくれる」と。

ところが、その積み重ねられた「供述調書」の分量が、裁判官の心証を形成する。

「チャックだかバンドだか良くわからなかった」(鞄についての供述)

「時計は俺は全然見ないんだ　あったかどうか知らないんだ」

一雄は犯行について自供したにしても、細部についてはまったく無知である(いずれも六月二十一日)。調書は取調官と容疑者とによる、手探りのシナリオ書きゲームでもある。この段階で取り調べる側は、容疑者の無知さ加減にあきれて軌道を修正し、振りだしにもどるべきだったのだ。

石川一雄にとっての不幸は、捜査本部に、ほかにめぼしい容疑者の手もちがなかったことだった。

なぜ「お詫び文」を書いたのか

石川一雄の行動で、なかなか理解しがたいのは、川越署分室の留置場の板壁《いたかべ》に、爪《つめ》やマッチ棒でいかにも犯人らしい「詫《わ》びの文」を書いていたことである。爪で書かれていた文字は、「じょうぶでいたら一週か(間)に一どツせんこをあげさせてください　六・二十日　石川一夫　入間川」

と判読できる。意味不明だが、それまでの三人組の犯行との自供をくつがえして、はじめて「ひとりでやった」と自供した、それもやや詳しく語っている、六月二十三日づけの二通目の供述調書と引き合わせてみると、「私が無事に出られたら(善枝ちゃんのお墓に)一週間に一度は線香を上げに行きます」との意味だとわかる。

「私が今でも済まないという気持ちでいたということは、狭山警察の今まで私が入っていた部屋を見て貰えばわかりますが、私は私がいた部屋の板の間に爪で、『私が無事に出られたら一週間毎《ごと》に御詣りに行きます』と書いてあります」(供述調書)

三人組の犯行から、ついに単独犯行へと自供を変えた。捜査員は、それを形(証拠)にして確立しなければならなかった。一雄も取調官に自分の誠意をみせなければならなかった。

この間の事情について、一雄は、第二審第二七回公判で、「とにかく殺したと言ってから、『それじゃ善枝ちゃんに詫び状のしるしがあるか』と長谷部刑事にいわれて『書いてある』とうっかりいってしまった」と証言した。

当然、「どこに書いたのか」と追及される。それで「狭山署の留置場の便所の上へ書いてきた」と答えてしまった。と、そばについていた関巡査部長がすっと出ていった。確認しにいったようだ。が、詫び状などどこにも書いていなかった。

「なかったじゃないか」と詰問《きつもん》されると困る、それで、川越署分室の留置場に帰されると、一雄はすぐに畳敷きの留置場の板壁の下に爪《つめ》で書いて帳尻をあわせた。書いた事実がありさえすれば、怒られなくてすむ、と考えたのである。

それから、二週間ほどして、一雄は、念のいったことにも、こんどはパンの袋を利用して、「中田よしえさんゆるしてください」と切り紙で文字をつくって、留置場の壁際《ぎわ》に置いた。切り絵は長谷部警視の得意な芸である。「中」「田」は、紙を折りあわせて鋏《はさみ》をいれると、まるで魔法のようにあらわれる文字として、長谷部に教えられていた。

紙を切り抜き、それも独房の床に目立つように置くなど、厳戒態勢のもとにあった重要容疑者にとっての、異例の特別待遇である。紙文字の告白を切り抜いたことに、長谷部にたいする迎合が透けてみえる。なにしろ、長谷部は、「十年で出してやる」との「男の約束」をしてくれた、最大の権力者である。それに逆らうと、せっかくの約束を反古《ほご》にされかねない。

寺尾判決には、こう書かれている。

この詫《わ》び文句にある六月二〇日といえば、被告人が、「本件」につき裁判官の勾留質問に答えて「事実(善枝さんのこと)は知りません。事件をおこしてないと云うことをお話しするという意味のことを話しただけで裁判所へ行っても善枝さんのことについては知らないから知りません」と陳述した当日であり、員関源三に三人犯行を自供した日でもあることを考え合わせると、裁判官には否定的な答えをし、員関源三には三人犯行を自供したものの、内心では良心の呵責《かしゃく》に堪《た》えかねて、反省悔悟の情を自室の壁板に爪書きしたものと考えられる。

このとき、石川一雄にとっては、鉄パイプ泥棒についての自供が最大の心配事で、「善枝さん殺し」は念頭になかった。一雄が強く否定したのにもかかわらず、せっかくやってきた裁判官はそれを無視し、検事の要求に従って、勾留延長を認める手続きをとっただけで帰っていった。一雄は、神聖な裁判所へ連れていってくれさえすれば、鉄パイプ泥棒の真実を話したい、と切望していた。

「人間通」寺尾判決の矛盾は、板壁の爪書きを「反省悔悟の情」といいながらも、その一方では、死刑逃れのための戦術、と断罪していることにある。

このように功利的な心情(なんとか死刑だけは免《まぬが》れたいという)も加わって六月二〇日房内の自室に前掲の詫び文句を爪書きするに至った。これは純粋に悔悟《かいご》の気持だけから発したものではなく、少しでも罪を軽くしてもらいたいという気持もあった……死刑だけは免れたいとの願いがかなわず、(死刑判決を受け)控訴するや一転して無実を叫び……。(寺尾判決)

それなら、その言動のどこに、「情状酌量」の余地があるのだろうか。むしろ、なんの反省もない、卑怯未練《ひきょうみれん》に逃げまわろうとしているだけではないか。これだけ被告を批判しながらも、こんどは一転、恩情をしめして死刑から無期懲役に減刑にする。不徹底の極《きわ》みである。かつて大逆事件などで、犯罪事実がないにもかかわらず、まず最初に死刑の判決をだし、そのあと無期懲役にした、あの「暗黒裁判」における「恩情」とおなじやり口ともいえる。寺尾裁判長は、石川被告の態様のすべてを、「死刑だけは免れたい」と理由づけている。しかし、同房の未決囚や刑務官の証言にもあったように、本人は死刑になるなど、まるで念頭《ねんとう》になかった。

三人犯行と単独犯の自供をめぐる三日の差

判決文で、寺尾裁判長は、

被告人が員関源三に、三人犯行を自供したのは六月二〇日であると認められるところ、当審に至ってこれを六月二三日であると主張している。

と書いていながらも、その供述が変遷した理由に迫る努力を、突如として放棄している。供述の「不自然、偽《いつわ》り」を指摘したならば、その理由について考察して当然である。ところが、裁判長は被告の人間性を批判するだけで終った。

本来ならば、供述が不自然なものに感じられ、偽りがあると判断できたなら、それはなぜなのか、そこに介在《かいざい》している事実はなにか、それを追及し、真実にむかうのが裁判官の役割のはずである。被告人を批判するだけなら、検事の一方的な断罪にすぎない。

壁には、たしかに、「六・二十日」と書かれていた。調書の日付では、その六月二十日が、「三人犯行」を自供した日となっている。責《せ》めたてられていた一雄が、苦しまぎれにまず自供したのは、おれは殺していない、強姦《ごうかん》したのも、殺したのも、入間川や入曽の友だちであって、自分の役割は手紙を書いてもっていっただけ、というものだった。

だから、「無事に出られたら一週間に一度は線香を上げに行く」というのは、いかにも唐《とう》突《とつ》すぎる。

その自供を修正して、単独犯に変わったのが、六月二十三日。供述調書の日付ではそうなっている。ところが、判決文にもあるように、第二審になってから、一雄は最初の自供が六月二十三日、単独犯を自供したのは、六月二十六日になってからだ、と主張した。事実関係がおなじならば、三日ぐらいの差はなんでもない、と思われがちだ。が、そうではない。

六月二十日の昼前は、主任弁護人の中田直人と石田享弁護士が、石川一雄と面会していた。午後になって、平山三喜夫裁判官が出張してきて、形通りの勾留質問をしたが、一雄はきっぱりと善枝さん殺しを否認した。だから、そのあとに、やってきた関巡査部長と会って、急に態度を変えて自供するのは、あまりにも不自然である。

寺尾裁判長はこのことから、いかにも人間通のように、被告の動揺の激しさを感得《かんとく》しているのだが、自分がおなじ立場におかれていたと想像してみたなら、この急転に疑問を感じて当然である。

一雄は、前日の十九日から絶食していた。十七日にタライ回しの再逮捕、川越署の分室に移送され、監禁されていた。けっして贅沢《ぜいたく》な生活をしてきたわけではない彼が、前にも書いたように、「こんなまずい飯を食えるか」といったのだから、さぞかしひどかったはずだ。「そんなら食うな」というやりとりがあって、絶食がつづき、川越市の開業医が呼ばれている。その日は二十二日で、まだ自供をしている気配はない。

新聞の自供報道の第一報は、二十三日の朝刊だった。記事は前日の二十二日深夜の締め切りまで間に合う。もしも、二十日に自供していたなら、吉展ちゃん事件の失態《しったい》もあって、容疑者の自供を固唾《かたず》を呑《の》んで待っている世間にむけて、一日でもはやく「解決」を発表したい警察が、二日も発表を抑えている理由はない。だから最初の自供は、二十二日ということになる。医者が帰ってからの夕方から夜にかけて、と推定できる。

もしも、「三人の犯行」という、最初の自供が二十二日だとすると、奇妙なことにも、それより前に鞄が発見されたことになる。自供したとの警察情報によって書かれている各紙の記事には、「鞄も発見」とある。しかし、この段階での一雄の自供とは、まだ「手紙を書いて、中田家に届けにいっただけ」というもので、鞄を捨てた場所についてはなにも語っていない。

特別捜査本部が、自供によって鞄が見つかったと正式に発表したのは、二十五日午後四時だった。「自供によって、二十一日夕、通学用ダレス鞄を発見した」、つまり、自供と物証が一致した、という内容だった。しかし、「三人の犯行だった」と最初に自供したのは、二十二日のはずである。とすると、はじめての自供があった二十二日の前日には、すでに鞄が発見されていたことになる。

鞄の発見は、前述のように、畑で農作業していた農民を現場につれていって、「立会人」に仕立てたものだった(第二審で証人として招致《しょうち》された農民たちには、日にちの記憶はない)。だから、実際に発見されていたのはいつだったか、その真相は捜査当局でなければわからない。鞄の場所を自供した調書の日付は、二十一日になっている。

しかし、この二十一日だけで、三通もの調書があるのは、いかにも不自然である。とすれば、二十二日におこなわれた最初の「三人説」自供の日付が、「二〇日」に改竄《かいざん》されたと考えれば、解決する。どうしてか、といえば、二十一日に鞄が発見された、と発表した手前、自供がそれより前でなければ、自供をまたずにすでに鞄が発見されていたことになる。

これでは自供によって場所を特定(ほぼおおざっぱな)したといっても、実は取調官に誘導《ゆうどう》されたものだったことが証明されるからである。

二十一日の日付のある三通の自供は、なんの具体性もないものである。肝腎の鞄や時計についても曖昧模糊《あいまいもこ》としているだけでなく、一通目の調書の最後に記録されている、「今言った通り間違いないけど此れからは此うゆう事はしないから勘弁して下さい」との文言《もんごん》は、まるで悪戯《いたずら》がみつかった少年のような謝り方で、とても殺人を犯した人間がいう言葉ではない。二十二日に最初の自白をしたと考えると、「単独犯だった」と自供した二十三日の日付も、不自然なものになる。単独犯になってはじめて、鞄や時計などの遺留品について自白する、と考えるのが自然だからである。

ところが、実際のところは、二十一日に鞄が発見されているのだから、二十三日ではおそすぎる。捜査本部の正式発表は二十五日である。それまで長谷部たちはなにを躊躇《ちゅうちょ》していたのだろうか。

「じょうぶでいたら……」という詫び文を、留置場の羽目板《はめいた》に書きつけた日付は、「六・二十日」(六月二十日)である。本人が爪で書いた日付である。これは警察のいう自供の日付と符合している。しかし、入間川や入曾の友だちの犯行であって、自分ではない、と弁解したにしても、はじめて自供して動揺しているときに、こんな悠長《ゆうちょう》なことを書くのはできすぎている、と疑って当然だ。

長谷部は、善枝さんの家族や本人にたいする詫《わ》び状《じょう》を書かせ、それによって証拠を補強しようとしていた。冤罪事件によくあらわれる(財田川事件、幸浦事件、二俣事件、仁保事件など)、悔悟《かいご》の「手記」である。自供させた取調官は、自供だけでは証拠として弱いので、本人の自発的な意志による供述である、と証明する「物的証拠」をつくりたがる。

裁判官がそれに惑《まど》わされがちなのは、活字人間のつねとして、なによりも書かれたものを信じやすいからである。

書いてあった、と過去の事実にしなくてはならないから、日付を二十日にした。この「詫び文」が「実況見分」された時間は、六月二十四日午後二時から二時半と「実況見分調書」に記載されている。

石川一雄はたったひとりの留置人として、タバコは吸い放題の特別待遇を受けていた。その大事な留置人の動静が、二十日から二十四日まで、四日間も把握《はあく》されていなかったほど、長谷部たちが無能だったわけではない。

たしかに、先入観にとらわれず、虚心坦懐《きょしんたんかい》にひとをみる、というのは難しい。容疑者が裁判所にやってくるまで、すでに刑事と検事の関門を通り抜けてきたという安心感が、すべてに厳正《げんせい》であるべき裁判官に、ある種の予断を与えているのかもしれない。

裁判官の手許《てもと》に送られてきた書類には、いかに彼が犯人であるか、が力説されている。それを払いのけるには、おそらく強靱《きょうじん》な精神が必要とされるのであろう。裁判官よりは、はるかに多く容疑者と接してきた刑事や検事の主張を受け容《い》れ、もしも彼や彼女をそのまま死刑台に送ったにしても、その責任は裁判官だけにあるわけではない、と考えるのであろうか。

が、それとはまったく逆に、かつてわたしが取材した冤罪事件をつくった刑事たちは、「おれたちは怪しい人間を捕えただけだ。あとはアタマのいい検事や裁判官が判断する」といって責任を回避した。おたがいに責任のなすり合いになる。

前にも書いたように、石川一雄にたいして、寺尾判決はきわめて冷やかである。自供したのは、二十日ではなく二十三日ごろだった、と一雄が法廷で縷々《るる》証言しても、裁判官たちの疑惑の視線は、やわらぐことはなかった。ところが、その反面、捜査員たちの作為については、露《つゆ》も疑うことはない。そのどっちの世界のちかくにいるか、という親近感のちがいである。

無視された身代金奪取のやりとり

寺尾判決で無視されたいくつかの事実のなかでも、犯人像を考えるのにもっとも重要だと考えられるのは、身代金《みのしろきん》奪取をめぐるやりとりである。

警察は善枝の姉の登美恵に新聞紙で偽装した札束をもたせて路上にたたせ、犯人とやりとりさせた挙句《あげく》、あっさり逃げられた。

このことについて、第二審第二六回(一九六八年八月二十七日)公判で、中田主任弁護人と石川被告とのあいだで、つぎのようなやりとりがなされている。

「警察の方では、どちらの方へ逃げたというふうにいわなかったのですか」

「ただ佐野屋の付近から、どっちへ逃げたといわれたので、松田忠夫(仮名)の前を通って南へ抜けたといいました。そうしたら、そこの土管《どかん》の下におまわりが二人張っていたから通れるわけはないといわれました」

「そこは通れなかったから、こっちの方向へ行ったのだろうということはいわなかったのですか」

「いわれました。地図を示されました。だけど、そっちへ行くと道がわからなくなってしまうので自分のわかりいい方へ逃げたといったです」

「地図を見せられて、どちらの方向といわれたのですか」

「山田豚屋の方面だと思います」

「あなたは山田豚屋にいたわけでしょう」

「そうです」

「そこの道はよくわかっていたのではありませんか」

「山田豚屋のへんまでは、わかるけどその向うへ行くとわからなくなっちゃうです。だから自分のわかりいい方をいっちゃったです」

「五月二日の晩に佐野屋へ行ったのは、あなた一人ではないだろうということを、いわれたことがありますか」

「あります」

「どういうようなことをいわれたのですか」

「佐野屋のところで話をしているときに、もう一人いたろう。石を投げた人もいる。もう一人の人が警察官が張っている方へ石を投げたろうといわれたから、おれは知らないといったら、そんなわけはないといわれました。それから刀を持っていたかということもいわれました。佐野屋のところに、茶の木を切った跡があったらしく、それをいわれましたが、持っていないといいました。それから川越の方へ逃げたと地図を示されました」

「お前一人ではなかろう、もう一人いて、そいつが石を投げたのではないかときかれたわけですか」

「はい、だからおれは投げない、一人だといったです。そうしたら、そんなわけはないといって逃げた状況の地図を示され、ここに足跡《あしあと》があるんだといわれました。それには熊《くま》手《で》みたいな足跡があって、こういうように付いているといわれました」

この「熊手みたいな足跡」は、スライドにして、留置場に勾留中に見せられ、追及された、と一雄は主張している。が、法廷には証拠としては未提出であり、開示されていない。狭山事件では、法廷に提出されていない「未開示証拠《みかいじしょうこ》」は、積み上げると二、三メートルの高さに達する、と、高検の會田検事が認めている(一九九九年三月二十三日)。

が、証拠のみならず、証拠リストの開示さえ、検察庁は拒否している。

石川一雄は、「本当に石を投げたことはないか」「なにか切れ物をもっていなかったか」と、浦和拘置所へ出張尋問にきた原検事にも聞かれていた。これらのやりとりは調書に残されているはずだが、それも提出されていない。

それはともかく、警察や検事によれば、犯人は二人組で、警官隊が身を潜《ひそ》めて張り込んでいたあたりに、石を投げて牽制《けんせい》したり、足場を確保するためにだろうか、茶の木を鋭利《えいり》な刃物で切ったりしていた。このように、状況からすれば、まちがいなく、共犯者がいたのだ。ところが、それらの行為は、一雄にはまったくあずかり知らぬことだった。

取調官の尋問内容は、警官たち自身の情報と体験にもとづいているから、まちがいのない事実によっている。ところが、「切れ物をもっていたろう」といわれても一雄は、「全然知らない」というしかなかった。

中田弁護人は、一雄に取調べの様子をきいている。

「細かいことは、向うでいってくれたです。しゃべるのは遠藤さん、主として長谷部さんで、書くのは青木さんでした。こうじゃない、ああじゃない、こうではないか、よく考えてみると長谷部さんが教えて、自分はそれに従ったです。最後にわからなくなって、……縄の件は怒られたので関さんと二人だけになって関さんにきこうと思ったです」

「こうしたんだろうといわれて、そうですという、その次に又きかれ、違っていると違っているといわれるね」

「違っているとはいわないです。よく考えてみろといわれました。そして、自分が考えているると長谷部さんがこうではないかというんです。そのときは自分で殺したといっているから、夢中だからわからなかったです、というと長谷部さんがちゃんと教えます。こうしてやったろうといわれて、はい、といったこともあります」

誘導というよりは、取調官のほうから口述するようにして自供調書がつくられた。その記録された内容を、一雄が確認することはなかった。


「あなたは、できた調書を読んでもらいましたか」

「自分のいったことだし、あるいはいってもらったことだから読んでもらわなくても、いいといったです」

「全然読んでもらったことはありませんか」

「ほとんど読んでもらいません。原検事さんにもほとんど読んでもらいません。自分でいいといったです」

「自分でいいといったのは、いつごろですか」

「最初からほとんどです」

「狭山にいるときから」

「ええ、ほとんどです」

「狭山にいて盗みをしたり乱暴したという話はしましたね」

「しました。あのときもそうです」

「そのときも読んでもらわなくていいといったのですか」

「そうです」

「川越に行って調べられたときには読んでやろうかというようなことはいわれましたか」

「狭山にいたときから、いいといったから多分いわれなかったと思います」

「悪いようにはしない」という捜査官に下駄《げた》を預《あず》けるということは、全幅の信頼を寄せているように演じることでもある。こまかな部分に、ああだ、こうだと拘泥《こうでい》しない、それが「男と男の約束」という、「侠気《きょうき》」の落し穴だった。

「万年筆発見」の疑念に答えない判決

石川家の、ふだんの出入りにつかっていた勝手場の、高さが一七五・九センチ、奥行きが八・五センチしかない鴨居《かもい》のうえから、被害者の万年筆が発見された。二度にわたる、十数人による、徹底的な家宅捜索でも発見されなかったにもかかわらず、たった三人だけの三回目の家宅捜索であっさり発見されたという、「世にも不思議な物語」について、寺尾判決は、

捜査官があらかじめ何らかの方法で入手していた本件の万年筆を持参して、被告人方の勝手場入口の鴨居の上に差し置いてきたなどということを窺《うかが》わせるものは何もないというべきである。

と弁護団側の主張を退けている。容疑者の自宅から、被害者の万年筆が発見された事実は、「脅迫状」の疑問とともに「狭山事件」の最大の謎である。だから、被告人が無実を主張していなかった第一審でも、弁護団が独自に主張していた疑問点だった。

第一審、死刑判決の内田武文裁判長は、つぎのように述べている。

右隠匿《いんとく》場所は、勝手場出入口上方の鴨居で、人目に触れるところであり、その長さ、上方の空間及び奥行きいずれも僅《わず》かしかなく、もし手を伸ばして捜せば簡単に発見し得るところではあるけれども、そのため却《かえ》って捜査の盲点《もうてん》となり看過《かんか》されたのではないかと考えられる節《ふし》もあり、現に家人ですら気付いていなかった模様である。

これはどう考えても強弁というべきものである。目につきやすいから「捜査の盲点」(死角)になった、という解釈は、エドガー・アラン・ポオの探偵小説「盗まれた手紙」に影響されているようだ。盗まれた手紙が、訪問客のもっともよく目につく、マントルピース(暖炉)の飾り棚の名刺入れに、これ見よがしに置かれていた、という短篇である。

二審寺尾判決は、こんどは逆に、「背の低い人には見えにくく、人目につき易《やす》いところであるとは認められない」と見解を変えた。最高裁は、「必ずしも当然に、捜査官の目に止まる場所ともいえず、捜査官がこの場所を見落すことはありうるような状況の隠匿場所《いんとくばしょ》であるともみられる」という。

「あるともみられる」とは、曖昧《あいまい》な表現に事実を隠匿するいい方で、卑怯《ひきょう》である。これはきわめてねじくれた文章で、本来、「あるとはみられない」と書くのが自然なのを、強引にねじまげて結論づけている。机の上で、ああだこうだといわず、実地検証すれば、一発で解決することなのだ。

生活者として、いつも勝手場から出入りしている六人の家族のだれひとりとして、事件発生の日から万年筆発見までのおよそ二ヵ月間、鴨居の上に目をむけることはなかった、と主張するのには無理がある。

捜査本部の家宅捜索は、五月二十三日の逮捕と同時に、小島朝政警部以下十一名が二時間十七分かけて、それこそ天井裏から床下《ゆかした》まで、押入《おしいれ》、戸棚《とだな》、便所のなかまで徹底的におこなった。遺漏《いろう》のないようにするのが、家宅捜索というものであろう。

問題の鴨居の前に、脚立《きゃたつ》がおかれた写真が残されている。そのうえに上がってみなかったというのは、むしろなにかを隠している、と疑われてもしかたない。前述のように、ネズミ穴が覗《のぞ》きこまれた、という刑事の証言もある。

六月十八日の第二回目の捜索は、まえより増強され、小島警部以下、十三人もの刑事が二時間かけておこなっている。それでも被害者の所持品は、なにも発見されていない。

ところが、三度目の六月二十六日は、小島警部と将田政二警視、それに写真係との三人しかいないにもかかわらず、万年筆の発見まで、二十四、五分しかかからなかった。自分たちでの発見をためらって、立会人の六造に、鴨居のうえを見てくれ、と頼んだのは、いかにも芝居がかっている。

東京高裁に控訴したときの「趣意書」で、弁護団はつぎのように一審判決を批判していた。


仮に問題のかもいのところを二次にわたる捜索で、だれも気がつかず、だれも捜さず、本当に発見され得なかったとしても、二度の捜索の後、自供を得て、捜査当局が、いわばかけつけていったのであるから、捜査当局としては、そこに、はたして、あるものか、ないものかというようなことについてこそ、何よりも関心を持っていたはずである。にもかかわらず、被告人方にいたるや、自ら捜《さが》そうとはせず、わざわざ兄六造を呼び、兄六造にこの図面のところに万年筆があるからお前捜して見ろといって被告人の近親者に捜させたのである。この経緯《いきさつ》に疑惑を感ずるのは、それほど不当なことではあるまい。

特に六月一八日の捜査は、小島証言によると、カバン、時計、ペンなどを捜すことを直接の目的としていたし、万年筆がなくなっていたことは、小島証人自身初めから知っていたということであるから、この第二回捜索において、第一回捜索でおちた場所あるいは、ありそうな場所を探さなかったというのが、むしろ、不思議である。

さらに六月一八日の第二回捜索における、捜索状況を明らかにしようとした弁護人の発問は、検察官の異議によって、差止められた。今にしてこの問題を考えてみるとき、六月一八日の捜索のやり方が本法廷において、明らかにされ得なかったということは、たいへん遺憾《いかん》である。

一雄の自供をえて、鴨居の場所を描かせてあった。それにしたがって捜索にきた、という口実にせよ、捜査本部にしてみれば、それが本当かどうか、不安が強かったはずだ。それまでに二回も、隈《くま》なく家捜《やさが》しして発見できなかったのだから、早速直行し、確認するはずだ。ところが、いままでの二回とはちがって、たったふたりの捜索隊(ほかに写真係がひとり)しか出さなかったのだ。しかし、せっかく写真係がいても、鴨居のうえに万年筆が置かれていたときの現認写真はない。

寺尾判決では、

(石川が)万年筆を奪取《だっしゅ》した時期や場所については嘘といわざるを得ないが、万年筆を鴨居に隠匿《いんとく》していたという点は信用することができる。

と解釈されている。奪い取った時期や場所は嘘だと判断されているのにもかかわらず、置いた場所だけは正しい、というのはご都合主義というものである。

「供述調書」では、鴨居に置いたということになっているのだが、法廷での一雄の証言によれば、発見の前日の朝、長谷部警視にこういわれている。

「石川君の家から万年筆が見つかったそうではないか、なぜいままで教えなかったのだ」

「本当に知らなかったんです」

「嘘をつけ、知らない物が見つかる訳《わけ》がないだろう。家のものに見つかると石川君がこまると思って、こっちにもってきていないそうだよ」

まるで子どもを騙《だま》すやり口だったが、一雄はそれを信じた。

「善枝ちゃんを殺してから、風呂場のほうの入り口からはいったといったが、そのとき、鴨居のうえに置いたのではないか、なんでもそのあたりから見つかったといっていたよ」

「そのとき、敷居(鴨居)のうえに五円の安全カミソリが、二〇本くらいあったですか」

「そんなことは知らない、とにかく、地図を描いてくれ」

そういわれて、一雄はカミソリの場所の見取図を描いた。それが万年筆の置き場とされた。

はからずも〝第一発見者〟にさせられた六造によれば、万年筆は鴨居の奥に押しつけるようにではなく、やや斜《はす》に置かれてあった、というから、置いた人間はかなりあわてていたようだ。その二、三日前、一雄の下着を取りにきて、めずらしく家のなかまで上がりこんだ関巡査部長の挙動《きょどう》が、弁護団から疑われていた。

しかし、関が置いたとしても、それから二、三日のあいだ、家族のだれも発見できなかったというのにも無理がある。むしろ、発見される直前に置かれた、と考えたほうが妥当のようだ。

発見された翌二十七日(六月)の朝刊には、「石川の自宅から証拠品を押収《おうしゅう》してひきあげる捜査員」とのキャプションとともに、開襟《かいきん》シャツ姿の男たちが、あたかも、「戦利品」を手にして凱旋《がいせん》するように、意気《いき》揚々《ようよう》とこちらにむかって歩いてくる写真が飾られている。

しかし、一雄がしきい(鴨居)に隠して置いた、と自供したのは六月二十四日だった。本来ならば、自供と同時に現場にかけつけるべき重大な証拠である。ところが、十分に気が抜けたころ、二日もたった二十六日の午後三時ごろになって、捜査員たちはやっと御神輿《おみこし》をあげ、それもまるでお忍びのように、たった三人の捜索隊《そうさくたい》、というのは常識では考えられない。おそらく、供述書の日付がデタラメなのだ。さらに、三人だけでいかなければならない事情があった、と考えるしかない。第二審の第一三回公判(一九六六年二月二十四日)の速記録からみてみよう。

三人でいき、万年筆のほかにはなにも捜索しないで引き揚げた、という証言に疑問を抱いた井波七郎裁判長(二審がはじまってからの三代目)は、小島警部に質問した。

「大体そういうこと(鴨居のうえにある)を言われるんだから、あるんだろうと思うならいが、確信するのはおかしいんだがね。あなたは、確信するだけの材料はないんだから」

小島警部はつぎのように答えた。

「それは、先ほど言いましたように、飯塚警視から直接電話があったと、今まで直接取調官から電話があったことはないということ、更《さら》にメモを将田警視から渡されて、こういうことを言われたということで、私は確信したわけです」

このとき、一雄を取り調べていた主任は青木警部だが、彼が川越署の分室から、狭山署に設置されていた特捜本部の将田警視に連絡して、将田が小島を同行して石川家にでむいた、という。井波裁判長も不審に思ったように、将田から話を聞いただけの小島が、どうして捜索にいくまえから、万年筆が鴨居のうえにあることを、「確信」していたのか、である。

小島はそれまでに、二回にわたって家宅捜索を指揮した責任者である。本来だったら、「わたしが二回も徹底的に捜索したのですから、あるわけがありません」といい張っていいはずである。その彼が、自分の無能と無責任さを証明する万年筆の存在を、伝聞だけで「確信した」とは、なにを物語っているのだろうか。

万年筆が発見されたにしても、それが置かれていた状態を記録した写真は開示されていない。証拠が発見されると、「実況見分調書」がつくられるのが捜査の常道だが、それもない。事実を発見するよりも、むしろ事実を隠すための行動のようである。

井波裁判長が質問するまえ、石田弁護人もまた、小島警部におなじことを聞いていたのだった。

「あなたは、いろいろ今までの証言をお聞きしていますと、被告の書いたメモに記載されてあるお勝手入口のかもじというところに、万年筆があるということは信じて疑っておらなかったようですが、確信しておられたわけでしょうね」

「確信しておりました。私は、被告の自供が真実であるということを確信しておるがために小人数でやったんです」

あたかも霊験《れいげん》のように、鴨居のうえに万年筆が載っているのがわかった。だから、三人だけでいったという小島の証言によれば、家宅捜索のとき、将田警視は一雄の父母と玄関で話していた。写真係は、お勝手のほうにいた。そのとき、一雄が描いた見取図は、ずうっと将田がもっていた。

だから、小島は略図をろくに見ていなかった。一雄は一個五円の安全カミソリを載せていた鴨居を特定したのだが、小島が万年筆を「発見」したのは、それとはちがう鴨居だった。第二審から弁護団にくわわっている宇津《うつ》泰親《やすちか》弁護人は、万年筆を発見したときに、どうして証拠保全をしなかったのか、と言葉を変えて追及した。が、小島は、

「いや、それは繰り返し申し上げますが、被告の自供によって被告の家族が捜し出したことが、一番正確だと私は感じた(の)です」

とはぐらかした。ここで強調されているのが、ほかならぬ、「被告が自供した」ことであり、「家族が協力した」ことである。これに勝《まさ》る証拠はない、という論理だが、これはその前の、鞄の発見、そのあとの腕時計の発見のときに、「第三者」として、近所のひとたちが形式的に立ち会わされたやり口と軌《き》を一《いつ》にしている。

もしも、鴨居について記載された見取図が、カミソリのありかではなく、万年筆の隠し場についてのものであって、それにもとづいて万年筆が発見されたのであるならば、だれがなんといおうと、なにも遠慮することはないはずだ。

あえて六造を巻きこみ、彼に万年筆を取らせて写真を写す必要などなかった。このように

証拠の客観性をとり繕《つくろ》って、「真実性」を演出しようとするのは、なぜか。

万年筆があるのを確信していたなら、指紋の採取に気を配って手袋《てぶくろ》を用意したはずだ。しかし、物《ぶつ》を発見した事実の客観性をつくるだけで精いっぱいで、指紋を検出する必要性など考えていなかった、あるいは、すでに多くの指紋がついている万年筆だから、六造に素手《すで》で取らせてもおなじことだ、と判断していたのかもしれない。

さらにいえば、重大な自白(秘密の暴露といわれる被害者の所持品の捨て場所など)があった場合、容疑者を現場につれていって、指示させて押収する(引き当たり)のが、捜査の常道であるはずだ。ところが、この事件では、容疑者を一度も「犯行現場」へ連れていくことなく、すべて密室での自供ですまされている。

証言台にたたされていた小島警部は、証人質問のあいだ、万年筆にたいして、過剰《かじょう》なほど敏感になっていた。たとえば、家宅捜索にあたっては、「捜索差押調書」を作成し、これを裁判所に提出して捜索差押許可状をもらう。

その請求項目に、万年筆のほかに、犯行時に着用したジャンパー、長靴、それに一雄が脅迫状に使った文字をみつけた、「リボンちゃん」という雑誌などとあった。

平岡検事が、小島にたいして、「取調班から(捜索にあたって)どういう連絡があったのか」と質問した。小島警部は「万年筆のメモを書いたのは……」とまだ万年筆にこだわっていた。見かねた井波裁判長が、「今検事が聞いているのは、雑誌のことですよ」と言葉をはさんだほどだった。話題は万年筆からほかにうつっていたのだが、小島警部の意識は、万年筆に囚《とら》われたままだった。

「発見された」女物の万年筆が、はたして本当に被害者のものだったのかどうか、そんな深刻な疑問がある。押収された万年筆に詰められていたインクは、ブルーブラック(濃紺)だった。しかし、被害者が書いていた日記や手帳の筆跡や遺《のこ》されていたインク瓶《びん》のインクは、ライトブルー(薄青)だった。それは、科学警察研究所でさえ認めている事実である。

また、被害者の万年筆は鑑定では、中字だったが、封筒に残された筆跡は、細字だった。ともかく、「被害者の所持品」として発見された証拠品、たとえば、腕時計からも、鞄からも、万年筆からも、そればかりか、唯一、証拠としてまちがいのない、脅迫状をいれた封筒や脅迫状を書いたノートの切《き》れ端《はし》からも、石川一雄の指紋はいっさい発見されていない。

これについて、寺尾裁判長は、

しかし、指紋は常に検出が可能であるとはいえないから、指紋が検出されないからといって被告人は犯人でないと一概《いちがい》にはいえないのである。

という。これは詭弁《きべん》というものである。指紋が発見されなかったのは検出されなかったからだ、だから、指紋がなかったからといって、被告が犯人でないとはいえない。この論理をすすめれば、捜索などする必要はなくなる。怪しいやつは怪しいのだ。

これら発見された物体について、石川一雄は手袋をしていたとは一度も供述していない。おなじ詭弁の論理として、寺尾判決には、こうも書かれている。死体の頸《くび》に巻きつけられてあった細引きについて、である。


細引紐《ほそびきひも》で絞頸《こうけい》したものと判断せざるを得ないのであって、被告人がこの点について否認するからといって被告人が犯人でないとはいえないのである。


これは絞殺《こうさつ》した、との認定である。しかし、石川一雄の自供は、「右手親指と人差し指の間で同女の喉頭部《こうとうぶ》を押えつけ……窒息《ちっそく》させて殺害した」（一審死刑判決）という扼殺《やくさつ》だった。

事実が想像とちがった場合、想像のほうを修正するのではなく、事実を否定するのは、合理的な考え方ということはできない。寺尾裁判長は、どうして事実に謙虚になれなかったのか。わたしにはそれが不思議でならない。

つまり、万年筆は別物、とあらかじめ知っていたからこそ、押収するときの扱いが、杜撰《ずさん》だったのだ。

第十章　自分で書いた上告趣意書

上告棄却、無期懲役確定の最高裁判決

最高裁判所(吉田豊裁判長)の判決は、「上告棄却《じょうこくききゃく》」だった。一九七七(昭和五十二)年八月九日、すでに事件発生から十四年の歳月が流れ、石川一雄は三十八歳になっていた。

「有罪、無期懲役の刑」が確定してから一ヵ月後、一雄は葛飾区小菅の東京拘置所から千葉市貝塚の千葉刑務所に移監《いかん》させられた。懲役囚《ちょうえきしゅう》として配属されたのは、靴工場だった。靴工場は、彼自身の希望だった。少年のころ、靴屋の叔父さんのところへ丁稚奉公《でっちぼうこう》にいった、どこか懐かしい記憶が影響している。

技術が身につく仕事を選んだのは、「手に職をつける」との考えからだった。刑務所から解放されたあとの生活を、視野にいれていた。それで、洗濯工場や木工場や炊場《すいば》(食堂)などではなく、靴工場にしたのだ。

あとの話になるが、たしかに、「懲役刑」は一人前の靴職人としての技術を身につけさせた。しかし、釈放されたときには、すでに手縫《てぬ》い靴《ぐつ》の時代は去っていた。

最高裁の決定は、一回の口頭弁論をひらくこともなく、東京高裁の「無期懲役」の判決を、そのまま支持したにすぎなかった。最高裁第二小法廷の五人の裁判官たちは、一雄が自白したことにこだわり、その責任を本人に押しつけ、なんら弁護団の主張に耳を貸さなかった。

まして、「解明されない事実が存在することも否定することができない」「物的証拠の示す事実と被告人の自白内容との間にはくいちがいがあり」「明確な裏付けを欠く部分がある」などとしながらも、みずからその疑問に封印《ふういん》して高裁判決に追随《ついずい》した。したがって、マスコミからも批判が強かった。

「朝日新聞」は「抜き打ち〝門前払い〟」の見出しをたて、「読売新聞」は、「疑わしきは罰する、という旧来の考え方」と酷評《こくひょう》したほどだった。

一雄の手許《てもと》に、「上告棄却決定」の通知書がきたのは、午後二時ごろだった。なんの前触れもなく、突然、独房に届けられた。一雄は、獄外の無罪判決を要求する声が、全国的にたかまっているのを感じていただけに、「棄却《ききゃく》」の文字は、棒で殴り倒されるような衝撃《しょうげき》で、しばらくは声もだせなかった。はりつめていた期待は、あっさり裏切られた。

それでも、絶望ばかりしているわけにはいかなかった。

最高裁判決に抗議する集会にむけてのアピールを書いた。逮捕されたとき、履歴書も書くことができず、自分の名前さえ、「一夫」ですまして文字から逃げまわっていた男が、つぎのような文章を書けるようになっていた。

恐らく下獄後《げごくご》は、更に現在に数倍する生活の苦渋《くじゅう》と人生の悲哀《ひあい》は付《つ》き纏《まと》うことでありましょう。でもこれは自業自得《じごうじとく》でありますから、どんな苦しみにも耐え抜く覚悟でいます。何故《なぜ》なら無学の結果、騙《だま》されたとはいうものの、どんな拷問《ごうもん》的取り調べにあおうとも、やってなければたとえ「善枝《よしえ》を殺したといわなければお前も殺してしまうぞ」といわれても、認めなければよかったからであり、してみれば地獄の責苦《せめく》にのたうつのも自業自得でありますから、誰も恨《うら》んではいけないのかもしれません。

ただしこれは私の泣き言として聞こえるかもしれませんが、無知な私を利用して平気で罪を着せ得る警察の遣《や》り方が、少しも非難されず、罰《ばっ》せられず、今尚《いまなお》堂々と治安維持という美名《びめい》によって権力の名を恣《ほしいまま》にしている現状を、多くの国民の皆様が黙《もく》している事に対し、声を大にして訴えなければなりませんし、更《さら》に支援者各位の前に一言として、今後は絶対にこの様な差別犯罪によって不幸な人間が創り出されないように、私の事件を教訓化し、厳《きび》しく警察をはじめとする司法権力に対する監視を続けていて欲しい事と同時に、最高裁を頂点とする裁判所の反動的体質を改善する努力を惜《お》しまずに続けてもらいたく、心より希《ねが》うものであります。(一九七七年八月十三日)

そればかりか、最高裁判決にむけて、B4判罫紙《けいし》で一一八枚にもおよぶ、「上告趣意書」を書くまでになっていた。運動場にも出ないで寸暇《すんか》を惜《お》しみ、精魂こめた結晶だった。それと引き換えに、というのは酷《こく》かもしれないが、ストレスと運動不足によって、一雄は糖尿病に見舞われるようになった。

前年の一九七六(昭和五十一)年十月には、おなじ最高裁で、財田川事件(香川県)の死刑囚・谷口繁義への棄却決定が取り消され、高松地裁への差し戻しが決定された。死刑囚の再審に道をひらく、画期的な決定だった。

わたしはこの決定を導いた矢野伊吉弁護士の『財田川暗黒裁判』の上梓《じょうし》（一九七五年十月、立風書房）に深くかかわっていた。そのこともあって、狭山事件の棄却判決は、まったく予想外のことだった。

一九七七年二月には、仙台高裁が二十八年ぶりに弘前大学教授夫人殺人事件の那須隆さんに無罪判決、七月には、広島高裁が六十二年ぶりに、八十六歳の加藤新一さんに無罪判決をだして、法の正義を実感させていた。

そのころのわたしは、三里塚《さんりづか》（成田）空港反対闘争に吸い寄せられていた。一九七七年五月、闘争のシンボルでもあった、「岩山大鉄塔」（六二メートル）が警官隊の急襲によって倒され、闘争は激化していた。わたしは空港予定地のそばに建設された「労農合宿所」に泊りこんでいた。

この闘争の逮捕者が、やがて千葉刑務所へ送られてくるようになった。千葉刑務所は、管理が厳しいことでよく知られている。

千葉刑務所の建物は、ドイツ風煉瓦造《れんがづく》り、重罪監《じゅうざいかん》で、八年以上の長期囚が収容されている。建物の内部が暗いだけでなく、新入りは難癖《なんくせ》をつけられ、いじめられる、と一雄は聞かされていた。それが東京拘置所を出るにあたっての彼の不安だった。

ついでにいえば、「貝塚渋六《かいづかしぶろく》」とは、その昔、千葉刑務所に収容されていた社会主義者・堺利彦《さかいとしひこ》のペンネームである。刑務所の住所を姓にして、米が四分、麦が六分だった獄中食を名前にしたシャレである。おなじときに収容されていた、大杉榮《おおすぎさかえ》は同囚の堺や荒畑寒村《あらはたかんそん》などよりも、はるかに南京麻で綯《な》う下駄《げた》の鼻緒《はなお》の芯《しん》づくりが得意であり、かつ素早《すばや》かった、という。

移監されたつぎの日、一雄にはまず房内での袋貼りの仕事が与えられた。靴工場に配属されるまでは、新入りのための教育である。「一日でもはやく入所したひとを先輩としてたてるように」などと所内秩序を吹きこまれる。そのあいだ、さまざまな用紙に必要項目を書かせられただけでなく、各課の課長が六人も接見したのは、一雄を工場のどこの現場に配属するべきかを見定めるための面接試験でもあった。

未決囚や禁錮《きんこ》刑《けい》の受刑者は、刑務作業をする義務はない。ところが、一雄は、浦和拘置所にいたときにも作業の経験があった。逮捕されてから一ヵ月半、自供に追いこまれてから半月ほどして、浦和拘置所に身柄を移されたとき、彼には四円の所持金しかなかった。ラーメンが五十五円のころである。床屋代《とこやだい》もはらえない金欠状態だった。

それで区長に「請願作業」を申請して、はたらく許可を得ていた。このときの仕事が、「袋貼り」だった。一ヵ月二百七十円の収入になった。驚くべき低賃金である。

刑務所での「作業賞与金」は、成績や作業等級などによって査定されるのだが、「シャバ」の低賃金よりもなおはるかに低く抑えられている。囚人たちの作業収入によって、刑務所に収容されているものの「衣食費」が賄《まかな》われ、「自給自足」を貫徹《かんてつ》するしくみになっているからである。その点、刑務所は、国庫にあまり負担がかからない経営となっている。

あたかも内職のような浦和拘置所での袋貼りを、四十日余りでやめたのは、そのころになると、獄外からの資金カンパがはいるようになったからだ。

新入りの挨拶済ませし工場へハンマー片手に靴仕事のわれ

これが千葉刑務所で靴工場に配属されたころの一雄の短歌である。あたらしい職場でがんばろう、というような初々《ういうい》しい感情がこめられている。いつも前むきで、ひとから嫌われないようにする律儀《りちぎ》さは、石川一雄特有のものである。

千葉刑務所に居る間は当所の規則を守り、担当職員に迷惑をかけぬよう誰とも仲良くし、仕事に打ち込んでゆかなければならないと自分自身に言いきかせ、毎日元気に頑張っています。勿論《もちろん》仕事の面に於いては全《まった》くの素人であるから靴工場へ下ろされたというものの、大した仕事も出来ず、だから余計一日も早く会得《えとく》すべく先輩達が踏むミシンに眼を凝《こ》らし、又《また》与えられた仕事に精通すると共《とも》に不良品をも出さぬよう常に心掛けて仕事に精を出しているのです。

一雄が十四歳上の長姉であるヨネに送った手紙の一節だが、家族に心配をかけまいとする心情が強くあらわれている。と同時に、仕事を覚えるのに余念のない姿も浮かびあがっている。

最高裁決定は、冷やかなものだった。それには寺尾高裁判決が、あたかも時限爆弾のような役割を果たしていた。罪を認め、なんら争わなかったのに、浦和地裁は死刑をあたえた。その反面、控訴審では、警察の捜査や裁判所の誤判を徹底的に批判して、全国の大衆的な運動とともに全面的にたたかうようになったのだが、こんどは、「情状酌量」がもちだされ、罪一等減じて無期懲役にされる。裁判官の判断としては、あべこべというしかない。

寺尾高裁判決は、死刑から無期懲役へと減刑することによって、「死刑囚」の処刑を防《ふせ》いだという印象をあたえ、社会的な運動への盛りあがりを減圧《げんあつ》する役割をはたした。最高裁には、憲法違反にあたる事例や死刑の判決以外は、事実審査にはいらず、書類審査ですまし、口頭弁論をひらいたりしない、という慣行がある。

だから寺尾判決は、死刑を減刑することによって、自分の判定がそれ以上ふかく追及されることなく、やがて時間とともに消滅してしまう、という〝完全犯罪〟を目論《もくろん》だともいえるものだった。まして処刑されなければ、被告はやがて仮釈放される、とすれば、裁判長みずからの良心を咎《とが》められることもまたすくない。

石川一雄自身にも、「いっそのことなら、死刑判決のほうがよかった」との感情が残っているのは、もしも死刑判決が維持されていたなら、最高裁はもっと慎重に対応してくれた、との想いがあるからだ。

致命傷となったアリバイづくり

石川一雄の無念は、これまでにも書いてきたように、長谷部警視の口車《くちぐるま》に乗って、取引きに応じて裏切られたことである。それともうひとつ、父親の富造に従って、アリバイ工作をしたことだった。それが致命傷《ちめいしょう》となった。

一九六三(昭和三十八)年五月一日、水曜日、事件発生の当日。一雄は父親の富造に、「友人の仕事の助っ人にいかなくては」と嘘をついた。それが運命の岐《わか》れ道《みち》でもあった。

六造によれば、彼は「将来、儲《もう》けは折半《せっぱん》にしよう」という好条件をだして、弟を励《はげ》ましていた。一雄はそのほか、薪割《まきわ》りをしたり、家の畑仕事を手伝ったりしていたのだが、その日は一日だけサボって、気晴らしに出かけることにした。

その朝、母親のリイがつくってくれたのは、五目飯の弁当だった。それを片手にぶら下げて、七時二十分すぎに家を出た。入間川駅にむかい、七時二十九分発の西武新宿駅行きに乗った。四つめの東村山駅(いまは五つめ)で降りたのは、そこで西武園線に乗り換え、ひとつ先の西武園にいこう、と思いたったからだった。西武園の競輪場には、なんどかいったことがあった。といって、その日は、車券を買うのではなく、たんなる気晴らしだった。

競輪場の見える土手に座って、ぼんやりしたり、ベンチに寝転がったりしていたが、ひとりのことだから、さほどおもしろいというものではない。二時間ほどで引き上げた。所沢《ところざわ》までもどって、パチンコ屋の「東莫会館《とうばく》」にはいった。ここで、四、五時間ほどねばって玉を弾《はじ》いたが、結局、スッてしまった。弁当はその合間に、パチンコ屋のむかい側にある銀行の前でたべた。

二時すぎになって入間川駅にもどってきた。そのまま家に帰ってしまうと、まだ陽がたかいうちだから、はやすぎて、仕事にいかなかったのが、父親にばれてしまう。富造は一本気で気が短く、怒ると薪でもなんでも手当たり次第投げつけてくるのだ。

駅前通りを、一雄は自分の家に背をむけるようにして、西にむかって歩いていった。郵便局の斜めむかい、ひくい軒先の下に台を置いて、ダイコンやニンジンなどをならべて商《あきな》っている「八百三」の若旦那が、店の前にたっていた。

「おや、パチンコかい」と声をかけられたので、一雄は愛想《あいそ》よくうなずいて、右手の親指で弾く仕草をしてみせた。一雄はそこからすこしさきにあるパチンコ屋の常連で、八百三とは顔なじみだったのだ。

それでも彼は、パチンコ屋にはいることなくそのまま素通りして、「荒井たばこ店」で、「新生」一箱とマッチ二個を買った。それから慈眼寺まえの道を通り抜け、駅へもどりかかったのだが、途中、気が変わって入間川小学校に寄り、築山に座って休んでいた。

と、それまでは、降ったり止んだりだった弱い雨が、しだいにつよくなってきた。一雄はあわてて駅のほうにもどって、途中の荷小屋にはいりこんで雨宿《あまやど》りをしていた。線路と道路のあいだの敷地に建っている荷小屋は、板を打ちつけただけのバラックづくり、貨物を積《つ》み卸《おろ》しする倉庫である。

四時すぎになって、男女の中学生二十人ほどが、雨のなかを一団となった自転車で、東中学校から駅のほうへむかっていくのがみえた。その日、授業は休みで、地域の中学校の体育大会があったのだ。

五時。すこし前まではたらいていた養豚場のトヨエースが、残飯を黄色いドラム缶《かん》に積んで駅のほうから来て、曲がっていくのがみえた。一雄は腕時計をもっていなかった。それで家へ帰る時間を見測るため、ときどき駅前までいっては、駅舎の時計を見上げていた。そのときが、ちょうど四時五十九分で、すぐそばのプラットホームから電車が離れていった。

山田養豚場のトヨエースは、一日に三回、米空軍ジョンソン基地(自衛隊基地)へいき、構内三ヵ所の食堂をまわって、米兵と自衛隊員たちの残飯を積んでくる。

ふだん夕食の分は、六時ごろに積んで帰ってくるのだが、その日は休日とはいえ、五時ではいかにもはやい。一雄は養豚場ではたらいていたから、残飯集めの時間はよく知っていた。はやすぎる、いったいどうしたんだろう、との疑問がつよく残ったため、記憶が鮮明だったのだ。

しかし、警察官にたいする自供調書では、そのころ(四時に)、彼は線路のむこう側、そこから一キロほど離れた農道で、たまたま出会った中田善枝の自転車の荷台を抑《おさ》え、「ちょっとこい、用があるんだ」とすごんで、林のなかに連れこんだことになっている。

気丈な女子高校生が、凶器で脅かされたわけでもないのに、まったく見知らぬ男のあとをついていくというのは、やや空想的だが、そのあと、

「大声を出して救いを求める同女の頸部《けいぶ》を絞《し》めながら強いて姦淫《かんいん》し、殺害した」(第一審、検事論告)

林の中の殺害現場から、約二百メートル離れた畑まで、死体を抱きかかえてはこび、細引きで足首を縛《しば》って、畑の芋穴《いもあな》に逆《さか》さ吊《づ》りにした。死体を隠すためだった。陽はすでに落ちていた。

芋穴は、収穫したサツマイモやジャガイモを畑の中に貯蔵しておく穴だが、ここに死体を吊るし終えると、かねてから準備していた脅迫状の宛名を書き換え、自転車に跨《また》がって、三キロほど離れた中田家を目指した。住所は被害者から聞いたというのだが、肝腎の中田家の場所はよくわからない。それで、ちかくの農家(内山幸一宅)にいって教えてもらい、ようやく、脅迫状を中田家の玄関のガラス戸のあいだにさしこむことができた(七時三十分)。

ところが、犯行にとってもっとも重要な交通手段である自転車を、律儀《りちぎ》にも雨を除《よ》けるようにして、納屋にピタリと止めた。そのあとは傘《かさ》もささずに、こんどは徒歩で芋穴まで引き返すことにした。途中で養豚場のスコップを盗み、肩に担《かつ》いで歩き、芋穴のちかくの農道に穴を掘った。

それから、おもむろに芋穴から死体を引っぱりあげ、またもや死体を抱きかかえ、農道まではこんで掘ったばかりの穴に埋めた。すべてを終了して家に帰ったのは、夜九時ごろにな

っていた、とは一雄の自供である。

八面六臂《はちめんろっぴ》の大活躍である。ところが、不思議なことに、朝、五目飯を詰めて小脇に抱えていた弁当箱を、犯行のあいだじゅう、彼はいったいどうしていたのか、どこに置いたのか、それが気になるのだが、刑事たちはいっさい追及していない。

いまとちがって、そのころ、弁当箱は日常生活でもっとも重要な昼食を担《にな》うものであって、どこかに置き去りにすることなどありえない。といって、殺人事件にくらべれば、取るにたりないものだが、一雄はそれをちゃんと家にもち帰っている。


実際は、つぎのようなものだった。

仕事をサボッてぶらぶらしていた一雄が、弁当箱を片手に自宅に帰ったのは、夕方の七時過ぎだった。雨に濡《ぬ》れたジャンパーとジーパンを脱いで着替えてから、父母と二人の妹と弟との六人で夕飯をたべた。風呂にはいって寝たのは、十時だった。

頑固者《がんこもの》の富造は、十時以降のテレビを禁止していた。十五分ほどして、兄の六造が帰ってきた。びしょ濡《ぬ》れの革ジャン姿で、一雄が寝ている蒲団を跨《また》いで奥の部屋にはいっていった。

自供のなかの一雄が、畑や農道で獅子奮迅《ししふんじん》の大奮闘をしていたころ、本物の一雄は自宅に家族とともにいた。しかし、そのアリバイを証明できるのは、家族だけである。

つぎの日の二日。朝八時か九時ごろ、シロの犬小屋をつくっていると、むかいに住んでいる同級生がやってきた。映画を観にいこうとの誘いである。昼ごろまでふたりで犬小屋づくりに励《はげ》んで、一時すぎ、もうひとりの友人と連れだって、「入間座」にいった。かかっていた映画は、「こまどり姉妹の未練心《みれんごころ》」ともう一本、その二本立てだった。もう一本のほうの題名は覚えていない。夕方、六時ごろに終って外に出ると、この日も雨が降っていた。六造の背広を着ていったので、それを脱いで小脇に抱え、走って帰った。

家に帰ると、母親のリイが、

「おもしろかったかい」

と聞いてきた。

「こまどり姉妹が可哀想《かわいそう》で、泣かされてしまった」

一雄が大袈裟《おおげさ》にいうと、リイはそれを真《ま》にうけて、

「それじゃ、明日にでも、美智子をつれていこうかな」

そばにいた富造が話に割ってはいってきた。

「てめえらは、どいつもこいつも、ろくでなしでけつかりやがる。楽《らく》きり考えねんだ。おれなんぞ、てめえといっしょになってから一度だって、活動写真なんざ、みたことあんめえ」

と怒鳴《どな》った。それでリイは、結局、こまどり姉妹を観にいかなかったようだ。一雄はこの日も、家族と夕飯をたべた。だから、身代金を受け取るために、犯人が佐野屋の横の桑畑にあらわれ、暗がりで被害者の姉の登美恵と会話していたころ、一雄は白河夜船《しらかわよふね》だった。六造は十時すぎに帰ってきた。

五月三日。憲法記念日。この日、一雄は、午前中は入間川小学校の校庭で、野球。午後から、六造が請負った建前のコンクリート打ちに、六造など五人で出かけ、七時半ごろまではたらいた。

五月四日。善枝さんの遺体が発見された日である。昨晩《ゆうべ》は遅くまでコンクリ仕事だったから、といって、六造ははたらいていた連中に「午前中は休み」といいわたしていた。

一雄が家で寝ころんでいると、隣りの庄ちゃんが、「釣りにいかないか」と声をかけてきた。それぞれ自転車の尻に友だちを乗せた五、六人で、入間川の川岸へいった。

昼前、十一時ごろ、引き揚げたのだが、庄ちゃんの家のまえまでやってくると、彼の母親が、

「入曾《いりそ》の山のあたりで、女のひとが殺されたんだと」

怖そうな表情で教えてくれた。それでさっそく、また自転車の荷台に相棒を乗せて出かけようとすると、こんどは庄ちゃんの父親が出てきて、

「入曾じゃないよ」

妻を叱りつけ、

「四本杉のほうだよ」

と教えてくれた。そこは「倉さんの首吊り山」といわれている、自分の家にちかいほうだった。それっとばかり駆けつけると、もうすでに黒山のひとだかりだった。一雄の家から五

百メートルと離れていない農道のなかだった。

これから掘りだすというので、怖いもの見たさで、二時間ほど待っていた。それでも掘りだす気配がないので、いったん家に帰って昼飯にすることにした。

「たいした人出だな、ここでアイスクリームでも売ると儲《もう》かるべえ」と一雄が軽口をたたいた、とつたえられている。これがあとで、「常識では考えられない異常性格の男」(「埼玉新聞」)と書かれ、そのまま、四段見出しのタイトルとなった。「冷血」の証明に利用されたのである。

食べ終えて、すぐいってみると、掘りだしはじめたのだが、布をかぶせられ、なにも見えなかった。それで穴だけでも見よう、と張られてあったロープを跨《また》いで畑にはいっていくと、警備していた警官が、

「キミの家の畑か」

と聞いてきた。

「いいえ」

と答えると、

「それじゃ、はいってはいけないんだ」

ついに穴さえ見ることができなかった。三時ごろ、家に帰った。が、事件の衝撃《しょうげき》があまりにもつよかったので、六造が縁起《えんぎ》をかついで「きょうはやめよう」といって、休みにしてしまった。

そのあとも、友だちなどとなんどか遺体が埋められてあった穴を見物にいった。が、そのたびに、刑事がいて見られず、やがて埋めもどされてしまった。この行動も、「犯人は現場にもどる」の俗説によって、長谷部たちから、「お前がやったから、気になってなん回もいったんだろう」といわれ、容疑を深めることになった。

一週間ほどして、一雄は三日に、コンクリートを打ちにいった現場で、六造たちと棟上《むねあ》げの準備をしていた。と、そこへ富造がめずらしく顔をだした。養豚場の山田が警察にしょっぴかれていったぞ、と教えにきたのだ。

「一雄、おめえは五月一日、どこの仕事をしていたっけ」

あらためて訊《き》かれると、正直にいうしかない。弁当をもって西武園にいったり、パチンコとか、と答えると、富造はめずらしく怒ることなく、心配そうな口調になった。

「おめえも山田のとこに半年もいたんだから、警察が訊《き》きにくっかもしんねえ。警察がきたら、六造といっしょに仕事してたといっておけ」

事件発生直後から、死体の発見現場にちかい、「菅原四丁目」の若者たちが、なんとはなく疑われていた。そのころになって、ついに事情聴取《じじょうちょうしゅ》に呼びだされるものがあらわれたのだ。

富造がわざわざ建築現場に出むいてきたのは、息子が面倒にかかわりあわないようにと思う親心からだった。一雄にとって、この「アリバイづくり」が仇《あだ》になった。犯人でなければ、アリバイ工作などする必要がない、と警察は考える。

しかし、よほどの警察好き以外は、警察とはなるだけかかわりあわないようにしようと本能的にふるまう。それがふつうの市民感覚である。富造は自分の助言が、息子の逮捕に結びつくなどとはまったく思いもしなかった。

しかし、警察は彼の思惑《おもわく》をはるかに越えて執拗《しつよう》だった。冷静に考えてみればわかることだが、もしも本当に犯人だったなら、こんなすぐにばれるような、無邪気なアリバイ工作をするはずがない。このいい加減さが、実行していなかった気楽さを証明している。

自らの自白の矛盾を衝《つ》いた上告趣意書

前にも書いたように、石川一雄は、一九七五(昭和五十)年十月、B4判罫紙《けいし》一一八枚もの「上告趣意書」を獄中で認《したた》めた。ほとんど書きつぶしがなく、細字で清書されているのは、さきに草稿を書いているからだ。

寺尾有罪判決から丸一年間、その一枚一枚に、獄中の悪条件のもとで、夏の猛暑、冬の極《ごっ》寒《かん》に耐えながら、文字どおり血のにじむ指で書きつづけた、苦闘の姿が刻まれている。

正規の教育をうけたことのないものが、独学で文章を書く訓練を積み、自分を有罪にした警察、検察、裁判所の記録を読みこみ、六法全書や辞書を引きながら執筆した困難はどれほどのものだったであろうか。その厳しい生活を自分に課したのは、警察や検察や裁判官たちに軽くあつかわれ、罪に落された忿怒《ふんぬ》によっている。

「上告趣意書」の冒頭に置かれているのは、「控訴審迄《まで》虚偽の自白を維持し続けた真相」である。「法の番人である筈《はず》の裁判官は被告人の真の叫びに耳を傾けようとせず、『……お前は嘘つきだ、お前の言う事は信用出来ない!!』等と罵《ののし》り」などとあるのは、「部落差別を利用した巧妙な誘導、強制の実態」に眼をむけず、有罪判決を踏襲《とうしゅう》した東京高裁・寺尾裁判長への批判である。

一審の浦和地裁では、罪を着る決意だったから、自分で争うことなどせず、法廷でのやりとりなどはどこ吹く風、教育部長(刑務官)にいわれたように、法廷では「一から十まで」数えることを、ひたすらくりかえしていた。気弱な囚人には、どこか偉そうなひとには、全面的に帰依《きえ》して気をわるくさせないようにする保身と打算があった。

たしかに、一審判決は、一雄の自白に全面的に寄りかかった裁判官の怠慢《たいまん》の結果だったにせよ、この本人の保身と打算にも責任があった。が、しかし、控訴審で一雄は、必死の想いで実際のことを訴えたし、弁護団からも証拠や調書をめぐって、さまざまな疑問点がだされた。

控訴審は、地方の裁判所とはちがって、「東京の」高等裁判所での審理なので、「公正の名のもとにおける絶対的な権威」と、一雄は信じきっていた。

まして、寺尾裁判長は就任したとき、「事件の重大性から、あらゆる審理を尽くして、真実の探求につとめる」と明言していたので、一雄には恃《たの》むところがつよかった。だが、結局は、いっさい事実審理のないまま、犯人と断罪された。

高裁判決もまた、一雄にとっては、警察とおなじような予断と偏見とによって、デッチ上げられたものでしかなかった。その失望が「上告趣意書」に「日本が民主国家とは、名ばかりである」と書きつけさせている。

一雄の痛恨《つうこん》の想いは、なぜ「十年で出してやる」という長谷部の詐術《さじゅつ》にはめられたか、である。これまでなんども書いてきたことだが、留置場に押しこめられて、接見禁止にさせられ、「犯人の足跡とおなじ地下足袋が自宅から発見された」「自宅から被害者の万年筆が発見された」などといわれれば、六造が犯人だと思いこんでしまったとしても不思議ではない。まして、事件のあった日とその翌日、犯人が身代金を取りにいったとされている夜、その二日とも六造が遅く帰ってきていたのだ。しかし、犯人があらわれたのが、深夜の十二時だったとは、長谷部たちはけっしていわなかった。

刑事が家のまわりを歩きまわり、被差別部落に住む若者は、だれかれなく警察によびだされていた。なぜ一雄が自分の身を捨てて長谷部との取引きに応じたか、それはそのころ、部落の生活がどういう状況に置かれていたかを知ることなくして理解できない。

兄は自慢ではないけれども、今迄《いままで》に一度も警察沙汰はなく、それに兄の収入で一家を支えている事を思えば、兄が逮捕されれば、当然一家心中を意味し、従《したが》って若《も》し兄が本事件に関係あるならば、極道者《ごくどうもの》の私が身替りになってやろうと思ったのも事実であります。まして取調過程《とりしらべ》に於《おい》て、前記の地下足袋と万年筆が自宅から発見されたという捜査官らの言葉を信じた結果、「十年で出してやる」の約束と併《あわ》せて、一審維持の伏線としてあったのです。

「上告趣意書」は、被告が弁護士および弁護団に依頼し、弁護団が手分けして作成するのがふつうである。無知だったばかりに、警察官につけいられた男が、独力で文字を獲得し、それまでの屈服《くっぷく》を払いのけるべく書き綴《つづ》られた。石川一雄自筆の「上告趣意書」は、弁護団作成のものに吸収され、三ヵ月後、最高裁へ提出された。彼の手書きの草稿をみると、心から湧きあがる怒りが、まっすぐにつたわってくる。

脅迫状の筆跡などは、素人目《しろうとめ》に見ても、石川一雄のものとは似ても似つかないものである。ところが、警察側の筆跡鑑定では、「一致する」との結果がだされた。彼はこの点について、

私が別件逮捕されて以降、川越署分室に移される迄《まで》の間、中田栄作方へ投げ込まれた脅迫状のコピーと思われるセルロイドケースに入った(文字の)物を見ながら毎日のように繰返し、一、二通は書かされておりましたので、同じ物が数十通は残されているものと思われます。その書かされる過程である時は取調官らに「……お前が書いた物とこれ(ケースの中の物)とそっくりじゃないか」等と言われ、私もよく似てるなあと思って合槌《あいづち》をうった事もありましたが、一、二審での筆跡鑑定の結果が、事もあろうに、その脅迫状と私が書いた筆跡と一致するという鑑定結果が出された事に対し怒りを禁じえません。

照)。

と書いている。「見本」通りに書かせて、それが証拠にされたのである(三四五ページ参照)。

上告趣意書は、自供や証言の矛盾《むじゅん》を衝《つ》いて、無実をあきらかにするのが狙《ねら》いである。とすると、かつての自分の自供を根底から批判する、という構成をとることになる。そこには、第三者としての弁護士にはとうてい感じ取れない、些末《さまつ》な事柄《ことがら》についてのリアリティが見てとれる。

たとえば、まだ自供する前、狭山署の取調室で、長谷部梅吉警視、諏訪部正司警部など、六人の取調官と写真を撮ったことがある。取調べは両手錠か場合によっては片手錠に腰縄《こしなわ》、という厳戒態勢でおこなわれていた(新聞記者が縄張りを乗り越え、窓から撮影した片手錠での取調べの光景をとった写真がある。一四七ページ参照)。

そういう状況下にもかかわらず、取調官と容疑者がいっしょに並んで記念写真とは前代未聞である。そこには警察官が被疑者にとりいり、被疑者が警察に阿《おもね》る関係が写しだされていたはずだ。

このことについて、長谷部も諏訪部も法廷で否定していた。しかし、その下にいた取調主任だった清水利一警部だけが、「覚えている」と証言した(一九七一年五月十一日、第四七回公判)。事件の本筋には関係のないことで、あえて否認する必要もないのだが、ほかの五人がそろって虚偽《きょぎ》の供述をしたことを、裁判所は意に止めてほしい、と一雄は主張している。

どうでもいいようなことでさえ、自分たちに不利になると思えば、偽証《ぎしょう》さえ厭《いと》わない取調官たちの証言を、どうして信用できるのですか、との問いかけである。

もうひとつ、きわめてこまかい批判がある。

石川一雄は中田善枝と出会う前、入間川駅で下車したあと、駅前の「すずや」で牛乳二本とアイスクリームを買った、と自供している。ぶらぶら小学校のほうへいったり、荷小屋などで雨宿りしていた、と実際の行動をいってしまえば、こんどは犯行の時間がなくなってしまう。それで、はやめに死体が発見された線路のむこう側の現場へ歩いていかなければならない。

荒神様《こうじんさま》のそばを通り抜けて畑にむかった、と自供した。すると取調官が、

「荒神様の方へぶらぶらいくにしても、どこかの店でなにか買っていったんじゃないか」

と、水をむけた。自供を本当らしくするリアリティの要求である。それで一雄は、牛乳とアイスクリームを買うことにした。彼は、「すずや」で五百円札を一枚だした。牛乳一本が二十円、二本で四十円、それにアイスクリームが十円、あわせて五十円だから、四百五十円のお釣りだった。歩きながら牛乳を飲んで、歩きながらビンを捨てた、と供述した。

ところが、あとで一雄は気がついたのだが、牛乳二十円とは、ビンを返却《へんきゃく》した場合の値段であって、ビンごと店からもってくると、五円から十五円のビン代を取られる。それに「すずや」では、そのとき、二十円のアイスクリームしか売られていなかった。

牛乳とアイスクリームは、リアリティをだすために、取調室でつくりあげられたストーリーだった。が、擬似体験《ぎじたいけん》だったから、逆にリアリティを欠いた、「嘘の自白」となってしまったのだ。

それにその日は雨で、まだ肌寒く、アイスクリームを舐《な》めながら歩くような気温ではなかった。まして荒神様は祭りの日で、境内《けいだい》には露店がたちならんで、人出が多かった。近所のひとたちもでかけていたが、一雄を見かけた、というものはひとりもいない。

石川一雄が自分の名誉と復権を懸けて書いた「上告趣意書」は、いわばまったく無学な男が、無学ゆえに陥《おとしい》れられた痛恨と屈服《くっぷく》とをバネにして、警察、検察、裁判所、この国家権力そのものにたいして、真《ま》っ向《こ》うから猛然と挑戦した、血のにじむような反駁書《はんばくしょ》である。

それは日本の事件史のなかでも、未曾有《みぞう》の記録といえる。要点だけを紹介する。

(1)屋外で殺害されたあと、雨がかなり激しくなったはずなのに、遺体の衣服は濡《ぬ》れていない。

(2)発見された腕時計の側《がわ》番号が、手配の側番号とちがっている。この時計はおよそ二ヵ月たってから路上で発見されたのだが、防水加工されていなかったにもかかわらず、時を刻んでいた。

(3)狭山署の留置場にいるあいだ、セルロイドのケースにはいった「脅迫状」を手本に、毎日、なん通もの脅迫状を書かされていた。その両方の筆跡が、「一致する」というのが、筆跡鑑定の結果だった。

(4)　身代金を要求したのは、吉展ちゃん事件にヒントをえて、競輪につかう金欲しさと最初の自供にあった。しかし、あとで父親への借金返済のために、と代わっている。動機が曖昧《あいまい》すぎる。「吉展ちゃん事件をテレビで見てあの様な方法で子供を隠しておいて金を取ろうと思って脅迫状を書いたのです」と、六月二十五日の検察官への供述調書にある。

ところが、このときはまだ吉展ちゃんの生死は不明だったから、どんな方法で子どもが隠されていたかは、自分にはわからない。つまり、本人のまったく関知しえない情報が、あたかも供述したかのように調書に書かれている。

(5)脅迫状を書いた用紙は妹のノートだった、と自供しているが、家宅捜索でもこのノートは出てこなかった。

(6)中田善枝と出会った十字路に、柿の木があった、との供述にたいして、現場検証にいった検事が、それは桑《くわ》の木で、一雄の錯覚《さっかく》だったと一蹴《いっしゅう》した。が、子どものころから百姓仕事をしてきた自分が、柿の木と桑の木とを見まちがえるわけはない。

「山学校」といわれていた高橋家に、八、九歳のころから、父親と農作業の手伝いにいったときによく通った道だった。だから、自供の辻褄《つじつま》あわせに、殺害現場を途中にある「四本杉」のちかくに設定した。出会いの場所を、そこから高橋家にちかい柿の木のある四つ辻にしたのは、その実を盗ってたべた記憶があったからだ。

善枝ちゃん殺しを自供したあと、取調官から「善枝ちゃんと出会った付近に、どういうものがあったか答えられればいいのだがなあ」といわれて、少年時代の記憶に鮮明だった柿の木をいった。しかし、事件発生当時、その柿の木は切られていて、もうそこにはなかった。

(7)農道に埋める前、遺体を芋穴《いもあな》に隠していた、と調書にある。遺体の足首に巻かれていた、長さ二・六メートルの木綿細引き紐《ひも》の使用方法を、どう考えたらいいのか。

「私を含む警察・検察官らも答えがでないまま、適当な筋道として『芋穴へ逆さ吊りにして置いた』ということで、一応落ち着いたのが真相である」

遺体の後頭部には裂創《れっそう》があるので、逆さ吊りにしたなら、穴の中に血痕《けっこん》がしたたり、ルミノール反応があるはずだ。ところが、反応は陰性だったし、三時間半も逆さに吊されていたにしては、顔面に死斑《しはん》があらわれていない。五四キロの体重を、細引きでささえたはずの足首にも傷痕《きずあと》はなく、一方の端を縛りつけられていた桑の木は、五月の新芽が出ていて傷つきやすいはずだが、その損傷《そんしょう》を調べた見分調書もない。

さらに、地底までおよそ三メートルの穴を、遺体を逆さにして揚げ降ろしするとき、穴の壁に顔などがこすれて擦過傷《さっかしょう》ができるはずだ。検察官は、身体が逆さになったとき、スカートがめくれて顔を被《おお》った。だから傷がない、との見解を述べたが、スカートの丈は四五センチしかなく、一五八センチの身長では、せいぜい顎《あご》までしかとどかない。

拝み石墓制による遺体埋葬の意味するもの

遺体が発見された状況は、犯人の行動を考えるためのきわめてスリリングな謎《なぞ》をふくんでいる。もうすこし詳しく考察してみることにする。

遺体が埋められていたのは、ビール麦を植えた幅《はば》二メートル余りの麦畑の農道である。深さ八六センチの穴のなかに、うつぶせに横たえられてあった。表面の土は、たいらに均《なら》されてあったので、土地の所有者も気づかなかった。

山狩り出動した消防団員が、「農道の土を新しく掘り返したと認められる痕跡《こんせき》を発見し不審に思い」(「実況見分調書」)掘りおこしてみると、紺サージの制服の一部と太い荒縄《あらなわ》があらわれた。縦一・六メートル、横八五センチ、深さ八六センチの穴だった。

穴というよりは、あたかも寝棺《ねかん》のようにして、捜索中の女子高校生の遺体が横たえられてあった。石油缶六杯分と推定される残土、それにプラスすることの死体の体積分の残土、それらが発生したはずだが、あたりには見あたらなかった。

検事調書では、「残土は畑や茶畑のほうに放り投げた」と自供されているが、確認されていない。また穴の底には、茶の木の枯葉やビニール片などが敷かれていた。葉っぱやビニール片がまじったのは、その茶畑など付近にあった土をいれたからだ、とも解釈されている。

しかし、畑の持ち主は、農道はいつもきれいにしていて、ビニール片や古い葉っぱなどが落ちていることはありえない、と証言した。

石川一雄は、自分の労働体験から、穴を埋めるときは、穴のすぐそばの土からいれていくのが常識で、それより遠くにある茶株のそばの土をいれるとしたなら、それはそのあとになる。だから、葉っぱやビニール片は穴の底にあるのではなく、表土にちかいほうにあるはずだ、と指摘している。

したがって、ビニール片やお茶の葉は真犯人がわざわざ入れたものと考えられる。となると、それはなぜか。

さらにつけくわえていえば、うつ伏せになった顔のあたりに、ビニール片が置かれているのは、うつ伏せの顔をカバーするためと考えられる。ということは、殺害した男と被害者の親密さをあらわしている。また、お茶の葉には腐臭《ふしゅう》を消す作用があって、お茶を使うのは、お茶どころでの土葬《どそう》の習慣だった。

この事件の不思議さは、被害者が目隠しされ、手拭いで後ろ手に縛られ、身体に荒縄を載《の》せられていたことである。死因は自供のような扼殺《やくさつ》(手で首をしめて殺すこと)ではなく、絞《こう》殺《さつ》(紐《ひも》などで首をしめて殺すこと)であるとの鑑定(上田政雄鑑定)がだされている。しかし、目隠し、後ろ手の状態で殺害されたのではなく、殺害されたあとの行為であると推定される。つまり実用的というよりは、非日常的な宗教的風習、呪術的《じゅじゅつてき》な儀式を思わせる。

さらに刑事や検察官たちの理解を越えていたのは、農道に掘られた穴の底に横たわっていた死体の頭部の右横に、頭に匹敵《ひってき》するほどの大きさの玉石《たまいし》が置かれていたことだった。重さ四・六五キロの石が、「黒ボク土」といわれる関東ローム層の均質《きんしつ》な赤褐色の土の層に、自然に存在していることなど、地質学的にはありえないとされている。

この玉石について、鑑定を引き受けた和歌森太郎・東京教育大学教授、上田正昭・京大教授は、「石を屍体《したい》とともに埋めたりあるいは石を埋葬地の上に据《す》えたり」するのは、東日本の各地に多くみられる「拝《おが》み石《いし》」の墓制、と書いている。葬送《そうそう》の習慣なのだ。鑑定書にはこうも書かれている。

犯罪者が野外路上に殺害屍体の隠匿《いんとく》をはかるさいに、急遽《きゅうきょ》敏速にことを処置するためには、いわば反射的に、その時と場所に応じた処置をする中で、平素熟知している屍体埋葬の方法が、無意識的に現《あら》われることも、ありうべきことである。

死《し》体隠匿《たいいんとく》とはいえ、それは埋葬《まいそう》にはちがいないのだから、とっさの行動に無意識的な犯人の生活習慣があらわれる、との見解である。ここで注目されるのが、埋葬された農道の穴から二十メートルほど西南、麦畑の端にある芋穴で発見された、細い棒と祝い用ビニールの風呂敷である。

芋穴はこの地方によくある、サツマイモやジャガイモを保管する深さ三メートルほどの穴だが、穴の底から三方に、奥行き五メートル弱の横穴が掘られている。いわば古墳の石室のような構造なのだが、上部はふだんはコンクリートの蓋《ふた》によって、覆われている。

畑の持ち主の証言によれば、芋を引き上げたあとは、腐敗物がのこらないように、きれいに掃除をして、コンクリートの蓋をぴっちり閉めておいた、という。

芋穴に遺体を逆さ吊りにしたというストーリーは、そもそも、犯行から脅迫状を届けるまでにあった、およそ三時間を、なにをして時間をつぶしていたことにするか、と一雄が取調室で考えあぐねたすえの窮余《きゅうよ》の一策というべきものだった。

芋穴の底から、破れたビニールの風呂敷が発見されていた。だから、遺体をその穴に一時預かりにする、といういささか滑稽《こっけい》な筋書きに誘導されていった。

芋穴には、長さ九四センチの細い棒が投げいれられてあった。和歌森・上田鑑定によって、その棒は、「ハジキ」と鑑定された。ハジキとは、犬、オオカミなどを排除《はいじょ》したり(イヌハジキ)、魔除けのため、埋葬した土のうえに青竹を割り、半円形に突きたてたりするものだが、細い棒が代用されることもある。

紐状《ひもじょう》にねじられたビニールの風呂敷は、被害者がいつも自転車の前籠《まえかご》にいれていたものだった。実況見分調書に添付された写真で見ると、宝船の白帆に「寿」の字が朱色に染め抜かれ、鶴と亀、松竹梅などがあしらわれている。

この切れ端の一部が、死体の両足を縛った木綿細引き紐の末端にむすびつけられていた。しかし、この木綿細引き紐を、どこで入手したかは、追及されていない。

しかし、農道の穴は死体を隠すために掘った穴である。玉石やハジキは死体を埋める穴のうえにおかれることはない。玉石は「埋め墓」のなかにいれられ、ハジキはいったん土のうえに立てられたあと(イゴの木の棍棒《こんぼう》に泥がついていた)、被害者の持ちものとともに、「拝《おが》み墓《はか》」のほうにいれられた。

「拝み墓」(詣り墓《まいばか》)は、「埋め墓《うめはか》」と対《つい》をなすもので、このあたりに残っている「両墓制《りょうぼせい》」

の名残《なご》りである。しかし、石川一雄が生まれ育った被差別部落には、この墓制や葬送《そうそう》の習慣はない。

以上が、和歌森・上田鑑定の内容である。両墓制について、『新編埼玉県史』(別編2民俗2)によって、もうすこし検討してみる。

浦和市の寺を檀那寺《だんな》にしているひとびとは、境内《けいだい》に墓石をもっていて、それを「ウチラント」と呼び、道路をへだてた寺のそとに「ソトラント」と呼ばれる、「ナゲコミ」をもっていた。遺体はナゲコミのほうに埋葬《まいそう》して、四十九日がすぎれば、ナゲコミにはだんだんいかなくなる。

寺の境内に墓石をたてるときは、ナゲコミの土をもってくる。ナゲコミは、地域にとっては、ウメバカ(埋め墓)、イケバカ、タッチョウバ、ステバ、シバラ(死原?)ともよばれ、遺体を葬《ほうむ》るだけの役割でしかない。

これにたいして、墓石をたててお詣《まい》りするほうの墓は、オハカ、ヒキハカ、シキハカ、マイリバカ(詣り墓)とよばれる。たいがい、ナゲコミやステバは共同で使用するが、ふるい家なら、自分の畑やひろい田畑を越えた台地のうえなどにナゲコミがあった。

つまり、おなじ両墓制でも、ナゲコミとマイリバカが、すぐ近接しているところと地区からかなり離れているところとがある。

この事件では、詣り墓としての芋穴と遺体の発見場所(埋め墓)とが、たった二十メートルしか離れていない。が、それは、とりあえずの応急処置《おうきゅうしょち》というもので、被害者が住んでいる堀兼《ほりかね》地区に、一族の本来の詣り墓があるのだから、それを考えると、これは両墓制に則《のっと》った儀式と推定することができる。

死体は不浄《ふじょう》のものとされて、生活している場所から遠く離れた場所に捨てられ、故人にかかわりの深いものは、霊魂《れいこん》の宿ったものとして手厚く葬《ほうむ》りお詣りする。不慮《ふりょ》の死をとげた被害者の遺体は、村落共同体の境界の外側、「異界《いかい》」と考えられていた被差別部落の地域に投げこまれた。そこが、ナゲコミ、ステバとされたのだ。

「実況見分調書」によると、「死体には、太い荒縄《あらなわ》が、たぐったように、身体の上部においてあった」とあり、この荒縄は、「俵《たわら》の外し縄様のもので、二本を二重に折って四本合せとしたもので」とある。四本あわせて、二十四メートルにもなる。ほかに短いのが三本、計五メートル、およそ三十メートルにも達する長さである。

現場を掘り返したとき、最初に発見されたのが、制服の一部と荒縄の一部だったとも書かれてあるから、荒縄は、制服を覆《おお》うようにかけられていたことになる。『新編埼玉県史』によると、

「埋め墓では埋めた上へ何本かの竹を折り曲げて骨組みを作り、それを縄でつないだ上に、すっぽり筵《むしろ》をかぶせてある」

との見聞が記録されている。警察や検察は、死体をぶら下げるもの、としてしか、縄の効

用について考察できなかった。ところが、実は、縄は一本の直線としてではなく、面として、筵のかわりに遺体を覆《おお》い、遺体とともに朽《く》ちるはずだったのだ。

するとそのような墓制や葬祭《そうさい》の儀式から排除されてきた被差別部落の住民に、生活の仕《し》来《きた》りとしての作法が、とっさに、「無意識的に現われること」などありえない。

この事実をみるだけでも、被差別部落の住民が実行者なのではなく、両墓制の色濃い堀兼地区、およびその周辺に住み、このあたりの地形を熟知している人物、そしてなおかつ、被害者との顔見知り、あるいはきわめて親しい関係の人物、という犯人像が迫ってくる。

数々の疑問に答えていない判決

石川一雄は、自筆の「上告趣意書」で、遺体の運搬《うんぱん》についての自分の供述調書を批判している。

「頭を私の右側にして、仰向《あおむ》けのまま私の両腕の上にのせ前へささえるようにして、そこから四十米《メートル》から五十米位《くらい》はなれた畑の中のあなぐらのそばまで運びました」と警察官の調書にあるが、このような方法では、「死体運搬は不可能」との主張である。

たしかに、その供述には、ハリウッドの西部劇映画などでよく見かけた、女優を両腕に抱きかかえてベッドにはこぶシーンの影響が濃いとしても、はこんだ距離は、彼が自供しているように、四、五十メートルというようなものではない。「殺害現場」から死体発見現場まで、実際は二百四メートルもあった。並たいていの腕力では、できない芸当である。

被害者は身長一五八・五センチ、体重は五四キロ、当時の一雄とほぼおなじである。

「赤子を抱きかかえるような格好なら兎《と》も角《かく》、両腕に載せるような方法では」無理だ、と彼は批判している。その自供が非現実的なのは、それが空想の産物だったからだが、もしも仮に、死体を休み休みはこんだとしても、雨が降っている足場のわるい林や畑のなかである。汗まみれになってこの重労働を本当にやった人間なら、その距離をたった四十メートル、と認識していることなど絶対にありえない。

石川一雄の痛恨《つうこん》の想いは、「上告趣意書」での細部へのこだわりによくあらわれている。そんなこまかなことにと思われがちだが、自分がやっていないことだからこそ、細部にこだわっているのである。

たとえば、雨の中で、死体をはこんだり、穴を掘ったり、埋めたりの大奮闘だったはずだから、着衣はずぶ濡《ぬ》れになったばかりでなく、泥まみれになっていなければならない。ところが、そのような状況になっていたとの供述はない。なん時に、なにをしていたかについては、「時計をもってなかったから分からない」との供述である。

しかし、被害者の万年筆ばかりか、腕時計もいったんは自宅へもち帰ったことになっているのだから、時間がわからないはずはなかった。しかし、取調官はそのようには追及していない。

石川一雄の供述で奇想天外《きそうてんがい》なのは、死体をいったん芋穴に隠したという行為である。それも逆さ吊りという猟奇的《りょうきてき》なものだった。しかも、逆さ吊りにする縄を盗むために、まだ完全に暗くなっていないのに、民家の庭先をうろついたという。

しかし、石川一雄には、その必要はなかった。彼にとって、そのあたりは自宅にちかく、子どものころから熟知《じゅくち》している界隈《かいわい》なので、「殺害場所」とされている、「四本杉」のすぐそばの雑木林のなかに、死体を隠すのには誂《あつら》えむきの穴があるのも知っていた。なにも人目に触れる懼《おそ》れを冒《おか》してまで、死体を両手に捧げもってはこぶ必要はなかった。

このように、常識から判断して、問題点があまりにも多いことから、これらの供述は、県警本部からやってきた、地元の地理に不案内な取調官の誘導によるものであることが理解できる。

兄の罪を着るつもりでいた一雄にとって、調書の細部のリアリティなどはどうでもよかったし、取調官には、自供を獲《と》るのが最大の関心事で、これまた細部にこだわっている余裕はなかった。

地形のことでいうと、「殺害現場」から、被害者宅へ脅迫状を届けに行く道順の自供は、この地域の住民なら通るであろう最短コースをはずれ、人目につきやすい道を二キロも迂回《うかい》している。

一雄はこのころ、右足の裏側にアズキ大の魚の目ができていて、いつもゴム長靴を履《は》いていた。長靴の底に新聞紙を敷き、魚の目が当たる部分を丸く切り抜いて、痛さを和らげていたほどだった。そういう状態の人間が、二キロも迂回《うかい》することなどありえない。

ましていつも十文半の長靴を履いている一雄が、六造の九文七分の地下足袋を履けるわけはなかった。地下足袋といっても、土木用ではなく、左官や大工用の「こはぜ」が十個もついているブーツ型のもので、かりに魚の目がなかったにしても、自分の足にあわない窮屈な履き物で、身代金を受け取るために佐野屋まで、往復およそ八キロの砂利道を歩くなど、拷問《ごうもん》にも匹敵《ひってき》する苦痛だったはずだ。

佐野屋わきの畑で発見されたという地下足袋の足跡が、六造の地下足袋とおなじものだった、と捜査官にいわれて、一雄は兄の犯行と早合点したが、のちになって、それは一致したものではなかった、との鑑定書が提出されている(井野一次、二次鑑定書、山口・鈴木鑑定)。

このように、石川一雄は、三〇項目にもおよぶ疑問点をあげ、警察調書と検事調書、それに一審、二審判決文を批判しつつ、自分の真実を述べている。それが手書きの「上告趣意書」である。


一雄にとって、もっとも意外だったのは、目撃証人の出現だった。自分の家に被害者の家の場所を訊きにきた男がいた、と証言した内山幸一である。彼が面通しで、「この男だ」と証言したことが決め手になった。狭山署の留置場にいたとき、一雄は「内山というひとが、お前を見たといってるぞ」といわれていたのだ。

しかし、もうすでに、善枝さんを殺したのは自分だ、といってしまったのだから、そんなことは、もはやどうでもよかった。取調官のいうまま、ちかくの家に中田家の場所を訊きにいった、との筋書きづくりに協力した。だから、内山もまた、警察にいわれたとおりに証言するのに抵抗がすくなかったはずだ。

事件発生の直後、中田家のある堀兼地区の住民が疑われていた。そのこともあって、地域のひとたちは捜査に協力的ではなかった。ところが、線路際《ぎわ》にある被差別部落のなかから容疑者が逮捕されると、とたんに協力的になり、そのきわめつきとして内山が登場したのだ。

事件の日から、一ヵ月もたってから、はじめて警察官に報告した、というのはあまりに不自然である。

「現在は記憶が薄らいでいる、という供述でかたづけられて終っては、無実の私は泣ききれません」

一雄の無念である。

一雄にとって、殺害時間と推定されている、五月一日午後四時から六時前後のアリバイが認められなかったのも無念である。彼はこのとき、入間川駅の東側三十メートル、線路脇にあった西武鉄道の「荷小屋」にいた。ここで雨宿りをしながら、養豚場のトラックが目の前を通り過ぎていったり、連合体育大会に参加した男女の中学生たちが、自転車で駅のほうへ走り去る雨の情景を眺めていた。

仕事をサボった日だったからこそ、記憶が鮮明に残っていたのだ。警察にとって、トラックの通過や中学生の自転車隊など、すぐに確認できることだった。

取調官たちは、法廷に出廷しても、取調室でいつも片手錠をかけていたことさえ認めようとはしなかった。「記念写真」を撮《うつ》したことまで否認する頑《かたくな》な態度をみると、警察官の優しさを受けいれた自分の過《あやま》ちを、一雄はことさら思い知らされることになった。

この事件の不思議さは、唯一の証拠品である脅迫状とその封筒から、容疑者である石川一雄の指紋がいっさい発見されなかったことである。それだけでなく、指紋は被害者の遺留品といわれている、万年筆、腕時計、鞄などにもまったくついていなかった。

石川一雄は一度も、「手袋をしていた」とは供述していないし、取調官も指紋についてはまったく無関心だった。脅迫状に指紋がないのは、実行犯が手袋をしていたからで、その後の鑑定で、手袋の跡が発見されている。

以上が、石川一雄が、獄中で裁判資料を積み上げ、無学の屈辱《くつじょく》をバネにして、ひとりで書き上げた「上告趣意書」に沿いながら、判決の矛盾《むじゅん》を衝《つ》いたものである。

その後、彼と弁護団が主張していたいくつかの問題点は、あたらしい鑑定による「新証拠」や新証人の出現となってあらわれた。だからこそ、もう一度裁判をやり直す再審の請求がつづけられている。しかし、いまなお、東京高裁も最高裁も石川一雄の訴えを棄却《ききゃく》しつづけている。

終章　「視えない手錠」をはずすまで

仮釈放、三十一年ぶりの今浦島

石川一雄が、千葉刑務所を仮出獄(仮釈放)したのは、一九九四(平成六)年十二月二十一日だった。いきなり寝込みを襲われて逮捕された日から、すでに三十一年七ヵ月がたっていた。朝四時ごろ、担当看守の静かな声で起こされた。まわりの舎房《しゃぼう》に聞こえないための配慮である。

「荷物をもって出房《しゅつぼう》しなさい」

その前の日の夕方、分類《ぶんるい》課長から、

「荷物をまとめておきなさい」

といわれていた。だから、仮出獄の予想はついていた。しかし、うれしいとばかりいえなかった。

「冤罪《えんざい》を晴らしてから出る。仮出獄では出ない」

一雄はいつも支援者にそういってきた。「出たい」とか「出してほしい」など泣き言はいいたくなかった。いつも毅然《きぜん》として、あかるい表情でいなければ、せっかく面会にくるひとたちに申し訳ないと思っていた。それは自分にたいする矜持《きょうじ》でもあった。

前日、遵守事項《じゅんしゅじこう》を守るとか、仮出獄にかかわる「誓約書」などの書類にサインさせられたとき、一雄は被害者への改悛《かいしゅん》の情《じょう》を示すようにはもとめられなかった。はやく出所したい、しかし謝罪してまで出所したくない。それはこれまで、冤罪者たちが釈放されるときに共通して感じるジレンマだった。

無実を主張しているのに、無罪放免ではなく、恩情的な仮出獄では抵抗感がつよい。一雄の場合は、無期懲役であって、なおかつ再審を請求しているのだから、謝るわけにはいかなかった。「特例」あつかいということになった。

ふつう、長期拘留者の場合、イガグリ頭の髪をのばすため、三ヵ月ほど前に通知があったり、社会生活に順応しやすくするために、「釈前《しゃくぜん》教育」として、刑務官につれられ、社会見学として電車の切符を買ったり、街を歩いたりするのだが、一雄の場合は、突然、前日の通知だった。

衣類や文房具や原稿用紙などは、風呂敷につつんだ。舎房は四階にあった。エレベーターは廊下のはじっこだから、起きている囚人がいれば、彼が突然の仮出獄で出所する姿が、覗《のぞ》き窓《まど》から見られるはずだった。が、気づいたものはいなかったようだった。

全国から、三十一年にもわたる期間に送られてきた、数万通にのぼる激励の手紙は、倉庫に保管されていた。会計課で、台帳に記載されている「領置品《りょうちひん》」を確認するだけでも、二時間ほどかかった。分類室で囚人服を脱ぎすて、あたらしいワイシャツに着替えた。紺の背広、ネクタイはしない。

一九七七(昭和五十二)年九月から千葉刑務所に移監されていた。靴工場で八年、そのあと洗濯工場で九年はたらいた。その収入が百七万円に達していた。出所前には、時給が三十円以上になっていた。靴工場のときが十八円だった。

全国の支援者からのカンパも溜《た》まっていた。それら領置《りょうち》されていた現金が、一枚一枚数えられてから手渡された。腹に巻いて帰るようにと、刑務官が布製の袋をくれた。

やさしい刑務官もいれば、ひどいのもいた。洗濯工場にいると、血だらけの囚人服がまわってくることがあった。刑務官からひそかに殴《なぐ》られているのだ。洗濯工場では、受刑者全員の囚人服を洗濯した。職員の制服にはアイロンをかけるのだが、囚人のは洗って乾かすだけである。

一ヵ月に一回、医務所へ身体検査にいった。長い廊下をつたっていくのだが、意地がわるい刑務官は、わざと廊下にゴミを落としていく。気がつかないで見過ごすと、

「お前、よそ見をしていたな」

と減点にされる。減点を食うと、はたらいた賃金の五分の一が没収《ぼっしゅう》になる。出所したあとの話だが、免許を取るため、合宿制度の自動車学校にはいった。学科試験は無事通過したものの、実地試験で落されてしまった。キョロキョロ、左右を見渡すことを長いあいだ禁じられていたからだ。

千葉刑務所に移監されたとき、「不当判決反対」のスローガンを唱えて、政治犯たちが工場でストライキにはいり、百人以上が懲罰《ちょうばつ》を食らったことがあった。成田空港反対闘争で逮捕された学生たちが収容されていたのだ。

しかし、一雄は模範囚で、勤勉にはたらいていた。学生たちは、彼らにとって反権力闘争の象徴のような石川一雄が、いっしょに決起しないのが不満だったようだった。運動会で顔をあわせたときに、面とむかっていわれたことがある。

そのとき、彼にとっての最大の課題は、健康づくりだった。一周およそ五百メートルの運動場を、十回まわるのを日課にしていた。とにかく、裁判で無罪を勝ちとるまでは、糖尿病を克服し、余病を併発《へいはつ》させるわけにはいかなかった。

分類室を出て、手錠もなく、廊下を歩いていくと、まだ暗い、寒気の張りつめている千葉刑務所の玄関先に、黒々とカーテンを降ろしたマイクロバスが迎えにきていた。チョッキを着込んで、ネクタイを締めた兄の六造がそばに座った。ほかにも三、四台のクルマがきて、ダンボール箱などの荷物がはこびこまれた。

「仮出獄」をどこで聞きつけたのか、新聞記者たちが集まっているのがみえた。一雄には、本当に家に帰れるのか、との不安があった。隣りに六造が座っているので、まちがいはないのだが。

千葉市から狭山市まで、あいだに介在《かいざい》する東京を回避するように迂回《うかい》して、浦和市(現、さいたま市)の「保護観察所」にたち寄った。ようやくたどりついたのは、逮捕されたときとおなじ家である。それでも六造が増築して、部屋数はふえていた。

父親の富造は九年前、姉のヨネは八年前、母親のリイは七年前に亡くなっていた。ついに、両親の死に目にあえなかった。リイの他界が母親思いの一雄に与えた打撃は大きかった。報《し》らせをうけて、なん日間か昏倒状態《こんとうじょうたい》になっていたほどだった。

家の前で、部落解放同盟主催の歓迎集会がおこなわれた。小学校時代の同級生も顔をだしてくれたようだったが、気がつかなかった。六畳と四畳半の部屋に、テレビ局や新聞社の記者たちが詰めかけていた。質問されて、自分でも緊張しているのがよくわかった。

夜遅くなってからの夕食に、好物ののり巻きがだされ、祝いの酒もあったが、手をつけなかった。その日は、興奮して寝つけなかった。

冤罪《えんざい》の受刑生活解かれども故郷に立ちてわれは浦島

砂利道のせまい路地に、軒先のひくい木造の小屋のような家が密集していた。二階屋さえみかけることのすくない地区だった。三十年たって帰ってみれば、せまい泥道も舗装され、まわりにはひょろひょろしたマンションが目立つ街に変貌《へんぼう》している。わが家だけが、木造平屋、ビルの谷間に取り残されてあった。

自分の生まれ故郷は、農村地帯とばかり思っていたから、これほどまでに変化していると は、想像だにしなかった。そして、住んでいるのは、見知らぬひとたちである。

重い引き戸だったのが、ノブのついたドアに変わり、ソケットのスイッチをひねって点《つ》けたり消したりしていた電灯が、壁にとりつけられたスイッチの上げ下げですむようになっていた。それが一雄に三十二年の空白を感じさせた。

落ち着いて生活できるようになったのは、一ヵ月ほどしてからだった。世間にひろく知られている冤罪事件だったので、いろんなひとたちが面会に押しかけてくる。それを遮断《しゃだん》するために、家のまわりには警護《けいご》するひとたちがいた。部落解放同盟もひとを張りつけた。

自宅で寝ていても、獄中のことをよく思い出した。千葉刑務所の洗濯工場の仲間には、早朝の人目をさけた出所だったために、挨拶《あいさつ》をすることができなかった。いっしょにはたらいたのは、ほとんど無期懲役の囚人たちだった。せっかくシャバにもどっても、また舞いもどってくるひともいた。

「イッチ、ニイ、サン、シイッ」、声をあげながら、前のひとの肩に手をかけて、歩調をあわせて行進する。二十分ほど、集団でやっていると、汗だくになる。強制だった。

それとよく思い出したのは、入浴の壮絶《そうぜつ》な光景だった。八十人ほどがいっしょに裸になって、「オイッチ、ニィ。オイッチ、ニィ」、整然と並んですすみ、

「入れっ」

という鋭い笛の合図《あいず》で、いっせいに浴槽《よくそう》にはいる。三分間、砂時計で時間が計られる。全員が両手の親指を水面のうえにだしてはいるのは、湯舟の中で身体を洗っていないとの証明で、お湯を汚さないための苦肉《くにく》の策《さく》である。一週間に二回だけ、三分間、浴槽につかったあと、夢中になって身体をこする。ぜんぶで十五分間、それが与えられた入浴時間である。

そのあいだ、身体をこする音だけが風呂場にひびいた。私語は禁止されていた。担当が六

人ほど、裸の群像のあいだをまわって歩いた。なにか話しているものたちは、外に連れだされた。

房内では、立っているだけで、「お前、外を見ていたんじゃないか」と注意される。便所に移動するときだけ、立って歩くのが許されていた。字を覚え、手紙を書き、上告趣意書を書き、本を読む。獄中で「日本語を覚えた」という一雄にとって、工場労働や処遇にたいする不満にかかわりあうよりも、無実の主張を達成させることで頭がいっぱいだった。国会議員が面会にきたこともあった。

仕事が終ったあと、消灯《しょうとう》の九時まで、四時間の時間を勉強にあてることができた。それが一雄にとっての幸せだった。監獄にいたからこそ、監獄から出るための勉強ができたというのは、矛盾《むじゅん》である。が、社会にいて勉強する機会がもてなかったからこそ、監獄にはいることになったのだ。その無念を晴らすための独習だった。

狭山に帰ってきて、なにを見ても、三十二年の空白を感じさせた。二輛編成だった西武電車は八輛にふえ、駅名も「入間川駅」が「狭山市駅」にかわり、「新狭山」や「航空公園」などの駅があたらしく設置されていた。線路の両側の畑や雑木林はみごとに姿を消して、ちいさな住宅が庇《ひさし》をならべるようになっていた。逮捕されたあと、日本経済が急激に膨張《ぼうちょう》し、都会から新住民が流れこんできた。

「三十二年間、人生のうちでのもっとも貴重な時間を無駄にされた、と思いませんか」

わたしは、狭山市のアパートで、石川一雄になんどかおなじ質問をした。

「思わないですね。変わっちゃったなあ、とは思いますけど。無駄にされたっていうよりも、自分を犯人にデッチあげた人間が死んでしまったことが口惜《くや》しかったですね。そっちのほうがとてももつよかったですね」

いつもおなじ答えが返ってきた。口惜しかったのだ。

獄中で、いつもおなじ夢を見た。長谷部梅吉の家を訪ねていく夢である。レインコートの襟《えり》をたて、人目を忍ぶようにして長谷部梅吉の家を探す。せまい路地の奥にある家に、長谷部の表札をみつける。思いきって、声をかける。

「ごめんください」

玄関先に娘が出てくる。

「長谷部警視は、おられますか。むかし、お世話になったものですが」

不審そうな顔をむけて、娘が答える。

「父は、三年前に亡くなっております」

「しまった」

大きな声をだして、眼が覚める。いつもおなじ夢だった。

刑務所の外に出てみると、長谷部梅吉は他界していた。逃げられた思いだった。そればかりか、関源三も死亡していた。せめて長谷部より歳下の関だけでも生きていてほしかった。一雄が自供したあと、関はなん回か面会にきて、現金を差し入れてくれたりした。ところが、第二審で一雄が無実を訴えるようになってから、音信を絶ってしまった。

部落のなかの市営住宅に住んでいた関は、巨漢《きょかん》に似合わずいつもニコニコして、腰のひくい男だった。

「死体がどんなふうに埋められてあったか、長谷部さんは教えてくれないんだ。関さん、教えてくれ」

取調室に顔をだした関に懇願《こんがん》しても、「課長さん(長谷部警視)のいうとおりにしているのが、お前のためなんだ」としかいってくれなかった。

関には訊《き》いてみたいことがいっぱいあった。家で寝ていても、長谷部や関が亡くなったことを知ってから、ことさら取調室の情景を思いだすようになった。

やせ形、色の浅黒い、精悍《せいかん》さでひとを威圧するような長谷部が、机の真ん前に座って尋問した。青木一夫がその横で調書を執《と》った。一雄の横が遠藤三で、彼が片手錠をかけて、捕縄《ほじょう》を握っていた。

「ここに万年筆とボールペンがありますが、かりに、『万年筆のほうか、ボールペンのほうか』と聞かれて、『万年筆のほうだ』と答えたとすると、『本当か、ボールペンのほうじゃないか』というんですね。

たとえば、『手で扼《しめ》たのか、タオルで絞めたのか、どっちか』と訊かれて、そのどっちかをいうと、『いいのかそれで』と訊き直されるんです。そういわれて、まちがっていたとか、ああ逆だった、とかわかるんです。あとで、関さんに教えてもらって、『じゃ、ちがいます、こっちでした』といい直したりすると、『ああそうか』っていって、はじめて調書に書くんですね」

石川一雄の無念のひとつは、引き当たり捜査がなされなかったことだった。警察側だけで現場検証をやったにしても、本来だったら、容疑者を「殺害現場」につれていって、どのようにして犯行をおこなったか、再現させるはずである。

ところが、それをさせなかった。引き当たり捜査をしてくれさえすれば、それがやっていないという証明になったにちがいない。が、どういう理由からか一回もやらなかった。

もうひとつ。家から押収してきた地下足袋を履かされたことがあった。それで足にあわないことがわかったはずだった。そのあと、やはり狭山署の留置場にいたときだったが、白い幕を張って、地下足袋の足跡を幻灯《スライド》で映したことがあった。その地下足袋も足跡の写真もどこかに保管されてあるはずだ。それらが自分の無実を証明する証拠なのだ。

保釈二年目によき伴侶《はんりょ》を得て

出所した翌年の五月、一雄は熊本市でひらかれた集会に出席した。教師が集めたのであろう、一万二千人の子どもたちの大集会だった。獄中にいたとき、彼をもっとも励《はげ》ましたのが、「いしかわのにいちゃんがんばれ！」などと書いてくる子どもたちの手紙だった。子どもたちの率直《そっちょく》なものいいが、胸に深くひびいた。

その日は、本人が参加した最初の一万人規模の「狭山」集会だった。壇上《だんじょう》にたたされても、一雄にはなにも見えなかった。膝《ひざ》ががくがくするのが自分でもよくわかった。まえに座っていた子どもなら、その震《ふる》えがわかったはずだ。

十五分ほどだったが、話しおわっても、なにをいったのか、自分でもわからなかった。一般社会で生活していたにしても、大勢のまえで話せるようになるにはそれなりの経験がいる。それなのに、人前に出ることなく、三十二年間も刑務所で暮らしてきたのだから、あがってあたりまえだった。

それ以来、各地の集会に呼ばれて話すようになった。最近ではつれあいの早智子《さちこ》もいっしょにまわってくれている。

「いつもかわいそうだなと思うのは、さっちゃん(早智子)のことです。ほかのひとと結婚していたら、もっと幸せな人生を送れたと思うんです。でも、いっさい、泣き言をいわないんで、救われています。

このあいだ、はじめて喧嘩したんです。パソコンのことで、わたしは、翌日、集会があるんで、はやく寝ようと思っていたんですが、となりの部屋でいつまでもカチャカチャやっていて、眠れない。わたしのことでやってくれているのはわかっているんで、我慢していたんですが、十二時すぎまでやっていたんで、つい我慢しきれなくなって。『これからは十二時すぎまでやるんだったら、パソコン、壊《こわ》してしまうぞ』と乱暴な口をきいてしまって、傷つけたと後悔しています。

仮出獄のあと，早智子と結婚した．徳島出身で明るい女性である．
ふたりでの冤罪を訴える旅がつづいている．

わたしのために、夜遅くまでやってくれているのはわかっているんですが。いまは十一時すぎにはやめてくれるようになりました」

「一雄さんから、喧嘩の話が出ましたけど、あのときはじめてすごい大きな声が飛びました。わりと気が短いんですけど、やはり、最近はいらいらしています。再審開始の審査が、今日でるかもしれない、明日でるかもしれない、と暮らしているのですから」

再審請求が東京高裁で棄却《ききゃく》され(一九九九年七月)、それにたいする高裁への異議申し立ても棄却(二〇〇二年一月)された。現在は最高裁へ特別抗告を申し立てている。二審の判決以来、こんどこそ、こんどこそは、と再審開始の決定を期待しながら、石川一雄は裏切られつづけてきた。

一九七四年十月の東京高裁・寺尾判決の無期懲役から三十年以上もたって、石川一雄はいまも無実を叫びつづけている。が、最高裁は動くことなく、一度も事実調べをしようとしていない。

「もうパソコンはするなといわれて、腹が立って、ホームページなんかやめよう、と思ったんです。けど、ああそうやな、一雄さんは明日、集会がある。だいたいが朝はやいひとです。それも長年の習慣で、九時に消灯です。電気はついているようですけど、なにをしててもそれをおいて、横にならなければならない。横になっても、横むきはだめ、うえをむいていなければならない。眠くなくても、目をつむっていなければならない。いまでも、一雄さんは十時になると蒲団にはいります。わたしの生活に干渉《かんしょう》しませんでしたから、ついそれに甘えて、パソコンを一時過ぎまでやって。眠れなかったんですね。反省しました。

三十二年間、いつも、独房で、ひとり暮らしの贅沢《ぜいたく》(?)で、食事も自分の部屋にはこんでもらって、重たいものをもたず、たとえば、風呂にいくのでも、石鹸《せっけん》も洗面器ももたず、身体ひとつでいって、そこにあるものを取って、そういう不自由な、日常生活からかけ離れた空間で暮らしていましたから、なかなかいまの生活に慣れない。それで眠れなくても、じいっと我慢していたんだと思います。わたしは、それに気がつかなかったんです」

その翌日、早智子は一雄と話し合って、パソコンは十一時までということにした。ホームページに支援者からさまざまなメールがくる。彼女は無実を訴えるメールを書いて、支援のネットワークをひろげている。

わたしが、石川一雄に最初に会ったのは、一九九七(平成九)年五月、「週刊金曜日」のインタービュアーとしてだった。それが石川一雄にとって、雑誌へ最初の登場であり、そのあとも、ロングインタビューはこの本だけである。

わたしが、この事件に直接的にかかわろうと思うようになったのは、仮出獄の五年後、一九九九年七月、東京高裁(高木俊夫裁判長)の再審請求棄却からだった。本人とは取材で面識《めんしき》があっただけに、棄却決定は自分にとっても、大きなショックだった。これだけ冤罪の事実が証明されているのだから、こんどは再審開始決定になる、と高《たか》を括《くく》っていた。

それまでわたしは、冤罪事件として、その後、無罪となった弘前大学教授夫人殺人事件、財田川殺人事件の裁判を批判する本を書き、成田空港建設にともなう、『三里塚東峰十字路事件』の本を執筆、編集し、甲山《かぶとやま》事件の支援もしてきた経験から、狭山事件の解決はさほど難しくないと考えていた。

まして、この事件には、部落解放同盟が全力を挙《あ》げて取り組んでいる。それでもなお、無実の訴えが棄却されたのだ、やはり自分でもなにかしなくては、と思うようになった。

石川早智子は、つぎのように訴えている。

「一雄さんは、精いっぱい生きて、精いっぱい闘《たたか》っていますけれども、多くの方の力がなければ、裁判官はわたしたちのほうをむいてくれないでしょう。真実の追究といっても、正しいことをなかなか決定してくれなくて、最近はいらいらしていました」

徳島県出身の早智子《さちこ》が、石川一雄と結婚するようになったのは、狭山事件の集会に参加するようになっていたからである。彼女自身も被差別部落の出身で、差別に苦しんでいた。解放同盟の運動のさほどつよくない、その分だけ差別がつよく残されている地域だった。

亡くなった母親は、「ふるさとを隠せ」といいつづけていた。高校を卒業して就職するとき、道路を一本へだてた一般地区に、住所を移して試験を受けた。地名から部落出身者ときめつけられるからである。

採用が決まったあと、戸籍抄本が必要になった。本籍地がわかると、職場で差別される。それでおなじ部落出身の村役場の職員に、抄本の住所を書き換えてほしい、と頼んだほどだった。もちろん、断られた。そんなことに負けないで、がんばりなさい、と励《はげ》まされたのだった。

死ぬほどの思いで、戸籍抄本を提出したが、人事課の担当者はなにも聞かずに採用してくれた。早智子の職場は官庁の外郭団体《がいかくだんたい》だったので、民間よりは人権教育がすすんでいたのだ。それでも、かわいがっていてくれた祖父が死んだとき、早智子は忌引《きび》きの休暇を申請《しんせい》しなかった。職場の同僚たちがお悔《く》やみにやってきて、そこが被差別部落だと知られるのが怖かったからだ。祖父を裏切ったような気持ちで苦しかった。

やがて、同和対策事業特別措置法が公布(一九六九年七月)され、地域の運動がもりあがっていった。役所のまわりに赤旗がたち、デモ隊が押しかけたりした。職場では、あちこちで、「あいつら、ようやるなあ」などと陰口をいうものがいた。

早智子は出勤するとき、きょうは旗がたっていませんように、と祈るような気持ちだった。いまでこそ、手弁当で運動していた解放同盟のひとたちにわるかった、と思うようになったのだが。

いつもちいさくなって暮らしていた。東京の日比谷公園で狭山事件の集会がひらかれたとき、友だちに誘われてはじめて参加した。そこでの熱っぽいひとのつながりを感じて、部落出身を隠して暮らしていることを恥ずかしい、と感じるようになった。狭山の集会に参加したひとたちに、そんなひとがたくさんいた。

夜の九時に徳島を出発するバスに乗って東京にいき、集会に参加し、デモ行進をして、またバスで帰ってくる、そんなことをくりかえしてきた。地方から集会に参加するひとたちには、おなじような体験がある。

まだ、石川一雄本人が獄中にあったとき、早智子は狭山市へ現地調査に出かけ、彼の生家で両親といっしょに写真を撮った。その写真を彼女は大事にしていた。

一九九五(平成七)年七月、一雄が仮出獄してから八ヵ月後、徳島で交流集会があった。このときはじめて彼女は彼に会った。彼は孤独で控え目、寡黙《かもく》だった。飲まず、食べず、厳しい姿勢で端座《たんざ》していた。思っていたとおりのひとだと思った。

翌年の夏、阿波踊りの祭りのとき、一雄が徳島市へ遊びにきた。早智子は釣りの名所として知られている月見が丘海岸に案内した。そのとき、彼がまわりの景色にみとれ、少年のように無心になって泳いでいるのを眼にして、早智子は心を動かされた。

その年の十二月、仮出獄二年目の日に結婚した。冤罪《えんざい》を晴らすための二人三脚の旅である。入籍しただけで、結婚式はあげていない。


一雄が獄中で字を覚え、上告趣意書を自分で書くまでになったのは、無実を晴らしたい一念からだった。担当の刑務官たちが字を教えてくれなかったら、あるいは、死刑判決ではなく、十年か、十五年の懲役刑の判決だったなら、無実を訴えるようにはならなかったかもしれない、と彼はいう。

弁護士を自分の味方とは思わず白い眼をむき、陥《おとしい》れようと狙《ねら》っている刑事に迎合《げいごう》してそのいいなりになったのは、無知といえばあまりにもひどい無知である。しかし、それは学校へろくに通えなかったからだ、とばかりはいいきれない。

たしかに、弁護士と刑事の役割を区別できなかったのは致命的だったが、それでも、一雄は狭山署の留置場にいた二十八日間はきっぱりと否認しつづけていた。状況が一変したのは、釈放と同時に再逮捕(タライ回し)、接見禁止のあとである。

特設の留置場に移送されて孤絶させられ、弁護士不信を吹きこまれたすえにもちだされたのが、兄の六造の逮捕という脅《おど》しだった。一雄は「十年」の約束で、それを引き受けた。現場に残された足跡と六造の地下足袋とが合致する、といわれては、自分でないとしたら、兄以外にない、と考える。それを認めさせる生活の貧しさがその背景にある。

無知からきた迎合ではない。もっと積極的な、家を救うための犠牲打だった、と考えるとわかりやすい。自分がいままでやった「悪事」(微罪だったが)を考えれば、十年の懲役などたいしたことはない、と警察は一雄に思わせるのに成功した。そこにも生活の貧しさが滲《にじ》んでいる。

読み書きのできなかった石川一雄をみて、長谷部たちは、どこか足りない男だ、と判断した。御《ぎょ》しやすい、と思ったのだ。それが長谷部たちの誤算《ごさん》だった。彼は字を学ぶ機会をもたなかっただけなのだ。

どこか知能の弱い男が認めてしまったのだから、もう争うことはなさそうだとの判断が、粗雑《そざつ》な捜査ばかりか、証拠の捏造《ねつぞう》など、警察の犯罪を上塗《うわぬ》りさせた。しかし、石川一雄の性格を見るとき、弱さとしてではなく、一本気の強さとしてみるべきである。それが第二審での反撃の果敢さとなってあらわれた。

いま石川一雄は毎日のジョギングで健康を維持し、精神の統一をはかるため、獄中とおなじような生活をつづけている。お茶もコーヒーも紅茶も断ち、酒も飲まない。糖尿病のせいもあって食事は少量にして、いま体重四五キロを維持している。苦行僧《くぎょうそう》のような風貌《ふうぼう》である。

出獄しても、一度も両親の墓参りにいっていない。いまなお両手首にくいこんでいる「視えない手錠」をはずしてから、と心に堅《かた》く決めているからだ。

刑確定後に出てきた新証人や新証拠

一九七七(昭和五十二)年八月、最高裁の上告棄却決定のあとも、弁護団の努力によって、多くの証人や新証拠が発見されている。

たとえば、殺害現場といわれている雑木林のすぐ隣りの桑畑で、犯行時間に農作業をしていた人物がいた。それまでも、被害者を連行したという農道の両側の畑ではたらいていたひとたち(Y・H、Y・G)も、なにも気づかなかった、と証言している。

が、さらにちかい、現場から二、三十メートルの距離ではたらいていた人物の証言についての「調査報告書」を、検察側はそれまで開示していなかった。その人物(O・T)もまた、被害者の悲鳴は聞いていないし、人影も見ていない、と証言していたのだった。

頭に裂傷《れっしょう》を負っていたはずの被害者の血痕《けっこん》も、「犯行現場」とされる林から発見されていなかったことと考えあわせると、その場所で殺害した、という自供はなんの根拠ももたないことになる。

弁護団は、家宅捜索に従事した、元刑事たちの証言も取っている。それによると、捜索責任者の小島朝政元警部は、前二回の捜査のときに、万年筆がおかれてあった、とされる鴨居右端のネズミ穴をふさいでいたボロ布を取りだして調べていた。

「捜索が終ったって、こういうとこちゃんとやんなきゃだめじゃねえか」

と部下を叱咤《しった》した、という。もしもそのとき、万年筆がそこにあれば、気がつかないはずはない。彼とはべつのD元刑事は、弁護団に証言している。

「ずっとあとになって、鴨居のところから万年筆が発見されたと言われ、まったくびっくりしました。発見されたところは、私がまちがいなく捜《さが》して、何もなかったところなのに、本当に不思議に思いました」

とすると、万年筆は、二回の家宅捜索のあとに、だれかが置いた、ということになる。D元刑事は、弁護団の供述調書の作成に協力しており、裁判官の尋問にも応じる、と語っている。が、裁判所はいまだに放置したままだ。

唯一の証拠物といっていいのは、「脅迫状」とその封筒である。すでにその文面で、「五月2日の夜」という文言《もんごん》は、いったん「4月28日」と書いたのを抹消《まっしょう》して、そのうえに書いたとされている。石川一雄の自供には、「四月二十八日の午後(自宅で)」書いた、とある。が、その後の鑑定で、自供のように、「28日」と書いたのではなく、「29日」と書かれたものであったことが判明した。これだけでも、自供の信憑性《しんぴょうせい》が疑われることになる。

ところが、その後、元栃木県警の鑑識課技師だった齋藤保の鑑定によって、封筒に「少時《しょうじ》」と書かれてあった文字は、自供のようにボールペンではなく、万年筆によるものだったことが判明した。齋藤鑑定人は、二十九年間、栃木県警にいて鑑定に従事していたベテランである。

齋藤鑑定によって、封筒には「女」「死」「2」など、万年筆で書き、インク消しで消した、抹消《まっしょう》文字の筆圧痕《ひつあつこん》が発見された。万年筆も、インク消しも石川家にはないもので、万年筆（ペン先が二つに割れた「二条線痕」あり）をいつも使っている人物が書いたことがあきらかである。

さらに、封筒からは、二種類の手袋痕が発見されている。真犯人（二人？）が「ドライバー用滑《すべ》り止《ど》め手袋」と「軍手」をしていたからこそ、指紋が発見されなかったのだ。犯人は用《よう》意周到《いしゅうとう》な男だった。

「少時様」を訂正し、「中田江さく」と書いたのは、一雄の自供では、中田善枝を殺したあと、となっている。ところが、齋藤鑑定では、五月一日以前に、「中田江さく」と万年筆で書かれたあとに封筒が濡《ぬ》れ、それが乾いたあとに「少時《しょうじ》」と書き直された事実が判明した。これらの事実は、石川一雄の自供にはまったくないものだった。この新事実の発見もまた自供の虚偽《きょぎ》を暴露している。

裁判は証拠にもとづいて、真実に接近するものである。あるいはそれが困難なことだとしても、推論や憶測《おくそく》、思いこみや牽強付会《けんきょうふかい》の対極にあるはずのものである。ひとのいのちがかかっているからである。裁判の原則は「疑わしきは罰せず」のはずだ。ところが、「狭山事件」は、「疑わしきは罰する」という極端な事例である。

それでも、石川一雄の名誉を回復させるのは、裁判しかない。彼は「かならず、正しい裁判官はいる」と、いまなお信じている。

「中田善枝さんには、申し訳ないことをした。自分があともうすこしがんばっていれば、犯人はつかまったはずだ」

最近になって、石川一雄は、未解決になったのは、自分の責任だ、社会に迷惑をかけた、とよくいうようになった。たしかにそうかもしれない。

しかし、彼を陥《おとしい》れたものは、警察であり、検察であり、誤りを正そうとしない裁判所であり、ひとりの人間の運命に無関心なわれわれだ、といってまちがいはない。

エピローグ

脅迫状を見て、なぜすぐ警察に届けたのか

東京の西北にあたる農村地帯で、下校途中の女子高校生が消息を断ったあと、農道に埋《う》められた遺体となって発見されてから、四十一年(二〇〇四年現在)になる。

遺族にとっては、深い悲しみと痛みがいまなお、こころの奥底で疼《うず》く忘れられない出来事だったとしても、世間的にはもはやだれにも思いだされることのない、ごくありふれた殺人事件として終るはずだった。

ところが、容疑者として逮捕され、一審で死刑を宣告された二十四歳の石川一雄は、六十半ばになったいまなお、無実を訴えつづけ、それを支援し裁判のやり直しをもとめる声は依《い》然《ぜん》としてやむことはない。

事件は日々あらたに生きつづけている。それは殺人者の汚名《おめい》を着せられた石川一雄ばかりか、静かな眠りにつくことのできない被害者にとっての不幸でもある。

この本を書き継いでいるあいだ、そしていまも、わたしのなかでくすぶっている疑問のひ

とつは、脅迫状が中田家に届けられてから、家族がちかくの駐在所に訴えでるまでの時間の短さだった。中田栄作、裕一の親子は、それが脅迫状だときづいてから、わずか十分たらずのうちに、警察に通報することを決断し、車庫から小型トラックを引きだしてちかくの駐在所へ駆け込んでいる。

脅迫状に「警察にはなすな」と書かれてあったにせよ、たしかに、その脅《おど》しに屈服《くっぷく》する必要はない。それでも、自分の子どもが誘拐《ゆうかい》されるなど、にわかには受け入れがたい現実であったろうし、まして娘とはいえ、高校生にもなっているのだ。もしも誘拐された事態をどうにか納得できたにしても、そのあと、家族は警察に連絡すべきか、それとも連絡せずになんとか解決する道はないか、と懊悩逡巡《おうのうしゅんじゅん》するのがふつうのはずだ。家族のいのちがなによりも大切だからである。

この疑問は弁護団の疑問でもあって、第二審第六一回法廷(一九七二年六月十五日)で、「脅迫状を発見してから警察に届けようということで家を出られるまでが短時間のようですが」

と松本健男弁護人が質問した。

「え〻《え》、本当に短時間でした」

裕一は率直《そっちょく》に認めた。

「証人は(脅迫状を)お読みになったんですか」

「え《え》、ある程度、完全に自分で記憶する程度には読まなかったんですが、意味だけは」

「一応最後まで読まないと意味がわからんようにも思うんですが」

「はい」

「おとうさんはお読みになったんですか。あるいは、あなたが読んでおられる横から盗み見されたということでしょうか」

「さあ……、どういう状態だったか、記憶ありませんが」

意味がわかるかわからないか、という段階で、すぐに動きだしている。松本弁護人は、

「三、四十分とか、一時間とか、もう賊《ぞく》がおらんという時間をみはからって連絡にいくことが、普通だと思いますけれども」

と追及し、裕一が答えている。

「すぐにといっても、父がしたくしたりなんかして、結構時間はあったと思います」

しかし、この法廷での展開は筋ちがいというもので、問題は親子が相談した形跡《けいせき》がなかったことにあったはずなのだ。裕一の証言では、外出の支度ていどの時間で出発した、ということになる。

高校一年になったばかりの娘が帰ってこない。外は暗くなって、雨が降りしきっている。そして、脅迫状が発見される。そんな場合、ふつうならその一枚の紙を手にして、五十七歳の父親と二十五歳の長男、あるいは二十三歳になっていた次女をもふくめて、親子が首をそろえてなんども読み返し、ため息をつき、嘆き、ぼそぼそ相談しあうはずだ。

〈訴え出るべきか、脅迫に従うべきか、お金をどうするのか、いまどこにいるんだろう、無事でいるだろうか、ひどい目にあわされてはいないだろうか〉。

苦悩《くのう》に苛《さいな》まれる時間があるはずなのだ。

ところが、実際は脅迫状を読み返すこともない、「ある程度」、「短時間」で出発した。第一審第二回公判での検事尋問にたいしては、「十五分たったかたたないうちに駐在所に届けた」と裕一が証言、おなじ日の法廷で、栄作は「十分位《くらい》」と証言している。そして、その夜、「身代金」として準備されたのは、要求された二十万円の現金ではなく、新聞紙を切って偽装《ぎそう》した札束だった。

さらに被害者の姉の登美恵は、二度目の張込みに協力させられるとき、「もう、ぼっとすると(ひょっとすると)、殺されてしまっているかもしれない」と泣いていたのだ。

事件当時、市制施行十周年を迎えようとしていた狭山《さやま》市の人口は、三万五千人だった。が、これまでにも書いてきたように、そのころから、急速にベッドタウン化がすすみ、いまはおよそ五倍の十六万五千人に膨《ふく》れあがっている。事件現場の写真や地図でみることができた、かつての鬱蒼《うっそう》たる林は切りひらかれ、関東ローム層の赤々とした畑には、大量のコンクリートがぶちこまれ、無機質の高層住宅が建ちならぶようになった。

砂利道は拡張されて舗装《ほそう》され、その両側は眼を奪うばかりのけばけばしい色彩のガソリンスタンド、貸しビデオ屋、コンビニエンスストア、林立した自動販売機でおおわれている。

それでも、「身代金」受け渡しの現場として、警察官が四十人も潜《ひそ》んでいた「佐野屋」のあたりになると、市街地も切れ、当時のままの茶畑がつづいていて、さすがに都市化の波も勢いの衰《おとろ》えたことを実感させる。不老川《としとらずがわ》は、想いのほか水量があって、鴨《かも》が四羽ほど浮かんでいたが、わたしの足音を聞きつけてか、あわてて飛びたった。それでも脚の長い白鷺《しらさぎ》が、悠然と餌をついばんでいる。

現場写真で見覚えのある、中田家が面している道は、両側にたかい樹木の生い茂った、日陰の濃い砂利道だったはずだが、いまはクルマがひっきりなしに通るようになって、道端を歩いても危険なほどである。

いま歩いても、このあたりには中田姓が多く、それも表札は見あたらず、道路沿いに生け垣が植えられ、母屋《おもや》はひろい中庭の奥にあるという典型的な農家づくりばかりである。事件の日は、日のとっぷりと暮れ、雨が降りしきっていた。はじめてきた他所者《よそもの》には、かんたんに探し当てられるようなものではないことを実感させられた。だからこそ、誘拐犯が近所の家で道順をたずねる、という突飛《とっぴ》なストーリーになったのだ。

前庭をひろびろととった農家のたたずまいをみると、いかにも古村といった、悠揚《ゆうよう》せまらざる農村の生活を感じさせる。「狭山茶」と染め抜かれた数本の幟《のぼり》が風にはためいている。

かつて堀兼村上赤坂と呼ばれたこの豊かな純農村地帯から、深い雑木林を越えた西の境界線のむこう側に、ごちゃごちゃとひとかたまりになっている、石川一雄の生家のある地域を遠望するとき、そこが蔑視《べっし》の対象にされてきた歴史を理解させられる。

なかでも中田栄作家は、あたりでもさらに立派なたたずまいである。土塀《どべい》のうえに瓦を載せた、寺院のような贅沢《ぜいたく》なつくりで、前庭はこんもりした躑躅《つつじ》を配した日本式庭園である。それも手入れがよく行き届いている。もちろん、母屋もかつて小型トラックを収納していた納屋も、いまは建て替えられてはいるものの、むかしのままの配置である。

格子戸《こうしど》の擦《す》りガラスのむこうに声をかけると、まだ小学校にはあがらない年ごろの姉妹が騒ぎながら引き戸をあけた。ひとなつこい娘たちで、お雛様《ひなさま》がどうした、などといってはしゃいでいる。二月下旬の日曜日、雛祭りまであと三日である。そういえば、庭の梅と椿《つばき》の華やかな色が、古村の春をつたえている。

孫たちのあとを追うようにして、六十前後の主婦が顔をだした。その姉妹の祖母なのであろう。わたしは四十一年前の事件のことで、ご主人にお目にかかりたいと用件をきりだした。ひとのよさそうな小太りの主婦は、だれがきてもお断りしています。本人は思いだしたくないといっていますから、といった。とにかく取り次いでください、とわたしは押した。

彼女が家のなかにひっこんでまもなく、作業服を着たやや小柄な、この家の主人が、怪訝《けげん》な表情を浮かべて玄関先にでてきた。後ろ手に静かに格子戸を閉めてむかいあった。内省的な顔立ちである。名刺をわたして、わたしは物書きです、と名乗ってからいった。

「四十年たっても、まだ解決していない問題ですから」

曖昧《あいまい》ないいかたをした。彼は黙ってわたしの顔を見つめて、つぎの質問をまっていた。覚悟を決めて、直截《ちょくせつ》に聞くしかない、とわたしは判断した。

「警察に届けられたのは、脅迫状がきてから十分ほどしてからだったですね。いかにもはやい。その前に、有線(電話)かなにかで、脅迫がきてたんじゃないでしょうか」

「そんなことは話したくない」

彼ははねつけた。それ以上を突っ込むと、会話が終ると判断して、わたしは話題を変えた。

「中田さんは、いまでも石川一雄さんが犯人だと思われているんでしょうか」

「警察が捜査したことですからね」

「でも、当時の捜査はあまりにも杜撰《ずさん》だったですよね」

彼は、左の眼を細め、まつげで眼を隠すようにしていった。

「裁判所など、第三者が客観的に決めたことですから」

「でも、石川一雄さんは否定しています。もちろん、わたしにも真犯人はわかりませんが」

「真犯人」といったのが、気に障《さわ》ったのだろうか。

「そんなの、第三者が決めたことだから」

気色ばんだ口調に変わった。後ろ手に戸をあけ、わたしから眼をそらすことなく、後じさりしながら玄関のなかにはいり、戸を閉めた。

わたしの失敗だった。議論するつもりなどなかったし、短兵急《たんぺいきゅう》に攻める気もなかった。気になっていたことを尋ねてみたかっただけなのだが、いきなり押しかけるやりかたでは、キチンと話してもらえるような問題ではない。

わたしの疑問は、脅迫状をみて、すぐにその意味を呑《の》みこんで出発したのは、そのまえになにか前兆《ぜんちょう》があったのではないか。同封されていた身分証明書は、その合図なのではないか、というようなものである。

たとえば、「誘拐したというなら、その証拠をみせろ」といったことにたいする返答として、身分証明書が届けられた、というような疑問である。

もしも、有線電話での脅迫があった、と仮定するならば、有線電話を使用できる範囲はごく限られたものだから、その共同体からまったく疎外《そがい》されている石川一雄は、容疑者リストからまっさきに外されるべきだったはずだ。

しかし、そうはいっても、脅迫状がガラス戸に差しこまれたとき、中田家は善枝と東京で暮らしている長女を除いた親子五人(栄作の妻はその九年まえに死去)が、ごく日常的に夕食の食卓を囲んでいたようだから、その前に脅迫の電話などがあって、パニックに陥《おちい》っていた気配はない。

裁判所での中田裕一の証言を通して、わたしは彼が教養ある人物と判断できていた。それでそのあたりの疑問をぶつけてみようと考えて狭山へでかけたのだが、残念ながらやりかたの拙劣《せつれつ》さから、うまく説明できなかったのだ。

冤罪事件《えんざいじけん》の被害者として、香川県の「財田川事件《さいたがわじけん》」で、夫を殺害された妻の話を聞いたことがある。彼女は、冤罪を訴えつづけ、やがて無実が証明された谷口繁義を犯人と信じようとしていた。裁判が終って事件に決着がつき、なん十年もたってから、逮捕され、刑罰《けいばつ》を受けているものは実は犯人ではない、といわれれば、被害者の遺族がひどい肩すかしを食うだけだ。

しかし、かといって、それが冤罪ならば、遺族だってけっして寝覚《ねざ》めのいいはずはない。といって、ただ犯人ではない、というだけでは混乱させるだけになる。遺族はあくまでも被害者であるし、冤罪者もまた被害者であって、けっして対立すべき関係にあるはずのものではない。双方ともに、警察の怠慢《たいまん》と無能《むのう》と無責任《むせきにん》とによって、「事件解決」のあとも、「二次被害」を受けているひとたちなのである。

中田善枝の遺族は四十数年たっても、石川一雄は真犯人ではないという主張を耳にして落ち着けず、その一方で、冤罪者は身に覚えのない犯罪によって社会から隔離され、経済的、肉体的、精神的な打撃を受けた。それればかりか、いまなお殺人者の汚名をなすりつけられて名誉を剝奪《はくだつ》され、選挙権も被選挙権もなく、保護観察所の監督下に置かれているため月二回、出頭しなければならない。

そうであっても、警察官は本来追求すべき真犯人逮捕の任務を放棄《ほうき》し、まったく関係のない別人を逮捕したまま惰眠《だみん》をむさぼっている。はじめは誤認逮捕だったにせよ、それを指摘されてもなお居直りつづけることによって、業務上の重大な過失から、権力を濫用《らんよう》した隠蔽《いんぺい》という犯罪になる。警察官ばかりか、検事もまたおなじ罪を犯している。

わたしが取材して書いた「弘前大学教授夫人殺人事件」のように、事件発生から二十四年もたった、一九七一(昭和四十六)年になって、奇跡的に真犯人が名乗りでても、再審開始の決定がだされたのは、それから五年もたった異議審の仙台高裁だった。

冤罪はボタンのかけちがいなのだから、すみやかに修復されなければならない。ところが、警察も検事も他人に罪を押しつけたまま、再捜査することなく、裁判官も率直に自己の判断の誤りをみとめたがらない。

被害者は事件当日、誰を待っていたのか

わたしには、もうひとつの疑問があった。

この殺人事件は、遺体《いたい》が目隠《めかく》しされ、遺体の頭部に宗教的な風習をうかがわせる玉石《たまいし》が置かれていて、両墓制《りょうぼせい》という葬祭《そうさい》の形式に則《のっと》っていたことなどから、被差別部落ではない、ふるい農村共同体の住民がかかわった、それも顔見知りの犯行と考えられる。

顔見知りでなければ、ソフトボールのピッチャーでキャプテン、砲丸投げの選手、ラジオ体操の指揮者というほどに活発、負けず嫌いだった女子高校生を、見ず知らずの男が、白昼堂々と、どこかへ連れ去ることなどできるわけはない。

下校したあと、中田善枝を目撃したひとたちがいたことを、当時の狭山署の刑事課長だった諏訪部正司警部が法廷で認めている。

彼女は、三時二十三分ごろ、学校をでて郵便局にたちよっている。授業は二時半に終っていたのだが、小一時間ほど自分の席で本を読んでいた。それから、「きょうは私の誕生日だ

から、はやく帰る」といって、クラスメートではいちばんはやく、教室から去っていった。

警察に供述調書が残されていながらも、裁判所には提出されていなかったのが、農婦N・Iの証言である。彼女は西武線の西側に住んでいるのだが、自分の畑が事件現場の東側にあるので、三十分ほど歩いて畑に通ってきていた。

その日、雨が降りだして雨量も多くなってきたので、仕事をやめて二時半ごろにもどってきた。

荒神様の前を通りかかると、お祭りだった。農作業につかう道具などの出店がでていたのでひやかしたあと、「第二ガード」と呼ばれている旭町のガードにむかって歩いていった。と、ガードのコンクリート壁にくっつくような格好で、こっちをむいて立っている女子高校生をみかけた。

紺色《こんいろ》の真あたらしい学生服を着た、白いソックスをはいた女の子は、丸顔、ふっくりした顔でオカッパだった。前輪に籠《かご》のついた草色の婦人用自転車のハンドルを握っていた。荷台には通学鞄《つうがくかばん》が紐《ひも》でくくられている。

クルマ一台がかろうじて通り抜けられるような、せまいトンネルを、すれちがうようにしながら、Nがジロジロ観察したのにはわけがあった。女手ひとつで育ててきた小学六年生の長女のことが、念頭にあったからだ。

娘が高校にでもいくようになったら、この生徒の親のように、あたらしい自転車や学生服を買ってやらなければならないのか、大変だな、との想いがあった。

「ジロジロと見ながら通ったものですから、その人は少し顔をそむけましたが、私はその格好からして、雨具ももってないいし、頭にも何ものせてもいず、服や顔等がたいしてぬれてもいないし、自転車で走ってきて雨やどりをしているのなら顔や頭をハンカチか何かでふくのが普通ですが、そんなこともしてなかったところからして、誰か知り合いの人でも待っているのかなというような感じがありました」

Nはそのあと、夜のテレビニュースで、中田善枝の葬式の情景が映しだされているのを眺めていた。そこで飾られていた被害者の写真は、それまで流布《るふ》されていた笑顔ではない、真顔のものだったので、ようやくガード下で顔をそむけた、女子高校生を思い浮かべることができたのだった。

ガード下で出会った時間について、Nは、「三時二十分」と証言している。しかし、道端《みちばた》で見ず知らずのひとに会った時間を、いちいち腕時計で確認することはない。およそだいたいの時間をいっていると考えるべきだ。

善枝が教室をでたのが、電車通学している同級生の証言では、三時二十三分、学校から第二ガードまでの所用時間を十分とすれば、三時三十三分、途中で彼女は郵便局にたち寄り、昼にもらい損《そこ》ねていた、東京オリンピック記念切手の領収書を受け取っているので、その時間を十分とみれば、三時四十三分になっていた、と考えられる。

しかし、Nの証言によれば、あたかも雨宿りの通行人のように、あわててガード下に駆けこみ、ハンカチでせわしく顔や頭をふいていた気配は、その女性にはなかった。もうすこし時間的な余裕が感じられる。それを、三時五十分とすると、「起訴状」で、石川一雄が中田善枝と出会った、とされている「三時五十分ごろ」とぶつかることになる。

その時間、つまり、Nが第二ガードで善枝らしい女性の姿をみかけたころ、石川一雄と善枝とは、そこから自転車で五分ほど離れた「エックス型十字路」でばったり出会い、石川一雄がいきなり自転車の荷台に手をかけて、「ちょっと来い、用があるんだ」と脅かしたことになっている。

しかし、善枝に似た高校生は、「誰か知り合いのひとでも待っているのかな」(N証言)という風情《ふぜい》だった。もし、その女性が善枝だとすれば、誕生日の下校の途中、それも通学路とは正反対の方角で、彼女はいったいだれと会うことになっていたのだろうか。

自供を裏切る遺体胃袋の鑑定結果

一九七二(昭和四十七)年七月二十日に作成され、東京高裁に提出された、上田政雄(京都大学教授)の「鑑定書」を熟読すれば、いくつかのヒントをえることができる。

「鑑定資料(イ)によれば(27)胃の項には大約二五〇ccの軟粥様半流動性内容を入れていると記載されている。この量は一回の食事内容としてはかなり多く残っており、普通の食事をとった後では二時間程度であろう。軟粥様半流動性という記載の程度でも食後二時間の消化程度と考えるのが適当であろう」

これは「鑑定資料(イ)」とされている、一九六三(昭和三十八)年五月十六日付、埼玉県警鑑識課に勤務していた五十嵐勝爾の作成になる「死体鑑定書」の判断、「最後の摂食時より死亡時期までの間には(ごく特殊なる場合を除き)最短三時間を経過せるものと推定せらる」を根本的に批判するものとなっている。

被害者のその日の昼食は、「調理」の時間に生徒たちでつくったカレーライスだった。その量はほぼ五〇〇ccと推定されている。食べ盛りの十六歳、身長一五八・五センチメートル、体重五四キロ、「体格並びに栄養は共に良好」(五十嵐鑑定書)、小太り、豊頬《ほうきょう》の砲丸投げ選手という活発な少女の胃袋が、三時間たってなお、食べものの半分をまだ消化していないということはありえない。

十二時すぎに、クラスの生徒がいっせいにカレーライスを食べたとすると、上田鑑定では二時過ぎ、五十嵐鑑定では三時に殺害されていることになる。それで第二審の寺尾判決では、「午後四時ないし四時半ごろ」と、石川一雄の自供にあわせて死亡時間を遅らせるのだが、それまでに十六歳の胃袋と食道の活動は、けっして一時停止していたわけではない。食後四時間もたてば、胃の内容物は三〇から五〇ccになるのが、解剖例によってあきらかにされている。

上田鑑定には、つぎのような重要な指摘がある。

「胃内容の色調が鑑定資料(イ)の中には記述されていないが、人参、馬鈴薯《ばれいしょ》、玉ねぎ等を含む場合、普通カレーライスがすぐ考えられるが、もしカレーライスを食べていた場合にはこれ位の消化程度ではカレー粉の黄色色調が胃内容に残っているべきである」

解剖所見に、黄色い色調が記載されていなかったのはなぜか。死亡時間が四時すぎだとしたなら、カレー粉はほぼ消化されていたことになる。だから、著明な特徴がなかったからこそ記載されなかった、と考えるべきであろう。

なぜならば、その時点で被害者が昼食にカレーライスを食べていたことを、鑑識課の職員は知らなかったからだ。しかし、胃には「二五〇cc」の内容物が残存していた。

五十嵐鑑定によれば、中田善枝の胃を解剖した結果、「消化せる澱粉質《でんぷんしつ》の内に、馬鈴薯、茄子《なす》、玉葱《たまねぎ》、人参、トマト、小豆、菜、米飯粒等の半消化物を識別せしむ」とある。

このときの昼飯には、トマト、小豆はだされていない。クラスメートの証言によっても、カレーライスにトマトは添えられていなかった。とすると、彼女はだれかといっしょに、誕生日を知っている人物(あるいは、ガード下で待ち合わせた人物)、とトマトと小豆をふくむ食べ物をたべたあと、二時間たってから殺害された、と想定できなくもない。

とすると、死亡時刻は、起訴状や寺尾判決(「四時二十分」と推定している)で推認されていた、四時すぎから大幅にくりさげられた、六時すぎということになる。

しかし、寺尾判決では、石川一雄は、そのころ、殺害したあと三十分ほど、檜《ひのき》の樹の下であれこれ手順を考えてから、やおら死体を二百メートルもはなれた芋穴《いもあな》まで抱きかかえてはこんだり、死体をぶら下げるための荒縄を付近の農家に物色《ぶっしょく》にいったり、芋穴に死体をぶら下げるのに大汗をかいたり、「脅迫状の訂正作業にも相当の時間がかかった」り、孤軍奮闘《こぐんふんとう》、八面六臂《はちめんろっぴ》の活動をしていた時間だったはずだ。

つまり、遺体の胃袋は、石川一雄の自供を裏切っていたのだ。

上田政雄鑑定は、

「生前に姦淫《かんいん》が行なわれたことと姦淫時に数個所にあまり大きくない損傷を受けたということは認めるが、解剖鑑定人の言う様に死直前に暴力的姦淫を受けたと一概に言いきれるものではない」と強姦説を批判、

「姦淫後少し時間が経ってから死んだ可能性が比較的大きい」

と判断している。さらに、芋穴に遺体を逆吊りにしていた、という自供を批判して、

「もし死体を〝逆づり〟した場合には全体重がかかるので、縊死《いし》の際の索溝《さくこう》と同じくかなり強い表皮の挫滅《ざめつ》が見られ、二、三時間も『逆づり《さかさ》』して放置している時にはその表皮の乾燥が起こっていると考える」

これは素人でも思いつく疑問だが、二審判決では死体を出し入れする短時間なら、痕跡《こんせき》が残らないこともありうる、としている。しかし、弁護団の実験によっても、上げ下げをゆっくりやっても、「逆づり」は、足首に皮むけと圧痕《あっこん》をつくりだしている。

さらに、遺体の状況でいえば、石川一雄の自供では、右手を大きくひろげて頸《くび》を抑《おさ》え、窒《ちっ》息死《そくし》させたことになっている。が、それにしては、指の痕《あと》や爪《つめ》の痕がみられない。むしろ、

頸の前部に白い帯のような痕跡が残っていて、扼殺《やくさつ》ではなく、幅ひろい索状物か、幅広い鈍体で絞殺《こうさつ》した、と上田鑑定書にはある。

警察にとっては、石川一雄が「殺した」という自供をとるのが主目的だったから、右手で殺そうが、布切れで殺そうが、かまっていられなかったのが、正直なところだったのかもしれない。

しかし、実際に殺害した男なら、それも殺した事実を認めたあとなら、手で抑えたとか、タオルで絞めたとか、自供が変遷《へんせん》する理由はない。もしも、一雄が善枝の自転車を犯行に使ったとしたなら、中田家に脅迫状をとどけたあと、なぜ、わざわざ自転車を置いて、雨のなかを殺害現場までの三キロ以上の道を、徒歩で、それもスコップを担いでもどったのか、恐るべき不合理な行動である。

それよりも、どこか(家の中)で殺害して、なん時間かあと(死体発見までおよそ三日間の時間がある)に、遺体を人目のないときを見はからって、クルマで農道にはこび、埋設し、もとどおり農道を埋めもどすほうが合理的である。

脅迫状は、そのころではめずらしい横書き、運筆のはやい、文書を書き慣れた、無駄のない、簡にして要をえた文章である。句読点の使い方にも神経が行き届いていて、改行のしかたに、文章を書く自信とスタイルがあらわれている。宛字《あてじ》の使い方にこだわり、「し＝知、で＝出、き＝気、警察＝刑札」というように、独自の法則性が貫徹されている。

そこには、無知の男を演じようとする自己演出、自己操作への自信が示されている。警察をばかにするほどの自己顕示欲のつよい男である。その作為と挑戦に警察はまんまと載《の》せられ、無知、貧乏、被差別部落とめぐる差別意識の回路に誘導されて犯人像を形象し、アリバイを証明できなかった石川一雄を犯人に仕立てて、一件落着とした。

たしかに脅迫状でかねは要求されている。が、犯人には、さほどおかねにこだわっている様子はない。殺人をカムフラージュするための脅迫状だったのではないか。

さらにいえば、この事件は重要容疑者として取調べを受けた元作男のほか、参考人として取調べを受けたふたりが自殺、遺族のうちのふたりが自殺している。そのひとたちもまた、中田善枝、石川一雄とならぶ犠牲者である。

この事件にかかわりあうことになった警察、検察、裁判官のうち、どれだけの人間が、そのひとたちの無惨な人生に想いを馳《は》せただろうか。人間をすこしでも理解しようとするのではなく、てぐすねひいて断罪するだけなら、それはすでに司法の退廃といえるのではないか。

すべて刑事事件においては、被告人は、公平な裁判所の迅速《じんそく》な公開裁判を受ける権利を有する。(日本国憲法第三十七条)

石川一雄は、四十一年間、公平な裁判を受ける権利をあたえられていない。それは著しく正義と民主主義とに反することである。

あとがき

殺人事件はみな不幸であるが、「狭山事件」はひとりの若者をまきこんでさらに不幸である。

十六歳になった日に、突如として、あらゆる前途ばかりか生命まで断たれた被害者にとって、これ以上の不幸はない。もしも、この事件にまきこまれていなかったなら、彼女はいま五十七歳である。彼女がどのような人生をすごしたか、わたしには想像できないが、クラスで人望のある快活な女性だっただけに、明るい人生を切りひらいていたことであろう。同世代の女性たちとおなじように、海外旅行に出かけたり、趣味を楽しみながら、おだやかな老後を迎えはじめていた、と思う。

と同時に、たまたま、彼女の遺体が発見された畑のちかくに住んでいた、二十四歳の石川一雄にとっても、この事件は、不条理そのものだった。

思いがけない逮捕の日から五十五歳の半ばすぎまで、三十一年ものあいだ、身に覚えのない罪によって、一般社会から隔絶《かくぜつ》された厚い壁のなかに押しこめられていた。「仮出獄」(仮釈放)という形式ながら、ようやく二十四時間の拘禁《こうきん》と監視《かんし》態勢《たいせい》から放免《ほうめん》された。

それから十年たったいまなお、石川一雄は転居や長期旅行などのとき、保護観察所の許可をえなければならないし、月に一回は保護観察官と面会し、月に二回ていど、保護司のところに顔をださなくてはならない不自由を託《かこ》っている。

「視えない手錠をかけられている」と本人自身がいうように、精神的な拘束《こうそく》状態はいまなおつづいている。逮捕され、「被告」とされ、裁判所で有罪とされた以上、裁判所で無実を証明されないかぎり、市民としての名誉を回復することはできない。

一九九九(平成十一)年七月、東京高裁(高木俊夫裁判長)は、二度目の「再審請求」を棄却し、さらにその後の異議申し立ても却下している(高橋省吾裁判長)。石川一雄はなお、最高裁判所にやりなおし裁判(再審)をもとめる訴えをおこしているのだが、その開始が決定されれば、東京高裁で、はじめて公平な裁判を受けることができる。


一九七五(昭和五十)年五月、最高裁は「白鳥《しらとり》事件」(一九五二年、札幌での警備課長射殺事件)再審請求の特別抗告を棄却したが、それでもこのとき、再審においても、「疑わしきは被告人の利益に」という原則を適用する考えを打ちだし、その後、弘前大学教授夫人殺人事件、財田川事件、免田事件、松山事件、島田事件など、冤罪《えんざい》事件《じけん》の解決に大きく貢献した。

「疑わしきは罰せず」が、人権を守るための裁判の最大原則と位置づけられるようになったのである。

狭山裁判では、弁護団側から、万年筆、スコップ、地下足袋、通学用鞄、腕時計などの証拠にたいしての重大な疑義がだされている。唯一の証拠としての、「脅迫状」にふくまれている謎(相手名、日時などの訂正の形跡)さえ、解明されていない。これを書いたとされている石川一雄にとっても、まったく意味不明の痕跡《こんせき》である。

最高裁の判例には、状況証拠や間接的な事実の認定において、「高度に確実で、合理的な疑いを容《い》れない程度」という判断基準が示されている。証拠によって殺害現場を特定できず、あまつさえ、遺体を隠すために縄で遺体を芋穴に逆《さか》さ吊《づ》りにするという、奇想天外、奇妙奇《きみょうき》天烈《てれつ》な自供を、現実のものと認定する裁判官の「自由心証」は、やや野《の》放図《ほうず》にすぎるとしかいいようがない。

控訴審の寺尾正二裁判長は、おなじ日付で三通もの供述調書が存在し、その内容が矛盾しあっているなど、捜査、取調べの杜撰《ずさん》さをつよく批判しながらも、その齟齬《そご》は、被告人が「意識的に虚偽の供述をした」ことにあるとして、自供と証拠とが対立する科《とが》を、一方的に被告人に着せ、警察を疑ってみようとはしない。これはあきらかに不公平というべきものである。自供の混乱と変遷は、手中に陥った容疑者が取調官に迎合するケースとして、冤罪のひとつの要素をなしている。

戦後まで、日本の警察は、「自供偏重主義」だった。その体質は戦後になっても改められず、さらに近年は、成績主義がはびこり、「証拠主義」とは、自供を裏づける証拠がなければ、それをあえて捏造《ねつぞう》する行為であることが、数多くの冤罪裁判《えんざいさいばん》で証明されている。

「唯一の証拠が本人の自白である場合には、有罪とされ、又は刑罰を科せられない」

憲法第三十八条第三項に縛られている捜査官たちは、「証拠」の捏造を図りたがる。「すべてを疑え」。それが裁判官の精神のはずだが、裁判官もまた組織の人間というべきか、先輩の判決を覆《くつがえ》すことをしたがらない。寺尾正二裁判長は、「下級審」である浦和地裁の裁判長にたいして、被告の自供による「事件の現場」へ連れていって、直接指示(引き当たり)をさせなかったことなどを捉《とら》えて、「疑ってかかるという一般的な態度を堅持《けんじ》し、慎重のうえにも慎重を期する審理態度が望ましいことなどからすると、やや軽率《けいそつ》のそしりを免れないといわざるを得ない」との批判を加えている。

が、批判しながらも、彼自身、独自に事実調べをすることなく、事実認定はそのまま踏《とう》襲《しゅう》して有罪を維持し、無期懲役判決をだした。口ほどにもない男である。

その後二度にわたって被告から再審の請求がなされたが、裁判所は棄却しつづけている。いったんだされた判決は墨守《ぼくしゅ》され、裁判所はあたかも巨大な鉄の塊《かたまり》のようにひとを寄せつけない。その冷酷さは、冤罪を主張するものにとって、カフカ的不条理の「城」そのものである。しかし、それでもなお、裁判所がせまい門をあけるのに期待するしかないのもまた、現実なのだ。

石川一雄は、いまなお、最高裁にたいする「特別抗告申し立て」、さらに「補充書」の提出と、気の遠くなるような、再審開始をもとめる行動をつづけている。

石川一雄にとっての不幸は、最初に支援していた日本共産党が、裁判とは関係のない、大衆運動の路線のちがいによって、部落解放同盟と対立、敵対するようになったことである。一九六五(昭和四十)年の「同和対策審議会」の答申にたいして、共産党は否定的な評価をだして、部落解放運動から撤退した。その後、「一般『刑事事件』と民主的救援運動」とのタイトルの無署名論文を、「赤旗」(一九七五年一月十一日)に掲載した。

そこには、「あれこれの刑事事件についての『公正裁判要求運動』を……課題にするのも重大な無責任をともなう誤りである」などと書かれていた。これを契機にして、狭山裁判から手を引くようになる。弁護団にはなんの相談もなかった論文だった。

政党が、自分の党への政治弾圧以外にはたちあがらない、というのでは、日々の生活のなかで、警察権力に苦しめられているひとびとの不幸を見捨て、無関心を装《よそお》う結果を招いて、支持層をせばめることになる。石川一雄の無実を証明するために奮闘していた弁護人たちの歴史を、抹殺《まっさつ》すべきではない。

さらに石川一雄にとっての不幸は、東京高裁寺尾判決がだされる直前に、新左翼系の学生たちが、高裁長官室に乱入したことである。そして判決のあとにも、やはり新左翼系の学生が、寺尾裁判長を殴打《おうだ》するという暴力事件を発生させている。

これらの行動は、運動のひろがりをつくりだすための大きなマイナスとなった。判決は不当なものだったにせよ、裁判は暴力との対極にあるものであって、誤判を証明し、正当な判決をひきだすためには、弁護団の努力と言論の力と公正な裁判をもとめる社会的な声の拡大しかない。

狭山事件は、ごくありふれた殺人事件のひとつでしかなかった。ところが、「犯罪の温床」などという、差別的な視点から描かれた警察官のストーリーを、検事も裁判官も支持し、さらにマスコミがそれを増幅して、社会全般に根強く伏在《ふくざい》している、被差別部落にたいする偏見《へんけん》と差別意識に収斂《しゅうれん》させたのである。新左翼系学生たちの暴力行為もまた、差別意識を増長させるのに一役買った。

仮出獄されたとはいえ、いまなお精神的に拘束《こうそく》されている石川一雄の状況を、不当な抑圧《よくあつ》をうけているひとりの人間の不幸として受け止め、その不遇《ふぐう》を自分の問題として、無実の証明にむけた運動にかかわっていく。そのことによって、偏見と差別によってつくりだされた「狭山事件」を解決し、自らのなかにある差別性を克服する道を辿《たど》れると、わたしは考えている。

石川一雄の文字から置き去りにされていた境遇と、その境遇から強制された無知が、冤罪の成立を容易にさせた。というよりも、石川一雄自身、警察官に迎合することによって、嘘の自供を維持し、冤罪の作成に協力していた。しかし、死刑判決を受けたあと、ようやく、ひとの助言をえて、独房にあって文字を学ぶ端緒《たんしょ》をつかみ、学ぶことによって冤罪を主張することができるようになった。のちに最高裁判決は、

「原判決が、他の補助手段を借りて下書きや練習をすれば、作成することが困難な文章ではないとしたのは、是認することができる」

と判断した。文字を習得し、文章を書けるようになると、こんどは、「このていどの脅迫状なら書けるじゃないか」といわれて、有罪の証明にされる。

文字の世界から疎外《そがい》されていたひとたちの苦しみと恐怖を感得すれば、そんな軽薄《けいはく》なことをいえるはずはない。文字を使いこなせる人間が、文字を使えない人間に寄り添うことができない傲慢《ごうまん》さは、恥ずかしいことなのだ。せめて、裁判官は、人権教育の実践としての識字運動から、なにかを学ぶべきだったのだ。

貧困と無知、そして非識字が、冤罪を押しつけさせた。その恨みを、石川一雄は、奪われた文字を獲得し、それを武器に刑事や検事や判事の論理を批判することができた。それをわたしは、学ぶことの勝利、と考えている。それがこの本でいちばんいいたかったことである。

冤罪事件についてのわたしの本は、『弘前大学教授夫人殺人事件』(講談社文庫)、財田川事件『死刑台からの生還』(岩波同時代ライブラリー)につづいて三冊目である。この本は、書き下ろしだったために、いままでの作品よりも、はるかに長い時間を費やしてしまった。狭山事件再審弁護団、同事務局の安田聡さんはじめ多くの方がた、装丁でこの本を飾ってくださった司修さん、そして草思社編集部の北村正昭さん、ありがとうございました。なお最後になりましたが、本文の敬称は略させていただきました。

二〇〇四年四月

鎌田　慧

岩波現代文庫版あとがき

いままで、裁判所から冷たくあしらわれつづけてきた「狭山事件」にも、ようやく陽の光が当たるのを感じられるようになった。

二〇〇九年六月、定年退官を翌年に控えた東京高裁の門野博裁判長は、面会した弁護団（中山武敏主任弁護人）にたいして、九月に裁判官、弁護団、検察官による「三者協議」をひらく、と発言した。これは今後の審理のすすめかたについて、弁護団からの意見も聞く、というもので、いままで凍結されていたかのようにまったく動くことのなかった狭山裁判に、遅い春の雪解けをもたらすものだった。

一九七四年十月、東京高裁寺尾判決のあと、最高裁に上告、棄却され、高裁に第二次再審請求、それも最高裁で棄却された。二〇〇六年、高裁への三度目の再審請求となっているのだが、この三十六年ものあいだ、一度の事実調べも、一度の鑑定人尋問もなく、木で鼻を括るように「棄却」が繰り返され、門戸は堅く閉ざされてきた。だから、三者協議の開始は、高裁判決三六年目にして、ようやく手にした朗報だった。

九月十日にひらかれた第一回の三者協議で、門野裁判長は、弁護団側の証拠開示の要求にたいする、検察側の意見を提出するようにもとめた。その結果、十月末に検察側からだされたのは、殺人現場といわれる雑木林での「ルミノール反応検査報告書」は存在しない、という意見(回答)だった。

その他の開示請求については、開示する必要がなく、存否も明らかにする必要はない、開示請求自体が失当とする、として、①新証拠はだされていない、②だされた証拠に新規性がない、③だされた証拠に明白性がない、と反撃してきた。

弁護団はこれにたいして、「ルミノール反応検査報告書がない」というのは、①地検、県警、狭山署などの捜査機関を調べて、「ない」というのか、②検査自体はおこなわれたが報告書がないのか、③検査自体がおこなわれていないのか、それを釈明するようもとめた。

また、弁護団が提出した新証拠にたいして、検察側が、「新規性がない」とか「明白性がない」など主張するのは誤りである、と反論した。それは裁判所が判断するものであって、検察官が先に判断して、証拠開示に応じないのは、矛盾であり、不当である。

証拠開示によって、死刑判決が無罪判決に転換した歴史的な裁判は、レッドパージ前年の一九四九年八月に起きた松川事件である。死刑を宣告された被告の佐藤一さんが、「共同謀議の場所にいなかった。会社との団体交渉の場にいた」ことを証明する「諏訪メモ」が、弁護団の努力によって法廷に提出され、無罪判決の決め手になった。

最近では、「足利事件」で菅家利和さんを取調べた、検察官の録音テープが証拠開示されている。このように、古い時代の取り調べの強引さと密室での秘密主義、検察側に都合の悪い証拠の隠匿などがようやく批判され、取り調べの可視化と証拠開示へと世論も動くようになってきた。検察側の抵抗は甚だしい時代錯誤なのである。

第二回の三者協議は、二〇〇九年暮れの迫った十二月十六日にひらかれた。ここで門野裁判長は検察側にたいして、八項目の証拠を開示するように勧告した。

①殺害現場とされる雑木林での血液反応検査結果に関する捜査報告書。
②犯行現場近くにいた農民Oさんの捜査報告書、供述調書。
③Oさんを取り調べた供述調書案、取り調べメモ(手控え)、備忘録等。
④現場(雑木林)を撮影した8ミリフィルム。
⑤死体鑑定書や実況見分調書に添付された写真以外の死体写真。
⑥石川一雄の勤務先での筆跡類。
⑦逮捕・拘置中に石川一雄に書かせた脅迫状と同内容の文書。
⑧捜査官の取り調べメモ、調書案、備忘録。

などである。裁判長が、犯行現場と死体の状況、筆跡鑑定、取り調べ状況に関心を示していることがうかがえる。これらは事件の核心である。「ルミノール反応検査報告書」が存在しないのなら、その納得のいく説明を求めている。門野勧告は冤罪が明らかにされてきた時代の動きに、明朗に対応した勇気ある訴訟指揮だった。

被害者には、後頭部出血があったとみられる傷跡があったにもかかわらず、犯行現場といわれている雑木林には、「ルミノール反応」の検査結果がない。「検査したが反応がなかった」という担当鑑識課員の証言だけである。ルミノール反応の検査は殺人事件捜査の常道だが、「検査報告書」は未開示である(弁護団は血液反応実験を行い、わずか二ccの血痕でも、七二日以上経過してなお、陽性反応が出て検出できるという報告書を提出した)。

「犯行現場」から二十メートル離れただけの見通しのいい畑では、事件当時Oさんが農作業していた。そのときの被害者の悲鳴が聞こえないはずがない。さらに自白では、手で押さえつけて「扼殺」した、とされているが、柔らかな幅の広いものでの「絞殺」との鑑定書も提出されている。

このほかにも、弁護団は、筆跡のちがい、万年筆にはいっていたインクのちがい、万年筆のペン先の相違を証明する鑑定書、そのほかにも、「目撃証言」の捏造、「声が似ていた」という「耳撃証言」の非信用性、手袋をはめた、との自供がないにもかかわらず、各証拠に指紋が発見されていない、などの不合理を追及している。

これまでの裁判所は一切の事実調べをせず、机の上で、「別のインクを入れたかもしれない」「万年筆を見落とすこともあるかもしれない」「脅迫状から指紋がでないこともありうる」と詭弁を弄して、訴えを棄却してきた。

九九年三月、弁護団に面会した東京高検の会田検事は未非開示証拠は、「ミカン箱に七、八箱、積み上げると二、三メートルになる」と語った。そのなかには、かならず、石川無実を証明する証拠があるはずである。とにかく、その開示が裁判の透明性を保証する。欧米では証拠開示は当然のことである。

二〇一〇年五月の第三回三者協議の前に、検察側は門野裁判長の勧告に従って、潔く証拠を開示すべきだ。門野裁判長の後任は、岡田雄一裁判長で、陪席は土屋哲夫、村山智英裁判官である。

九九年七月に同高裁の高木俊夫裁判長が再審請求を棄却したとき、石川一雄さんが立ち上がれないほどのショックを受けていた。わたしはそのとき、この本を書くための取材で彼の自宅に通っていた。高木裁判長が石川さんと面会して話を聞いていただけに、彼の期待が大きかったのはよく知っていた。(実は、その前にも、高木裁判長は、足利事件の菅家さんに有罪判決を出していたのだった)。


そのあとから、わたしも遅まきながら再審をもとめる運動に参加することにした。石川さんとは、敗戦時に、「国民学校一年生」という同期生だったたから、おなじ年代の不幸はなにかにつけて考えさせられていた。こんどは大丈夫だろうと楽観していたので、わたしにとっても大きなショックだった。なにかやらずにはいられない気持になった。

野間宏、日高六郎、針生一郎、佐多稲子さんなどが参加していた「狭山事件再審をもとめる会」があったのだが、いつのまにか開店休業になっていた。総評文学賞の選考委員会や新日本文学会などで、わたしも面識のあった方がたなので、その会の幅をひろげて再起動させることにした。

狭山事件に関わりつづけてこられた庭山英雄さんとは、香川大学の教授をされていたときに、財田川事件について、『法と民主主義』の座談会に呼ばれてお会いしていた。それで庭山さんとご一緒に、集会や会議に出かけるようになった。朝日新聞と毎日新聞の全面をつかった意見広告、「日本語の練習問題です」をだしたとき、その文章やレイアウトを考えたのは、国語学者の大野晋さんだった。

その後、一緒に最高裁へ出かけていった灰谷健次郎さんが亡くなった。この運動を支持していた、大野晋、小田実、黒田清、岡部伊都子、立松和平さんも他界した。

この本の元本が発行されたのは、二〇〇四年六月だったから、それからもう六年経った。この間、弁護団の粘り強い新証拠の提出、部落解放同盟や労働組合、各宗教者団体、市民団体などによる、その折々の東京での全国市民集会のほかにも、各地での地域集会(北海道、青森など東北六県から沖縄まで)がひらかれ、わたしも石川一雄さん夫妻や中北龍太郎弁護士と一緒にでかけている。

弁護団は、新しい鑑定による、新しい証拠を数多く提出している。脅迫状に書かれていた「中田江さく」の文字や訂正した文字は、証拠として押収された細字の万年筆で書かれたものではなく、中字の万年筆だった。封筒に残された文字の「にじみ痕」は、犯行時よりも以前に書かれたものだから、被害者を殺害現場に連行する途中で、「父親の名前を聞いた」という自白は崩壊する。

万年筆が、石川さんの自宅の鴨居から発見された、という事実は、捜査官による作為だった、と考えざるをえないのが、この事件の不思議だが、その万年筆自体が、被害者本人のものではなかったことが、明らかになった。

そして、脅迫状の筆跡の重大疑問ばかりか、それを入れていた封筒もまた、石川さんの犯行を裏切っていることを示している。

この事件でまちがいのない事実は、畑の中の農道に遺体が埋められてあったことと脅迫状が被害者の自宅の玄関ガラス戸に挟まれてあったことだけである。それと、犯人が佐野屋の前にあらわれて、被害者の姉と数分間、身代金を取るための問答をしていたことである。クルマがなければ、遺体を運ぶことはできず、身代金要求の演技をおこない、脅迫状は文章を書く習慣のないものには書けない。殺害したあと、クルマで逃走するなど石川さんには無縁な生活だった。犯人は文章を書くのは嫌いではなく、クルマを所有して運転ができ、顔見知りの殺人を、誘拐事件に偽装する必要があった男である。

犯人像はともかく、ひとりでも多くのひとが「狭山事件の真実」を理解し、発言し行動することが、この事件を歴史に埋没させないことだと思う。

戦後の冤罪事件としては、帝銀事件の平沢貞通さん、三鷹事件の竹内景助さんが死刑囚のまま獄死、福岡事件の西武雄さん、熊本のハンセン病患者Fさんが無実なのに処刑され、いまだ名誉が回復されていない。

一九八〇年代に、免田事件、財田川事件、松山事件、島田事件の四人の死刑囚の冤罪が晴れて、それぞれ三十年以上の獄中生活のあとようやく釈放されたが、二〇〇八年十月に処刑された飯塚事件の久間三千年さんの遺族は、無実を訴え再審を請求している。

石川一雄さんは最近、清水市の袴田事件、富山県の氷見事件、茨城の布川事件、栃木の足利事件、鹿児島県の志布志事件、福岡事件など、冤罪を負わされた本人や関係者とも集会で交流している。帝銀事件、名張毒ぶどう酒事件なども一刻もはやく再審を開始すべき事件である。

三十年以上も身柄を拘束し、再審請求や事実調べの訴えに耳を貸すことなく、冷酷非情に切り捨ててきたこれまでの裁判所が再生するためには、無実を訴える被告や確定囚と人間的に、誠実謙虚に向きあうしかない。

身に憶えのない、おどろおどろしい罪名で、三十年も刑務所に入れられ、場合によっては処刑される。そんな国を民主国家と呼ぶことができるだろうか。

この本の文庫収録にあたっては、現代文庫編集部の大山美佐子さんと大塚茂樹さんにご尽力をいただきました。ありがとうございました。

二〇一〇年三月

鎌田　慧

狭山事件年表

1963（昭和38）年5月1日　中田善枝さん（16歳）、行方不明になる。何者かによって自転車と脅迫状が自宅に届けられる。深夜、脅迫状に指定された身代金受渡し場所の「佐野屋」周辺に警察官が張り込む。犯人あらわれず。

5月2日　前日同様、おなじ場所に張り込む。犯人があらわれたが逃走、取り逃す。

5月3日　山狩り捜索開始。被害者のものと思われる自転車の荷台の〝ゴム紐〟が発見される。

5月4日　被害者の死体発見。柏村警察庁長官が辞表提出。

5月6日　このころから、被差別部落への集中見込捜査つよまる。

5月11日　〝スコップ〟が麦畑で発見される。警察が「死体埋没に使用されたもので、山田養豚場のもの」と発表。（山田光男への確認は5月20日）。

5月23日　石川一雄（当時24歳）が別件で逮捕される。第一回家宅捜索（二時間十七分、刑事十二人）。

5月25日　被害者の教科書、ノート類発見される。

6月14日　石川一雄、別件（九件）のみ起訴。石川一雄を保釈直後に再逮捕。身柄を狭山署から川越署分室に移送。石川、犯行を否認。

6月18日　第二回家宅捜索(二時間八分、刑事十四人)。
6月20日　このころから石川一雄、自白をはじめる(三人共犯の自白)。
6月21日　〝被害者の鞄〟発見される。
6月23日　石川一雄、単独犯行の自白。
6月26日　第三回家宅捜索(二十四分、刑事三人)、第一回、第二回の家宅捜索で発見されなかった〝被害者の万年筆〟が台所入り口の鴨居のうえから発見される。
7月2日　〝被害者の腕時計〟発見される。
7月9日　石川一雄、中田善枝さん殺害容疑で浦和地検に起訴され、浦和拘置所へ移送。
9月4日　第一審第一回公判(浦和地裁)。石川一雄、起訴事実を認める。

1964(昭和39)年2月10日　第一一回公判。原正検事、死刑を求刑。
3月11日　第一審浦和地裁の内田武文裁判長、求刑通り死刑の判決を言い渡す。
3月12日　石川一雄、控訴する。
4月30日　石川一雄、東京拘置所へ移送。
9月10日　第二審第一回公判(東京高裁・久永正勝裁判長)。石川一雄、善枝さん殺害を否認、無実を訴える。

1968(昭和43)年11月14日　第二審第三〇回公判で自白図面の筆圧痕が問題化する。事実調べ継続になる。

1969(昭和44)年1月7日　久永正勝裁判長退官。津田正良裁判長に交替。

3月3日　部落解放同盟第24回全国大会で石川一雄の両親、わが子の無実を訴える(〜3月4日)。

7月10日　部落解放同盟、中央本部に石川青年救援対策本部を設置、パンフレット「狭山事件の真相」を発行。

1970(昭和45)年4月21日　第二審公判再開(井波七郎裁判長)。

5月18日　部落解放同盟、狭山差別裁判反対を訴えて全国を行進(〜6月17日)。

1972(昭和47)年1月20日　大内兵衛、末川博が公正裁判のための支援を訴えるアピール。

11月28日　井波七郎裁判長退官。寺尾正二裁判長に交替。

1973(昭和48)年11月27日　公判再開(寺尾正二裁判長)、一万人集会に一万五千人が結集。

1974(昭和49)年3月22日　寺尾正二裁判長、新たな証人、証拠調べの大部分を却下する。

5月23日　第七五回公判。事実調べ終了。石川一雄、自ら被差別の生いたちを訴える。

9月26日　第八一回公判。弁護団最終弁論。石川一雄、被告人最終意見陳述をおこなう。完全無罪判決要求中央総決起集会に十一万人が結集。

10月31日　第二審東京高等裁判所の寺尾裁判長、無期懲役の判決を言い渡す。集会参加の約一万三千人が都内を抗議デモ。石川一雄、最高裁へ即日上告。

1976(昭和51)年1月28日　弁護団、最高裁に上告趣意書を提出。大阪・奈良で、約一万人の小・中学生が「狭山同盟休校」にはいる。

5月22日　全国19都府県千五百校十万人の児童生徒が「狭山同盟休校」をおこなう。

6月21日　野間宏『狭山事件』(上)岩波新書刊。

1977(昭和52)年8月9日 最高裁判所第二小法廷(吉田豊裁判長)、口頭弁論もおこなわず上告棄却決定。
10月27日 最高裁前をはじめ、全国で二千人が「狭山ハンスト」。
8月16日 「無期懲役」確定する。
8月30日 石川一雄と弁護団、東京高裁に再審請求。
9月8日 石川一雄、千葉刑務所に移監される(下獄)。
1979(昭和54)年4月11日 石川一雄の両親、高齢をおして二十日間にわたる全国行脚をおこなう。
5月16日 脅迫状の日付問題が明らかにされる。
7月28日 野間宏、安岡章太郎、日高六郎らを中心に脅迫状の日付問題を討議する徹夜ティーチ・インがひらかれる(~7月29日)。
1980(昭和55)年2月5日 東京高裁第四刑事部(四ッ谷巌裁判長)、事実調べをいっさいおこなわず再審請求棄却決定。
2月12日 東京高裁に異議申立をおこなう。
1981(昭和56)年3月23日 東京高裁第五刑事部(新関雅夫裁判長)、異議申立を棄却。
3月30日 石川一雄と弁護団、最高裁へ特別抗告申立。
10月13日 被害者の悲鳴は聞いていないし、人影も見ていないというO証言が開示される。
1982(昭和57)年5月1日 狭山現地でO証言についての悲鳴実験。
6月1日 狭山現地でO証言についての見通し実験。
1984(昭和59)年7月14日 父・石川富造、最高裁へ行き、一雄の無実を訴える。

1985(昭和60)年5月27日　最高裁第二小法廷(大橋進裁判長)、特別抗告を棄却。

11月23日　父・富造死去(享年87)。

1986(昭和61)年4月5日　姉・ヨネ死去(享年62)。

8月21日　東京高裁第四刑事部へ第二次再審請求(Oの新供述、筆跡鑑定など提出)。

11月12日　家宅捜索にかかわった元刑事七人が新たな証言。

1987(昭和62)年3月28日　母・リイ死去(享年81)。

1988(昭和63)年9月2日　東京高検が芋穴のルミノール反応検査報告書を証拠開示。自白で死体を逆づりにして隠したという芋穴に血痕反応はなかったことが判明する。しかし、その他の証拠は開示を拒否。これ以来二〇〇四年五月現在まで十五年以上証拠開示はない。

1992(平成4)年7月7日　第一回家宅捜索をおこなったD元刑事が「鴨居に万年筆はなかった」と証言。

1994(平成6)年12月21日　石川一雄、仮出獄。三十一年七ヵ月ぶりに故郷の狭山に帰る(五十五歳)。

1996(平成8)年12月21日　石川一雄、早智子と結婚。

1997(平成9)年5月21日　石川一雄、熊本市で開かれた生徒一万二千人の大集会に出席。

5月23日　「週刊金曜日」に、鎌田慧の独占インタビュー「石川一雄さんに聞く35年目の狭山事件」が掲載される。

1998(平成10)年10月28日　国連の自由権規約委員会で日本政府の第四回報告書の審査。委員から「狭山事件」にふれて弁護側が証拠開示を受けられていないことについて質問が出される(〜10月29日)。

1999(平成11)年3月23日　国連の自由権規約委員会が最終見解で日本政府に「弁護側がすべての証拠にアクセスできるよう法律および実務を改めること」を勧告。

7月8日　弁護団、東京高検と証拠開示折衝。會田検事が「手持ち証拠を証拠リストと照合して整理した。積み上げると二、三メートルある」と回答。

7月12日　東京高裁第四刑事部・高木俊夫裁判長、再審請求棄却決定。

7月20日　東京高裁に異議申立(東京高裁第五刑事部・高橋省吾裁判長)。

7月24日　「読売新聞」が「狭山事件第二次再審棄却――審理は尽くされたか。おこなわれなかった事実調べ」と題する解説記事を掲載。

11月30日　テレビ朝日系列の報道番組「ザ・スクープ」が狭山事件を特集。

2000(平成12)年5月22日　狭山事件の再審を求める学者・文化人の会結成(のちに「市民の会」に改名)。

2001(平成13)年6月12日　狭山事件の再審を求める有識者、表現者による市民の会が「朝日新聞」に「日本語の練習問題です」と題した意見広告(全面)を出す。

7月2日　司法制度改革審議会が最終意見書。検察官による証拠開示の拡充に向けたルール化をもりこむ。

2002(平成14)年1月23日　「毎日新聞」に「市民の会」が狭山事件の証拠開示を求める意見広告(全面)を出す。

1月29日　東京高裁第五刑事部・高橋裁判長、異議申立棄却決定。

2月20日　最高裁に特別抗告申立。

「読売新聞」に指宿信鹿児島大学教授の「証拠開示ルール化が急務」と

2003(平成15)年5月20日　石川早智子(一雄の妻)、石坂啓、辛淑玉、鎌田慧、最高裁に行き、再審の早期開始をもとめる。
9月30日　最高裁に特別抗告申立補充書と新証拠(筆記能力に関する意見書、齋藤保氏の鑑定書等)を提出。
2004(平成16)年3月23日　最高裁に特別抗告申立補充書を提出。
2005(平成17)年2月13日　テレビ朝日系列の報道番組「ザ・スクープスペシャル」が狭山事件を特集。
3月16日　最高裁第一小法廷(島田仁郎裁判長)が特別抗告を棄却。
2006(平成18)年5月23日　石川一雄と弁護団が狭山事件の第三次再審請求(東京高裁第四刑事部)、多数の弁護士が新たに弁護団に参加。
川向意見書、半沢第二鑑定、元警察官による家宅捜索に関する報告書などの新証拠を提出。
11月13日　狭山弁護団、東京高検に証拠開示請求。
2007(平成19)年1月19日　富山冤罪事件発覚(柳原さんの無実を県警が発表)。
2月23日　志布志事件で被告全員に無罪判決(鹿児島地裁)。
3月30日　狭山弁護団が上山実験鑑定書(逆さづり)を提出。
5月　国連・拷問禁止委員会が日本政府に可視化、証拠開示、代用監獄の廃止などを勧告。
5月23日　狭山事件の事実調べ・再審開始を求める署名が一〇〇万筆を超える。東京高裁に提出(一、〇〇〇、五九二筆)。

12月3日　東京高裁第四刑事部に門野博・裁判長就任。

2008(平成20)年5月23日　弁護団が門野裁判長に面会。事実調べ、証拠開示を求める。

7月14日　狭山弁護団が赤根鑑定書(法医学鑑定)などを提出。

8月13日　証拠開示勧告申立書を東京高裁に提出。

9月11日　布川事件の再審開始決定(東京高裁・門野裁判長)。

10月15日　狭山弁護団が魚住鑑定(筆跡鑑定)、原鑑定(目撃証言に関する心理学鑑定)、厳島鑑定(犯人の声の識別に関する心理学鑑定)を提出。

弁護団が門野裁判長に面会。事実調べ、証拠開示を求める。

石川さんジュネーブで開かれた国連自由権規約委員会との意見交換で証拠開示・冤罪を訴える。委員会は最終見解で可視化・証拠開示の保障を勧告。

2009(平成21)年5月14日　富山(氷見)冤罪事件で柳原さんが国賠訴訟を提訴。

5月21日　裁判員裁判スタート。

5月22日　弁護団、齋藤第六、第七鑑定、川窪鑑定などを提出。

6月4日　足利事件で菅家利和さんの無実が判明したとして釈放。

6月25日　狭山弁護団が門野裁判長と面会。三者協議開催が決定。

7月31日　殺害態様の実験にもとづく渡辺・松井鑑定提出。

8月17日　開示勧告申立書を東京高裁に提出。

9月10日　狭山事件・第一回三者協議が開かれる。門野裁判長は弁護側の証拠開示請求に対する証拠の存否と検察側の意見を求める。

10月14日　石川一雄さん、早智子さんが東京高裁前でのアピール行動を始める。

10月30日　東京高検の検察官が意見書。証拠開示拒否の姿勢。殺害現場の「ルミノール反応検査報告書」は不存在。その他の証拠は必要性がなく存否も明らかにしない。

12月10日　狭山事件の再審を求める市民の会の庭山英雄代表、鎌田慧事務局長、前田哲男世話人が、有識者、表現者一〇八人の署名を東京高裁に提出。証拠開示と事実調べを求める。あわせて全国から寄せられた署名簿を提出(総計で一〇七万筆を超える)。

12月15日　布川事件の再審開始決定が最高裁で確定。

12月16日　狭山事件・第二回三者協議が開かれる。門野裁判長が八項目の証拠開示を検察官に勧告。遠藤鑑定、小矢野鑑定(いずれも国語能力の違いを指摘した筆跡鑑定)を提出。

2010(平成22)年

2月　岡田雄一裁判長就任。

3月26日　足利事件で再審無罪判決(宇都宮地裁)。

5月13日　第三回三者協議。東京高検が開示勧告された八項目のうち五項目について三六点の証拠を開示。石川さんの逮捕当日の上申書などが四七年ぶりに明らかになった。残る三項目については「不見当」と回答。弁護団は反論。

9月10日　いわゆる「郵便不正事件」で村木・元厚労省局長に無罪判決。検察官による押収証拠物(フロッピィ)の改ざんが後に明らかに。

9月13日　第四回三者協議。

12月15日　第五回三者協議。検察官が取調べ状況についての報告書など五点を開示。

2011(平成23)年2月24日　スコップの指紋検査報告書等の開示勧告申立書を弁護団が提出。

3月23日　第六回三者協議。検察官意見書。ルミノール反応検査に関する検察官作成の報告書など三通を証拠開示。開示された上申書にもとづく筆跡鑑定書(小野瀬鑑定)などの新証拠を提出。

5月10日　東京高裁第四刑事部の裁判長が交代。小川正持裁判長が就任。

5月24日　布川事件で再審無罪判決(水戸地裁土浦支部)。

7月13日　第七回三者協議。検察官が証拠開示の必要性なしとする意見書を提出。

8月9日　弁護団が検察官に反論する意見書を高裁に提出。あらためて、スコップの指紋検査結果報告書、三物証に関わる証拠開示を求める。

9月28日　第八回三者協議。検察官が意見書を提出し、スコップの指紋検査報告書など「不見当」と回答。小川裁判長は「秘密の暴露」(三物証)に関わる証拠の開示を検討するよう検察官に促す。

10月4日　弁護団がスコップ関連の捜査書類、「犯行現場」を特定するための捜査書類などの証拠開示勧告申立書を提出。

12月14日　第九回三者協議。検察官が、腕時計の捜索報告書など三物証に関わる証拠一四点を開示。

2012(平成24)年3月30日　検察官が意見書三通(筆跡、殺害方法について弁護側鑑定に反論する科警研技官の意見書など)を東京高裁に提出。
4月19日　弁護団がOさんの証人尋問の早期実施についての要請書等を提出。
4月23日　第一〇回三者協議。検察官が一九点の証拠開示。
5月30日　検察官がスコップ付着土壌について弁護側鑑定に反論する科警研技官の意見書を提出。
6月7日　「東電OL殺人事件」で東京高裁第四刑事部(小川正持裁判長)が再審開始決定。
9月7日　欠番の証拠物の開示と証拠リストの提示を求める申立書を弁護団が提出。
9月26日　腕時計についての新証拠、補充書および手拭いに関する証拠開示勧告申立書を提出。証拠の腕時計のバンドは被害者が使うはずのないバンド穴の使用頻度が高いことを明らかに。
10月3日　第一一回三者協議。検察官は一〇月一日付けで、証拠開示の必要性なしとする意見書を提出したが、三者協議で裁判所は証拠開示について柔軟な対応を促す。
11月7日　「東電OL殺人事件」で再審無罪判決(東京高裁第四刑事部)。
12月25日　弁護団が「手拭い」にかかわる証拠開示勧告申立書を提出。
2013(平成25)年
1月24日　弁護団が未開示の証拠物の開示勧告申立書を提出。
1月30日　第一二回三者協議。検察官が「手拭い」「腕時計」等に関する証拠一九点を開示。
2月27日　弁護団が開示証拠の分析にもとづき「手拭い」に関する捜査資料の開示

勧告申立書を提出。

3月5日　東京高裁第四刑事部の裁判長が交代。河合健司裁判長が就任。

3月27日　検察官が「手拭い」の捜査報告書など二六点の証拠を開示。

4月27日　「埼玉新聞」に県内の市民団体、個人の連名で再審を求める意見広告。

4月28日　「東京新聞」が石川さんやOさんのインタビュー記事を掲載。

5月1日　狭山事件五〇年現地集会と市民参加の現地調査がおこなわれる。テレビ東京、NHKが五〇年むかえた狭山事件としてニュースで放映。

5月2日　弁護団が法医学鑑定書など五点の新証拠と証拠開示申立書を提出。

5月8日　第一三回三者協議。証拠開示について河合裁判長は従来の裁判所の考えを踏襲するとし、検察官に柔軟な対応を促す。弁護団が筆跡鑑定を提出。

5月13日　狭山事件の再審を求める市民の会が作家の落合恵子さんの講演会を東京で開催。

5月23日　石川さん不当逮捕五〇カ年・狭山市民集会(日比谷野音)に三〇〇〇人が参加。石川さんのアピールにくわえ、小室等さんのコンサート、神田香織さんの講談「冤罪50年・石川一雄の闘い」もおこなわれる。「徳島新聞」に再審訴える意見広告掲載。

5月27日　検察官が腕時計バンド穴の弁護側新証拠に対する意見書(科警研技官の鑑定書)を提出。

6月13日　外国特派員協会で石川さん、中山主任弁護人、反差別国際運動のニマルカ理事長が会見。

6月23日　「新潟日報」に再審求める意見広告。
7月9日　検察官が手拭い関係の追加の証拠開示請求に対して必要性なしとする意見書を提出。
7月19日　検察官が意見書を提出。弁護団が開示を求めた証拠すべてを「不見当」と回答。
7月25日　弁護団が検察官意見に反論の意見書、開示勧告申立書を提出。
7月26日　第一四回三者協議。証拠物三点を開示するが、弁護団が求めた証拠開示について必要性がないので開示しないと回答。
8月29日　証拠の腕時計のバンド穴について時計修理士の第二次報告書など検察官意見書への反論を弁護団が提出。
10月17日　犯行に使われた「手拭い」は石川さん宅のものではないことを明らかにする新証拠を弁護団が提出。
10月31日　石川夫妻を描いたドキュメンタリ映画「SAYAMA みえない手錠をはずすまで」が完成。上映会が開かれる。

＊三者協議は裁判所、弁護団、検察官の三者で審理の進め方などについて協議するもの。

（安田聡氏作成）

本書は『狭山事件——石川一雄、四十一年目の真実』として草思社より二〇〇四年六月に刊行された。現代文庫版に際して新稿を加え、加筆・修正を行った。

狭山事件の真実

2010年4月16日　第1刷発行
2023年5月15日　第3刷発行

著　者　鎌田《かまた》 慧《さとし》

発行者　坂本政謙

発行所　株式会社　岩波書店
〒101-8002 東京都千代田区一ツ橋2-5-5

案内 03-5210-4000　営業部 03-5210-4111
https://www.iwanami.co.jp/

印刷・精興社　製本・中永製本

ISBN 978-4-00-603202-9　　Printed in Japan

岩波現代文庫創刊二〇年に際して

二一世紀が始まってからすでに二〇年が経とうとしています。この間のグローバル化の急激な進行は世界のあり方を大きく変えました。世界規模で経済や情報の結びつきが強まるとともに、国境を越えた人の移動は日常の光景となり、今やどこに住んでいても、私たちの暮らしは世界中の様々な出来事と無関係ではいられません。しかし、グローバル化の中で否応なくもたらされる「他者」との出会いや交流は、新たな文化や価値観だけではなく、摩擦や衝突、そしてしばしば憎悪までをも生み出しています。グローバル化にともなう副作用は、その恩恵を遥かにこえていると言わざるを得ません。

今私たちに求められているのは、国内、国外にかかわらず、異なる歴史や経験、文化を持つ「他者」と向き合い、よりよい関係を結び直してゆくための想像力、構想力ではないでしょうか。

新世紀の到来を目前にした二〇〇〇年一月に創刊された岩波現代文庫は、この二〇年を通して、哲学や歴史、経済、自然科学から、小説やエッセイ、ルポルタージュにいたるまで幅広いジャンルの書目を刊行してきました。一〇〇〇点を超える書目には、人類が直面してきた様々な課題と、試行錯誤の営みが刻まれています。読書を通した過去の「他者」との出会いから得られる知識や経験は、私たちがよりよい社会を作り上げてゆくために大きな示唆を与えてくれるはずです。

一冊の本が世界を変える大きな力を持つことを信じ、岩波現代文庫はこれからもさらなるラインナップの充実をめざしてゆきます。

（二〇二〇年一月）

岩波現代文庫[社会]

S333
孤塁
―双葉郡消防士たちの3・11―
吉田千亜

原発が暴走するなか、住民救助や避難誘導、原発構内での活動にもあたった双葉消防本部の消防士たち。その苦闘を初めてすくいあげた迫力作。新たに「『孤塁』その後」を加筆。

S334
ウクライナ 通貨誕生
―独立の命運を賭けた闘い―
西谷公明

自国通貨創造の現場に身を置いた日本人エコノミストによるゼロからの国づくりの記録。二〇一四年、二〇二二年の追記を収録。〈解説〉佐藤優

S335
「科学にすがるな!」
―宇宙と死をめぐる特別授業―
佐藤文隆
艸場よしみ

「死とは何かの答えを宇宙に求めるな」と科学論に基づいて答える科学者 vs. 死の意味を問い続ける女性。3・11をはさんだ激闘の記録。〈解説〉サンキュータツオ

S336
増補 空疎な小皇帝
「石原慎太郎」という問題
斎藤貴男

差別的な言動でポピュリズムや排外主義を煽りながら、東京都知事として君臨した石原慎太郎。現代に引き継がれる「負の遺産」を、いま改めて問う。新取材を加え大幅に増補。

S337
鳥肉以上、鳥学未満。
―Human Chicken Interface―
川上和人

ボンジリってお尻じゃないの? 鳥の首はろくろ首!? トリビアもネタも満載。キッチンから始まる、とびっきりのサイエンス。〈解説〉枝元なほみ

岩波現代文庫［社会］

S338-339

あしなが運動と玉井義臣(上・下)

—歴史社会学からの考察—

副田義也

日本有数のボランティア運動の軌跡を描き出し、そのリーダー、玉井義臣の活動の意義を歴史社会学的に考察。〈解説〉苅谷剛彦

2023.5